《念奴娇·追思焦裕禄》

习近平

魂飞万里，盼归来，此水此山此地。百姓谁不爱好官？把泪焦桐成雨。生也沙丘，死也沙丘，父老生死系。暮雪朝霜，毋改英雄意气！

依然月明如昔，思君夜夜，肝胆长如洗。路漫漫其修远矣，两袖清风来去。为官一任，造福一方，遂了平生意。绿我涓滴，会它千顷澄碧。

一九九〇·七·十五

榜样

焦守云◎主编

焦裕禄

新华出版社

图书在版编目（CIP）数据

榜样：焦裕禄 / 焦守云编著.
－－ 北京：新华出版社, 2024.4
ISBN 978-7-5166-7389-8

Ⅰ.①榜… Ⅱ.①焦… Ⅲ.①焦裕禄（1922-1964）–生平事迹
Ⅳ.①D263

中国国家版本馆CIP数据核字（2024）第081630号

榜样：焦裕禄

主　　编：焦守云

出 版 人：匡乐成		特约编辑：杨贻斌	
责任编辑：许兼畅		封面设计：今亮后声	

出版发行：新华出版社
地　　址：北京石景山区京原路8号　　　邮　　编：100040
网　　址：http://www.xinhuapub.com
经　　销：新华书店、新华出版社天猫旗舰店、京东旗舰店及各大网店
购书热线：010－63077122　　中国新闻书店购书热线：010－63072012

照　　排：六合方圆
印　　刷：三河市君旺印务有限公司

成品尺寸：170mm×240mm　1/16
印　　张：27.75　　　　　　　　字　　数：280千字
版　　次：2024年7月第一版　　　印　　次：2024年7月第一次印刷

书　　号：ISBN　978-7-5166-7389-8
定　　价：68.00元

《榜样·焦裕禄》编委会

我们为什么念念不忘焦裕禄

1966 年 2 月 7 日

新华社播发

穆青和冯健、周原采写的长篇通讯

《县委书记的榜样——焦裕禄》

这一天

演播室里

中央人民广播电台的

著名播音员齐越

几度哽咽中播完稿件

这一天

寒风中

在邮局门口等候报纸的人群

队伍一眼望不到头

这一天

全中国的工厂、农村、机关

学校、部队、商店

全中国的男人、女人、青年、少年

都在用泪水表达着共同的感动

一位省委书记哭着吼道：

"听了'焦裕禄'

不流泪的不是共产党员"

焦裕禄精神

跨越时空、永不过时、历久弥新

人民的好公仆

人民永远铭记

县委书记的榜样——焦裕禄

穆 青 冯 健 周 原

　　1962 年冬天，正是豫东兰考县遭受内涝、风沙、盐碱 "三害"
最严重的时刻。这一年，春天风沙打毁了 20 万亩麦子，秋天淹坏了
30 多万亩庄稼，盐碱地上有 10 万亩禾苗碱死，全县的粮食产量下
降到了历史的最低水平。

　　就是在这样的关口，党派焦裕禄来到了兰考。

　　展现在焦裕禄面前的兰考大地，是一幅多么严重的灾荒的景象
呵！横贯全境的两条黄河故道，是一眼看不到边的黄沙；片片内涝
的洼窝里，结着青色的冰凌；白茫茫的盐碱地上，枯草在寒风中抖动。

　　困难，重重的困难，像一副沉重的担子，压在这位新到任的县
委书记的双肩。但是，焦裕禄是带着《毛泽东选集》来的，是怀着

改变兰考灾区面貌的坚定决心来的。在这个贫农出身的共产党员看来，这里有 36 万勤劳的人民，有烈士们流血牺牲解放出来的 90 多万亩土地。只要加强党的领导，一时就有天大的艰难，也一定能杀出条路来。

第二天，当大家知道焦裕禄是新来的县委书记时，他已经下乡去了。

他到灾情最重的公社和大队去了。他到贫下中农的草屋里，到饲养棚里，到田边地头，去了解情况，观察灾情去了。他从这个大队到那个大队，一路走，一路和同行的干部谈论。见到沙丘，他说："栽上树，岂不是成了一片好绿林！"见到涝洼窝，他说："这里可以栽苇、种蒲、养鱼。"见到碱地，他说："治住它，把一片白变成一片青！"转了一圈回到县委，他向大家说："兰考是个大有作为的地方，问题是要干，要革命。兰考是灾区，穷，困难多，但灾区有个好处，它能锻炼人的革命意志，培养人的革命品格。革命者要在困难面前逞英雄。"

焦裕禄的话，说得大家心里热乎乎的。大家议论说，新来的县委书记看问题高人一着棋，他能从困难中看到希望，能从不利条件中看到有利因素。

"关键在于县委领导核心的思想改变"

连年受灾的兰考，整个县上的工作，几乎被发统销粮、贷款、救济棉衣和烧煤所淹没了。有人说县委机关实际上变成了一个供给部。那时候，很多群众等待救济，一部分干部被灾害压住了头，对改变兰考面貌缺少信心，少数人甚至不愿意留在灾区工作。他们害怕困难，更害怕犯错误……

焦裕禄想："群众在灾难中两眼望着县委，县委挺不起腰杆，群众就不能充分发动起来。'干部不领，水牛掉井'，要想改变兰考的面貌，必须首先改变县委的精神状态。"

夜，已经很深了，焦裕禄躺在床上翻来覆去睡不着。他披上棉衣，找县委一位副书记谈心去了。

在这么晚的时候，副书记听见叩门声，吃了一惊。他迎进焦裕禄，连声问："老焦，出了啥事？"

焦裕禄说："我想找你谈谈。你在兰考十多年了，情况比我熟，你说，改变兰考面貌的主要问题在哪里？"

副书记沉思了一下，回答说："在于人的思想的改变。"

"对。"焦裕禄说，"但是，应该在思想前面加两个字：领导。眼前关键在于县委领导核心的思想改变。没有抗灾的干部，就没有抗灾的群众。"

两个人谈得很久、很深，一直说到后半夜。他们的共同结论是，除"三害"首先要除思想上的病害；特别是要对县委的干部进行抗灾的思想教育。不首先从思想上把人们武装起来，要想进行除"三害"的斗争，将是不可能的。

严冬，一个风雪交加的夜晚，焦裕禄召集在家的县委委员开会。人们到齐后，他并没有宣布议事日程。只说了一句："走，跟我出去一趟"，就领着大家到火车站去了。

当时，兰考车站上，北风怒号，大雪纷飞。车站的屋檐下，挂着尺把长的冰柱。许多逃荒的灾民扶老携幼拥挤在候车室里。他们正等待着国家运送灾民前往丰收地区的专车，从这里开过……

焦裕禄指着他们，沉重地说："同志们，你们看，他们绝大多数人，都是我们的阶级兄弟。是灾荒逼迫他们背井离乡的，不能责怪他们，我们有责任。党把这个县 36 万群众交给我们，我们不能领导他们战胜灾荒，应该感到羞耻和痛心……"

他没有再讲下去，所有的县委委员都沉默着低下了头。这时有人才理解，为什么焦裕禄深更半夜领着大家来看风雪严寒中的车站。

从车站回到县委，已经是半夜时分了，会议这时候才正式开始。

焦裕禄听了大家的发言，最后说："我们经常口口声声说要为人民服务，我希望大家能牢记着今晚的情景，这样我们就会带着阶级感情，去领导群众改变兰考的面貌。"

紧接着，焦裕禄组织大家学习《为人民服务》《纪念白求恩》《愚公移山》等文章，鼓舞大家的革命干劲，鼓励大家像张思德、白求恩那样工作。

以后，焦裕禄又专门召开了一次常委会，回忆兰考的革命斗争史。在残酷的武装斗争年代，兰考县的干部和人民，同敌人英勇搏斗，前仆后继。有个地区，在一个月内曾经有九个区长为革命牺牲。烈士马福重被敌人破腹后，肠子被拉出来挂在树上……焦裕禄说："兰考这块地方，是同志们用鲜血换来的。先烈们并没有因为兰考人穷灾大，就把它让给敌人，难道我们就不能在这里战胜灾害？"

一连串的阶级教育和思想斗争，使县委领导核心在严重的自然灾害面前站起来了。他们打掉了在自然灾害面前束手无策、无所作为的懦夫思想，从上到下坚定地树立了自力更生消灭"三害"的决心。不久，在焦裕禄倡议和领导下，一个改造兰考大自然的蓝图制订出来了。这个蓝图规定在三五年内，要取得治沙、治水、治碱的基本胜利，改变兰考的面貌。这个蓝图经过县委讨论通过后，报告了中共开封地委，焦裕禄在报告上，又着重加了几句：

"我们对兰考的一草一木都有深厚的感情。面对着当前严重的自然灾害，我们有革命的胆略，坚决领导全县人民，苦战三五年，改变兰考的面貌。不达目的，我们死不瞑目。"

这几句话，深切地反映了当时县委的决心，也是兰考全党在上级党组织面前，一次庄严的宣誓。

"吃别人嚼过的馍没味道"

焦裕禄深深地了解，理想和规划并不等于现实，这涝、沙、碱三害，自古以来害了兰考人民多少年呵！今天，要制伏"三害"，要把它们从兰考土地上像送瘟神一样驱走，必须进行大量艰苦细致的工作，付出高昂的代价。

他想，按照毛主席的教导，不管做什么工作，必须首先了解情况，进行调查研究。"没有调查就没有发言权"。要想战胜灾害，单靠一时的热情，单靠主观愿望，事情断然是办不好的。即使硬干，也要犯"闭塞眼睛捉麻雀"的错误。要想战胜灾害，必须详尽地掌握灾害的底细，了解灾害的来龙去脉，然后作出正确的判断和部署。

他下决心要把兰考县1800平方公里土地上的自然情况摸透，亲自去掂一掂兰考的"三害"究竟有多大分量。

根据这一想法，县委先后抽调了120个干部、老农和技术员，组成一支三结合的"三害"调查队，在全县展开了大规模的追洪水、查风口、探流沙的调查研究工作。焦裕禄和县委其他领导干部，都参加了这次调查。那时候，焦裕禄正患着慢性的肝病，许多同志担心他在大风大雨中奔波，会加剧病情的发展，劝他不要参加，但他毫不犹豫地拒绝了同志们的劝告，他说："吃别人嚼过的馍没味道。"他不愿意坐在办公室里依靠别人的汇报来进行工作，说完就背着干粮，拿着雨伞，和大家一起出发了。

每当风沙最大的时候，也就是他带头下去查风口、探流沙的时候；雨最大的时候，也就是他带头下去冒雨涉水，观看洪水流势和变化的时候。他认为这是掌握风沙、水害规律最有利的时机。为了弄清一个大风口，一条主干河道的来龙去脉，他经常不辞劳苦地跟着调查队，追寻风沙和洪水的去向，从黄河故道开始，越过县界、省界，一直追到沙落尘埃，水入河道，方肯罢休。在这场艰苦的调查中，焦裕禄简直变成一个满身泥水的农村"脱坯人"了。他和调查队的同志们经常在截腰深的水里吃干粮，蹲在泥泞里歇息……

有一次，焦裕禄从堌阳公社回县城路上，遇到了白帐子猛雨。大雨下了七天七夜，全县变成了一片汪洋。焦裕禄想："洪水呀，等还等不到哩，你自己送上门来了。"他回到县里后，连停也没停，就带着办公室的三个同志察看洪水去了。眼前只有水，哪里有路？他们靠着各人手里的一根棍，探着，走着。这时，焦裕禄突然感到一阵阵肝痛，不时弯下身子用左手按着肝区。三个青年恳求他："你回去休息吧。把任务交给我们，我们保证按照你的要求完成任务。"焦裕禄没有同意，继续一路走，一路工作着。

他站在洪水激流中，同志们为他张着伞，他画了一张又一张水的流向图。等他们赶到金营大队，支部书记李广志一看见焦裕禄就吃惊地问："一片汪洋大水，您是咋来的？"焦裕禄抢着手里的棍子说："就坐这条船来的。"李广志让他休息一下，他却拿出自己画的图来，一边指点着，一边滔滔不绝地告诉李广志，根据这里的地形和水的流势，应该从哪里到哪里开一条河，再从哪里到哪里挖一条支沟……这样，就可以把这几个大队的积水，统统排出去了。李广志听了非常感动，他没有想到，焦裕禄同志的领导工作竟这样的深入细致！到吃饭的时候了，他要给焦裕禄派饭，焦裕禄说："雨天，群众缺烧的，不吃啦！"说着，就又向风雨中走去。

送走了风沙滚滚的春天，又送走了暴雨连连的夏季，调查队在风里、雨里、沙窝里、激流里度过了一个月又一个月，方圆跋涉了5000余里，终于使县委抓到了兰考"三害"的第一手资料。全县有大小风口84个，经调查队一个个查清，编了号、绘了图；全县有大小沙丘1600个，也一个个经过丈量，编了号，绘了图；全县的千河万流，淤塞的河渠，阻水的路基、涵闸……也调查得清清楚楚，绘成了详细的排涝泄洪图。

这种大规模的调查研究，使县委基本上掌握了水、沙、碱发生、发展的规律。几个月的辛苦奔波，换来了一整套又具体又详细的资料，把全县抗灾斗争的战斗部署，放在一个更科学、更扎实的基础之上。大家都觉得方向明、信心足，无形中增添了不少的力量。

"榜样的力量是无穷的"

夜已经很深了，阵阵的肝痛和县委工作沉重的担子，使焦裕禄久久不能入睡。他的心在想着兰考县的36万人和2574个生产队。抗灾斗争的发展是不平衡的，基层干部和群众的思想觉悟也有高有低，怎样才能充分调动起群众的革命积极性？怎样才能更快地在全县范围内开展起轰轰烈烈的抗灾斗争？

焦裕禄在苦苦思索着。

在多年的工作中，焦裕禄善于从毛泽东同志著作中汲取营养，按照他自己的说法，叫作"白天到群众中调查访问，回来读毛主席著作，晚上'过电影'"。他所说的"过电影"，主要是指联系实际来思考问题。他说："无论学习或工作，不会'过电影'那是不行的。"

现在，全县抗灾斗争的情景，正像一幕幕的电影活动在他的脑海里，此时此刻，他觉得毛泽东同志所倡导的深入群众、深入实际，调查研究的方法，是多么重要！他决定发动县委领导同志再到贫下中农中间去，集中群众的智慧寻求解决困难的办法。他自己更是经常住在老贫农的草庵子里，蹲在牛棚里，跟群众一起吃饭，一起劳动。他带着高昂的革命激情和对群众的无限信任，在广大贫下中农间询问着、倾听着、观察着。他听到许多贫下中农的要求和呼声，看到许多社队自力更生、奋发图强的革命精神。他在群众中学到了不少治沙、治水、治碱的办法，总结了不少可贵的经验。群众的智慧，使他受到极大的鼓舞，也更加坚定了他战胜灾害的信心。

韩村是一个只有 27 户人家的生产队。1962 年秋天遭受了毁灭性的涝灾，每人只分了 12 两红高粱穗。在这样严重的困难面前，生产队的贫下中农提出，不向国家伸手，不要救济粮、救济款，自己割草卖草养活自己。他们说：摇钱树，人人有，全靠自己一双手。不能支援国家，心里就够难受了，决不能再拉国家的后腿。就在这年冬天，他们割了 27 万斤草，养活了全体社员，养活了 8 头牲口，还修理了农具，买了 7 辆架子车。

秦寨大队的贫下中农社员，在盐碱地上刮掉一层皮，从下面深翻出好土，盖在上面。他们大干深翻地的时候，正是最困难的 1963 年夏季，他们说："不能干一天就干半天，不能翻一锹就翻半锹，用蚕吃桑叶的办法，一口口啃，也要把这碱地啃翻个个儿。"

赵垛楼的贫下中农在七季基本绝收以后，冒着倾盆大雨，挖河渠，挖排水沟，同暴雨内涝搏斗。1963 年秋天，这里一连九天暴雨，他们却夺得了好收成，卖了 8 万斤余粮。

双杨树的贫下中农在农作物基本绝收的情况下，雷打不散，社员们兑鸡蛋卖猪，买牲口买种子，坚持走集体经济自力更生的道路，社员们说："穷，咱穷到一块儿；富，咱也富到一块儿。"

韩村、秦寨、赵垛楼、双杨树，广大贫下中农自力更生的革命精神，使焦裕禄十分激动。他认为这就是在毛泽东思想哺育下的贫下中农革命精神的好榜样。他在县委会议上，多次讲述了这些先进典型的重大意义。他说："榜样的力量是无穷的，我们应该把群众中这些可贵的东西，集中起来，再坚持下去，号召全县社队向他们学习。"

1963 年 9 月，县委在兰考冷冻厂召开了全县大小队干部的会议，这是扭转兰考局势的大会，是兰考人民自力更生、奋发图强的一次誓师大会。会上，焦裕禄为韩村、秦寨、赵垛楼、双杨树的贫下中农鸣锣开道，请他们到主席台上，拉他们到万人之前，大张旗鼓地表扬他们的革命精神。他把群众中这些革命的东西，集中起来，总结为四句话："韩村的精神，秦寨的决心，赵垛楼的干劲，双杨树的道路。"他说：这就是兰考的新道路！是毛泽东思想指引的道路！他大声疾呼，号召全县人民学习这四个样板，发扬他们的革命精神，在全县范围内锁住风沙，制伏洪水，向"三害"展开英勇的斗争！

这次大会在兰考抗灾斗争的道路上，是一个伟大的转折。它激发了群众的革命豪情，鼓舞了群众的革命斗志，有力地推动了全县抗灾斗争的发展。它使韩村等四个榜样的名字传遍了兰考；它让毛泽东思想的伟大红旗，在兰考 36 万群众的心目中，高高地升起！

从此，兰考人民的生活中多了两个东西，这就是县委和县人委发出的"奋发图强的嘉奖令"和"革命硬骨头队"的命名书。

"当群众最困难的时候，共产党员要出现在群众面前"

就在兰考人民对涝、沙、碱三害全面出击的时候，一场比过去更加严重的灾害又向兰考袭来。1963 年秋季，兰考县一连下了 13 天雨，雨量达 250 毫米。大片大片的庄稼汪在洼窝里，渍死了。全县有 11 万亩秋粮绝收，22 万亩受灾。

焦裕禄和县委的同志们全力投入了紧急的生产救灾。

那是个冬天的黄昏。北风越刮越紧，雪越下越大。焦裕禄听见风雪声，倚在门边望着风雪发呆。过了会儿，他又走回来，对办公室的同志们严肃地说："在这大风大雪里，贫下中农住得咋样？牲口咋样？"接着他要求县委办公室立即通知各公社做好几件雪天工作。他说，"我说，你们记记：第一，所有农村干部必须深入到户，访贫问苦，安置无屋居住的人，发现断炊户，立即解决。第二，所有从事农村工作的同志，必须深入牛屋检查，照顾老弱病畜，保证不许冻坏一头牲口。第三，安排好室内副业生产。第四，对于参加运输的人畜，凡是被风雪隔在途中的，在哪个大队的范围，由哪个大队热情招待，保证吃得饱，住得暖。第五，教育全党，在大雪封门的时候，到群众中去，和他们同甘共苦。最后一条，把检查执行的情况迅速报告县委。"办公室的同志记下他的话，立即用电话向各公社发出了通知。

这天，外面的大风雪刮了一夜。焦裕禄的房子里，电灯也亮了一夜。

第二天，窗户纸刚刚透亮，他就挨门把全院的同志们叫起来开会。焦裕禄说："同志们，你们看，这场雪越下越大，这会给群众带来很多困难，在这大雪拥门的时候，我们不能坐在办公室里烤火，应该到群众中间去。共产党员应该在群众最困难的时候，出现在群众的面前，在群众最需要帮助的时候，去关心群众，帮助群众。"

简短的几句话，像刀刻的一样刻在每一个同志的心上。有人眼睛湿润了，有人有多少话想说也说不出来了。他们的心飞向冰天雪地的茅屋去了。大家立即带着救济粮款，分头出发了。

风雪铺天盖地而来。北风响着尖利的哨音，积雪有半尺厚。焦裕禄迎着大风雪，什么也没有披，火车头帽子的耳巴在风雪中忽闪着。

那时候，他的肝痛常常发作，有时疼得厉害，他就用一支钢笔硬顶着肝部。现在他全然没想到这些，带着几个年轻小伙子，踏着积雪，一边走，一边高唱《南泥湾》。

这一天，焦裕禄没烤群众一把火，没喝群众一口水。风雪中，他在9个村子，访问了几十户生活困难的老贫农。在许楼，他走进一个低矮的柴门。这里住的是一双无儿无女的老人。老大爷有病躺在床上，老大娘是个盲人。焦裕禄一进屋，就坐在老人的床头问寒问饥。老大爷问他是谁？他说："我是您的儿子。"老人问他大雪天来干啥？他说："毛主席叫我来看望您老人家。"老大娘感动得不知说什么才好，用颤抖的双手上上下下摸着焦裕禄。老大爷眼里噙着泪说："解放前，大雪封门，地主来逼租，撵得我串人家的房檐，住人家的牛屋。"焦裕禄安慰老人说："如今印把子抓在咱手里，兰考受灾受穷的面貌一定能够改过来。"

就是在这次雪天送粮当中，焦裕禄也看到和听到了许多贫下中农极其感人的故事。谁能够想到，在毁灭性的涝灾面前，竟有那么一些生产队，两次三番退回国家送给他们的救济粮、救济款。他们说：把救济粮、救济款送给比我们更困难的兄弟队吧，我们自己能想办法养活自己！

焦裕禄心里多么激动呵！他看到毛泽东思想像甘露一样滋润了兰考人民的心，党号召的自力更生、奋发图强的精神，在困难面前逞英雄的硬骨头精神，已经变成千千万万群众敢于同天抗、同灾斗的物质力量了。

有了这种精神，在兰考人民面前还有什么天大的灾害不能战胜！

"县委书记要善于当'班长'"

焦裕禄常说，县委书记要善于当"班长"，要把县委这个"班"带好，必须使这"一班人"思想齐、动作齐。而要统一思想、统一行动，就必须靠毛泽东思想。

他是这样想的，也是这样做的。

县人委有一位从丰收地区调来的领导干部，提出了一个装潢县委和县人委领导干部办公室的计划。连桌子、椅子、茶具，都要换一套新的。为了好看，还要把城里一个污水坑填平，上面盖一排房子。县委多数同志激烈地反对这个计划。也有人问："钱从哪里来？能不能花？"这位领导干部管财政，他说："花钱我负责。"

但是，焦裕禄提了一个问题：

"坐在破椅子上不能革命吗？"他接着说明了自己的意见：

"灾区面貌没有改变，还大量吃着国家的统销粮，群众生活很困难。富丽堂皇的事，不但不能做，就是连想也很危险。"

后来，焦裕禄找这位领导干部谈了几次话，帮助他认识错误。焦裕禄对他说：兰考是灾区，比不得丰收区。即使是丰收区，你提的那种计划，也是不应该做的。焦裕禄劝这位领导干部到贫下中农家里去住一住，到贫下中农中间去看一看。去看看他们想的是什么，做的是什么。焦裕禄作为县委的班长，他从来不把自己的意见，强加于人。他对同志们要求非常严格，但他要求得入情入理，叫你自己从内心里生出改正错误的力量。不久以后，这位领导干部认识了错误，自己收回了那个"建设计划"。

有一位公社副书记在工作中犯了错误。当时，县委开会，多数委员主张处分这位同志。但焦裕禄经过再三考虑，提出暂时不要给他处分。焦裕禄说，这位同志是我们的阶级弟兄，他犯了错误，给他处分固然是必要的；但是，处分是为了达到治病救人的目的。当前改变兰考面貌，是一个艰巨的斗争，不如派他到最艰苦的地方去，考验他，锻炼他，给他以改正错误的机会，让他为党的事业出力，这样不是更好吗？

县委同意了焦裕禄的建议，决定派这个同志到灾害严重的赵垛楼去蹲点。这位同志临走时，焦裕禄把他请来，严格地提出批评，亲切地提出希望，最后焦裕禄说："你想想，当一个不坚强的战士，当一个忘了群众利益的共产党员，多危险，多可耻呵！先烈们为解放兰考这块地方，能付出鲜血、生命；难道我们就不能建设好这个地方？难道我们能在自然灾害面前当怕死鬼？当逃兵？"

焦裕禄的话，一字字、一句句都紧紧扣住这位同志的心。这话的分量比一个最重的处分决定还要沉重，但这话也使这位同志充满了战斗的激情。阶级的情谊，革命的情谊，党的温暖，在这位犯错误的同志的心中激荡着，他满眼流着泪，说："焦裕禄同志，你放心……"

　　这位同志到赵垛楼以后，立刻同群众一道投入了治沙治水的斗争。他发现群众的生活困难，提出要卖掉自己的自行车，帮助群众，县委制止了他，并且指出，当前最迫切的问题，是从思想上武装赵垛楼的社员群众，领导他们起来，自力更生进行顽强的抗灾斗争，一辆自行车是不能解决什么问题的。以后，焦裕禄也到赵垛楼去了。他关怀赵垛楼的 2000 来个社员群众，他也关怀这位犯错误的阶级弟兄。

　　就在这年冬天，赵垛楼为害农田多年的 24 个沙丘，被社员群众用沙底下的黄胶泥封盖住了。社员们还挖通了河渠，治住了内涝。这个一连七季吃统销粮的大队，一季翻身，卖余粮了。

　　也就在赵垛楼大队"翻身"的这年冬天，那位犯错误的同志，思想上也翻了个个儿。他在抗灾斗争中，身先士卒，表现得很英勇。他没有辜负党和焦裕禄对他的期望。

　　焦裕禄，出生在山东淄博一个贫农家里，他的父亲在解放前就被国民党反动派逼迫上吊自杀了。他从小逃过荒，给地主放过牛，扛过活，还被日本鬼子抓到东北挖过煤。他带着家仇、阶级恨参加了革命队伍，在部队、农村和工厂里做过基层工作。自从参加革命一直到当县委书记以后，他始终保持着劳动人民的本色。他常常开襟解怀，卷着裤管，朴朴实实地在群众中间工作、劳动。贫农身上有多少泥，他身上就有多少泥。他穿的袜子，补了又补，他爱人要给他买双新的，他说："跟贫下中农比一比，咱穿得就不错了。"夏天他连凉席也不买，只花四毛钱买一条蒲席铺。

有一次，他发现孩子很晚才回家去。一问，原来是看戏去了。他问孩子："哪里来的票？"孩子说："收票叔叔向我要票，我说没有。叔叔问我是谁？我说焦书记是我爸爸。叔叔没有收票就叫我进去了。"焦裕禄听了非常生气，当即把一家人叫来"训"了一顿，命令孩子立即把票钱如数送给戏院。接着，他又建议县委起草了一个通知，不准任何干部特殊化，不准任何干部和他们的子弟"看白戏"……

"焦裕禄是我们县委的好班长，好榜样。"

"在焦裕禄领导下工作，方向明，信心大，敢于大作大为，心情舒畅，就是累死也心甘。"

焦裕禄的战友这样说，反对过他的人这样说，犯过错误的人也这样说。

他心里装着全体人民，唯独没有他自己

县委一位副书记在乡下患感冒，焦裕禄几次打电话，要他回来休息；组织部一位同志有慢性病，焦裕禄不给他分配工作，要他安心疗养；财委一位同志患病，焦裕禄多次催他到医院检查……焦裕禄心里，装着全体党员和全体人民，唯独没有他自己。

1964 年春天，正当党领导着兰考人民同涝、沙、碱斗争胜利前进的时候，焦裕禄的肝病也越来越重了。很多人都发现，无论开会、

做报告，他经常把右脚踩在椅子上，用右膝顶住肝部。他棉袄上的第二和第三个扣子是不扣的，左手经常揣在怀里。人们留心观察，原来他越来越多地用左手按着时时作痛的肝部，或者用一根硬东西顶在右边的靠椅上。日子久了，他办公坐的藤椅上，右边被顶出了一个大窟窿。他对自己的病，是从来不在意的。同志们问起来，他才说他对肝痛采取了一种压迫止痛法。县委的同志们劝他疗养，他笑着说："病是个欺软怕硬的东西，你压住他，他就不欺侮你了。"焦裕禄暗中忍受了多大痛苦，连他的亲人也不清楚。他真是全心全意投到改变兰考面貌的斗争中去了。

焦裕禄到地委开会，地委负责同志劝他住院治疗，他说："春天要安排一年的工作，离不开！"没有住。地委给他请来一位有名的中医诊断病情，开了药方，因为药费很贵，他不肯买。他说："灾区群众生活很困难，花这么多钱买药，我能吃得下吗？"县委的同志背着他去买来三剂，强他服了，但他执意不再服第四剂。

那天，县委办公室的干部张思义和他一同骑自行车到三义寨公社去。走到半路，焦裕禄的肝痛发作，疼得蹬不动车，两个人只好推着自行车慢慢走。刚到公社，大家看他气色不好，就猜出是他又发病了。公社的同志说："休息一下吧。"他说："谈你们的情况吧，我不是来休息的。"

公社的同志一边汇报情况，一边看着焦裕禄强按着肝区在做笔记。显然，他的肝痛得使手指发抖，钢笔几次从手指间掉了下来。

汇报的同志看到这情形，忍住泪，连话都说不出来了，而他，看来还是神情自若的样子，说：

"说，往下说吧。"

1964年的3月，兰考人民的除"三害"斗争达到了高潮，焦裕禄的肝病也到了严重关头。躺在病床上，他的心潮汹涌澎湃，奔向那正在被改造着的大地。他满腔激情地坐到桌前，想动手写一篇文章，题目是：《兰考人民多奇志，敢教日月换新天》。他铺开稿纸，拟好了四个小题目：一、设想不等于现实。二、一个落后地区的改变，首先是领导思想的改变。领导思想不改变，外地的经验学不进，本地的经验总结不起来。三、榜样的力量是无穷的。四、精神原子弹——物质变精神，精神变物质。

充满了革命乐观主义的焦裕禄，从兰考人民在抗灾斗争中表现出来的英雄气概，从兰考人民一步一个脚印的实干精神中，已经预见到新兰考美好的未来。但是，文章只开了个头，病魔就逼他放下了手中的笔，县委决定送他到医院治病去了。

临行那一天，由于肝痛得厉害，他是弯着腰走向车站的。他是多么舍不得离开兰考呵！一年多来，全县149个大队，他已经跑遍了120多个。他把整个身心，都交给了兰考的群众，兰考的斗争。正像一位指挥员在战斗最紧张的时刻，离开炮火纷飞的前沿阵地一样，他从心底感到痛苦、内疚和不安。他不时深情地回顾着兰考城内的一切，他多么希望能很快地治好肝病，带着旺盛的精力回来和群众一块战斗呵！他几次向送行的同志们说，不久他就会回来的。在火车开动前的几分钟，他还郑重地布置了最后一项工作，要县委的同志好好准备材料，等他回来时，向他详细汇报抗灾斗争的战果。

"活着我没有治好沙丘，死了也要看着你们把沙丘治好！"

开封医院把焦裕禄转到郑州医院，郑州医院又把他转到北京的医院。在这位钢铁般的无产阶级战士面前，医生们为他和肝痛斗争的顽强性格感到惊异。他们带着崇敬的心情站在病床前诊察，最后很多人含着眼泪离开。

那是个多么令人悲恸的日子呵！医生们开出了最后的诊断书，上面写道："肝癌后期，皮下扩散。"这是不治之症。送他去治病的赵文选同志，不相信这个诊断，人像傻了似的，一连声问道："什么，什么？"医生怀着沉重的心情，低声说："焦裕禄同志最多还有 20 天时间。"

赵文选呆了一下，突然放声痛哭起来。他央告着说：

"医生，我求求你，我恳求你，请你把他治好，俺兰考是个灾区，俺全县人离不开他，离不开他呀！"

在场的人都含着泪。医生说："焦裕禄同志的工作情况，在他进院时，党组织已经告诉我们。癌症现在还是一个难题，不过，请你转告兰考县的群众，我们医务工作者，一定用焦裕禄同志同困难和灾害斗争的那种革命精神，来尽快攻占这个高地。"

焦裕禄又被转到郑州河南医学院附属医院。

焦裕禄病危的消息传到兰考后，县上不少同志去郑州看望他。县上有人来看他，他总是不谈自己的病。先问县里的工作情况，他问张庄的沙丘封住了没有？问赵垛楼的庄稼淹了没有？问秦寨盐碱地上的麦子长得怎样？问老韩陵地里的泡桐树栽了多少？……

有一次，他特地嘱咐一个县委办公室的干部说：

"你回去对县委的同志说，叫他们把我没写完的文章写完；还有，把秦寨盐碱地上的麦穗拿一把来，让我看看！"

5月初，焦裕禄的病情进一步恶化了。在这种情况下，县委的一位副书记匆匆赶到郑州探望他。当焦裕禄用干瘦的手握着他的手，两只失神的眼睛深情地望着他时，这位副书记的泪珠禁不住一颗颗滚了下来。

焦裕禄问道："听说豫东下了大雨，雨多大？淹了没有？"

"没有。"

"这样大的雨，咋会不淹？你不要不告诉我。"

"是没有淹！排涝工程起作用了。"副书记一面回答，一面强忍着悲痛给他讲了一些兰考人民抗灾斗争胜利的情况，安慰他安心养病，说兰考面貌的改变也许会比原来的估计更快一些。

这时候，副书记看到焦裕禄在全力克制自己剧烈的肝痛，一粒粒黄豆大的冷汗珠时时从他额头上浸出来。他勉强擦了擦汗，半晌，问道：

"我的病咋样？为什么医生不肯告诉我呢？"

副书记迟迟没有回答。

焦裕禄一连追问了几次，副书记最后不得不告诉他说："这是组织上的决定。"

听了这句话，焦裕禄点了点头，镇定地说道："呵，我明白了……"

隔了一会儿，焦裕禄从怀里掏出一张自己的照片，颤颤地交给这位副书记，然后说道："现在有句话我不能不说了。回去对同志们说，我不行了，你们要领导兰考人民坚决地斗争下去。党相信我们，派我们去领导，我们是有信心的。我们是灾区，我死了，不要多花钱。我死后只有一个要求，要求组织上把我运回兰考，埋在沙堆上，活着我没有治好沙丘，死了也要看着你们把沙丘治好！"

副书记再也无法忍住自己的悲痛，他望着焦裕禄，鼻子一酸，几乎哭出声来。他带着泪匆匆地告别了自己的战友……

谁也没有料到，这就是焦裕禄同兰考县人民，同兰考县党组织的最后一别。

1964年5月14日，焦裕禄同志不幸逝世了。那一年，他才42岁。

在他生命的最后时刻，中共河南省委和开封地委有两位负责同志守在他的床前。他对这两位上级党组织的代表断断续续地说出了最后一句话："我……没有……完成……党交给我的……任务。"

他死后，人们在他病床的枕下发现两本书：一本是《毛泽东选集》，一本是《论共产党员的修养》。

他没有死，他还活着

事隔一年以后，1965 年春天，兰考县几十个贫农代表和干部，专程来到焦裕禄的坟前。贫农们一看见焦裕禄的坟墓，就仿佛看见了他们的县委书记，看见了他们永远也不会忘记的那个人。

一年前，他还在兰考，同贫下中农一起，日夜奔波在抗灾斗争的前线。人们怎么会忘记，在那大雪封门的日子，他带着党的温暖走进了贫农的柴门；在那洪水暴发的日子，他拄着棍子带病到各个村庄察看水情。是他高举着毛泽东思想的红灯，照亮了兰考人民自力更生的道路；是他带领兰考人民扭转了兰考的局势，激发了人们的革命精神；是他喊出了"锁住风沙，制伏洪水"的号召；是他发现了贫下中农中革命的"硬骨头"精神，使之在全县发扬光大……这一切，多么熟悉，多么亲切呵！谁能够想到，像他这样一个充满着革命活力的人，竟会在兰考人民最需要他的时候，离开了兰考的大地。

人们一个个含着泪站在他的坟前，一位老贫农泣不成声地说出了 36 万兰考人的心声：

"我们的好书记，你是活活地为俺兰考人民，硬把你给累死的呀。困难的时候你为俺贫农操心，跟着俺们受罪，现在，俺们好过了，全兰考翻身了，你却一个人在这里……"

这是兰考人民对自己的亲人、阶级战友的痛悼，也是兰考人民对一个为他们的利益献出生命的共产党员的最高嘉奖。

焦裕禄去世后的这一年，兰考县的全体党员，全体人民，用汗水灌溉了兰考大地。三年前焦裕禄倡导制订的改造兰考大自然的蓝图，经过三年艰苦努力，已经变成了现实。兰考，这个豫东历史上缺粮的县份，1965年粮食初步自给了。全县2574个生产队，除300来个队是棉花、油料产区外，其余的都陆续自给，许多队有了自己的储备粮。1965年，兰考县连续旱了68天，从1964年冬天到1965年春天，刮了72次大风，却没有发生风沙打死庄稼的灾害，19万亩沙区的千百条林带开始把风沙锁住了。这一年秋天，连续下了384毫米暴雨，全县也没有一个大队受灾。

焦裕禄生前没有写完的那篇文章，正由36万兰考人民在兰考大地上奋力集体完成。在这篇文章里，兰考人民笑那起伏的沙丘"贴了膏药，扎了针"，笑那滔滔洪水乖乖地归了河道，笑那人老几辈连茅草都不长的老碱窝开始出现了碧绿的庄稼，笑那多少世纪以来一直压在人们头上的大自然的暴君，在伟大的毛泽东时代，不能再任意摆布人们的命运了。

焦裕禄虽然去世了，但他在兰考土地上播下的自力更生的革命种子，正在发芽成长。他一心为革命，一心为群众的高贵品德，已成为全县干部和群众学习的榜样。这一切宝贵的精神财富，今天已化为强大的物质力量，推动着兰考人民在自力更生、奋发图强的大道上继续前进。

焦裕禄同志，你没有辜负党的希望，你出色地完成了党交给你的任务，兰考人民将永远忘不了你。你不愧为毛泽东思想哺育成长起来的好党员，不愧为党的好干部，不愧为人民的好儿子！你是千千万万在严重自然灾害面前，巍然屹立的共产党员英雄形象的代表。你没有死，你将永远活在千万人的心里！

目 录 ——————— C O N T E N T S

脚步·一个共产党人的为政信条

榜样
焦裕禄

焦裕禄

1922.8-1964.5

脚步·一个共产党人的为政信条

人民呼唤焦裕禄

新华社记者 穆 青 冯 健 周 原

　　进入九十年代，在中华大地兴起学雷锋新潮的同时，人们深情地呼唤着另一个名字——焦裕禄。

　　在这声声呼唤中，我们3个当年采写焦裕禄事迹的老记者重访兰考，专程到焦裕禄墓前敬献花圈。花圈的挽带上写着"焦裕禄精神永存"七个字，表达了我们对这位忠诚的共产主义战士、人民的好儿子的崇敬和思念。

　　焦裕禄去世已经26年了。兰考人民在明末黄河故堤的一个沙丘上，修建了焦裕禄烈士陵园。陵园里，参天的泡桐绿荫蔽日，葱郁的松柏密密环绕。白色大理石砌筑的墓地上竖立着一面屏壁，上面镌刻着毛泽东的题字："为人民而死，虽死犹荣"。

我们默默地站在墓前，望着那高大的墓碑，环顾兰考大地，思前想后，禁不住心潮澎湃，思绪万千——

（一）

24年前，当我们第一次踏上兰考这块苦难的土地，兰考的"三害"——内涝、风沙、盐碱还在猖獗地为害人民。一年365天，多一半漫天黄沙飞扬。我们住在县委招待所，清晨起床，被褥总是蒙着一层黄尘。白色的盐碱每年不仅要碱死几万几十万亩禾苗，还侵蚀着千家万户的墙脚和锅台。内涝渍死了大片庄稼，有幸捉住苗的，一亩地打下几十或上百斤粮食就是上好年景。

今天，兰考1800平方公里大地和98万亩耕地，大变样了。

"看到泡桐树，想起焦裕禄。"这是传唱在兰考的一首新民歌。焦裕禄当年为了防风固沙，帮助农民摆脱贫困，提倡种植泡桐。二十多年过去，兰考全境的飞沙地、老洼窝、盐碱滩，都已经长起大片大片纵横成网的泡桐林了。1963年焦裕禄亲手栽下的那棵麻秆粗的幼桐，已经长成双人合抱的大树，人们亲切地叫它"焦桐"。全县半数以上的耕地实行了农桐间作，一亩地每年仅桐树就可以增值200到240元。我们一路所见，不仅在兰考，而且在豫东平原，在中州大地，在千里公路沿线，在雄伟的黄河大堤，到处都是亭亭的泡桐英姿，到处都是绿色的海洋。

　　东坝头是黄河下游一个最险要的地段，从三门峡、花园口奔泻而来的黄河激流，在这里按照人们的意志，回旋了一个马蹄形，从巍峨的石坝脚下乖乖地折向东北，奔向大海。滔滔黄河历史上多次泛滥，给这一带留下了 271 个大大小小的沙堆。每当刮起 5 级以上大风，黄沙蔽日，天昏地暗，一夜之间沙丘就能搬家。24 年前，我们来这里采访，举目黄沙茫茫，不见树木。这次，我们再访东坝头一带，茫茫黄沙已经不见踪影，眼底尽是一望无际的麦海。农民开着汽车、拖拉机，赶着牛车，正忙着收割麦子。微风起处，漾起层层金色的麦浪，一个个旧日的沙堆，变成了郁郁葱葱的刺槐林，极目望去，宛如飘浮在金色麦海里的一个个绿岛。

　　我们沿着曲径登上名叫"九米九"的大沙丘。头上绿叶盖顶，脚下青草铺地，林子里阵阵凉风宜人。盛夏的阳光从华盖般的槐叶缝里流泄下来，像撒下一条条金色丝线。24 年前，我们曾吃力地爬上这个沙丘，流沙灌满了我们的鞋袜。那时，沙丘顶上刚刚种上稀疏的刺槐苗，迎着寒风有气无力地摇曳着。

　　邻近"九米九"的下马台，原是临大路的一个村庄。因为沙丘移动，村舍、水井被淹没，村民弃家外逃，这里就变成了一个方圆 50 亩的大沙丘。焦裕禄从 1963 年春天开始，组织农民在这里挖泥封沙，栽种刺槐，如今也早已成林了。72 岁的护林老人王心茂告诉我们："下马台大沙丘今天变成了'元宝垛'，全靠老焦当年领着大伙种树治沙。"王心茂一家人就住在林中小屋里，年年月月守护着这片焦书记留下的林子。他爱树如命，说："谁要砍死一棵树，就是砍我一条腿；谁要撅折一根树枝，就是断我一个指头，我决不答应！"这句话，表达了老人对党、对他心目中的焦书记多么深沉的感情呵！

当年受到焦裕禄称赞的"四杆旗"之一的韩村，也许是兰考农村今昔变迁的一个缩影。

韩村周围是洼地，常年渍水，土地碱化。24年前我们来这个村访问时，饥寒交迫的农民含着泪告诉我们：1962年全村27户人家，每人只分得老秤12两高粱穗。贫穷像蛇一样缠着这个村庄。在那许多人感到沮丧的年代，他们人穷志不短，硬是不要国家的救济粮和救济款，自力更生，到老洼窝里割草卖草，换来三头毛驴和农具，忍饥挨饿，坚持生产。就在这个时刻，焦裕禄来到韩村，他从韩村人身上看到了千斤重担不弯腰的志气，深深地感动了。他把韩村的代表请上表彰大会的主席台，号召全县学习他们的精神。这次我们又到韩村，看到人们引来的黄河水把洼地淤高了，低洼的荒草窝长出了一坡好麦子、好花生，昔日的盐碱地也种上了棉花。当年的茅屋都换成了一色的砖瓦房。全村51户，有22户买了拖拉机。

我们怀着急切的心情，来到兰考火车站。二十多年前，这里的一切令人触目心酸。那时冬春季节，有多少兰考的灾民在这里啼哭饮泣，有多少家庭在这里骨肉离散。站台上堆着从全国各地运来的救灾粮，站内站外，货运列车的棚顶上，都坐着衣衫褴褛的灾民。这一切，仿佛是我们昨日所见，依稀历历在目。而眼前，车站的一

★ 这是焦裕禄住室
的一角。

新华社发

切完全变了。整洁的站台修了花坛，东来西去的客货列车井然运行。
7.5万平方米新建的货场可以同时装卸一百多个车皮。最近5年，兰
考火车站每年平均装车外运的粮食、棉花、桐材、油料等有1亿多
公斤。焦裕禄深夜到火车站含泪看望农民弟兄离乡背井、外出逃荒
的凄苦场景，已经作为历史的一页翻过去了。

　　焦裕禄临终前曾说："我死后只有一个要求，要求党组织把我
运回兰考，埋在沙堆上。活着我没有治好沙丘，死了也要看着你们
把沙丘治好！"多年来，兰考的党和政府抱定"一张蓝图画到底"
的决心，领导人民改天换地。焦裕禄用生命绘制的那张蓝图，今天

已经成为兰考大地的现实。

兰考人深情地说："咱焦书记在九泉之下可以瞑目了。"

（二）

曲曲折折的历史没有磨灭刻在人民内心深处对焦裕禄的思念。随着时光的流逝，一种呼唤焦裕禄的激越之情，象江河大海的波涛，在共产党员心中，在人民群众的心中，更加激荡不已。

今年以来，已经有30多万人来到墓前凭吊焦裕禄。

当年那个大雪封门的日子，焦裕禄去梁孙庄推开柴门访问过的那位老人梁俊才已经去世，双目失明的张晴老大娘还健在，已经89岁了。她还记得，那天她用颤抖的双手上上下下摸着焦裕禄，问："你是谁？"焦裕禄说："我是你的儿子！"去年，张晴大娘家里收获二千斤小麦，一千五百斤花生。今年清明节，她要人拉着架子车专程送她到焦裕禄坟前，按照农村古老的习俗烧了一堆"纸钱"，她说："如今俺富了，老焦有钱花吗？"

一个又一个农村妇女，从家里带来新蒸的白面馒头，摆在焦裕禄墓前，哭着喊着，要他们的焦书记走出墓来尝尝味道。他们永远忘不了，焦裕禄和他们一起吃糠咽菜的艰难日子；永远忘不了焦裕禄端起大家凑来的"百家饭"，眼泪簌簌滚下来的情景。如今家家过上了好日子，焦书记却不回来了。

　　堌阳乡刁楼村 70 多岁的老农马全修，身患关节炎，走路靠双拐。今年清明节，他披着老羊皮，艰难地走了二三十里路，来到墓前，恭恭敬敬行了三鞠躬礼。他对陵园工作人员说："老焦是万不挑一的人呀！我怕活不久了，趁还能走动，赶来看看他。说不定啥时候死了，想来也来不了啦！"

　　工作人员问她："有什么为难事？"她说："我只有一个儿子，自从娶了媳妇，再也不肯管我了。我生他时，生活多么艰难啊！焦书记关心我，救济过我，还送我一块喜庆的红布。那时候，吃不上，喝不上。如今吃喝都有了，儿大心变了。一生孩子的气，我便想起老焦，想起那块红布。唉，要是老焦在，这种事他能不管吗？"

　　陵园工作人员还对我们谈了一件事：清明节前，陵园松林里一位来自民权县的老农踽踽独行。问他来干什么，他说来看看。问他的姓名，他不肯说。工作人员又问："你心里有什么事？"老农哭了。他说："我心里有话，没有地方诉呀，来跟老焦说说……"

　　群众过上了好日子，思念焦裕禄；群众有了困难，想起焦裕禄；群众心里感到有了委屈，也要到焦裕禄墓前来哭诉。

　　兰考人心目中，焦裕禄没有死。在村头、田间，在农舍、牛屋，在农村饭场，在夜半梦乡，他们似乎还在跟焦书记倾诉自己的心里话。

　　广大群众呼唤焦裕禄，这不是一个偶然现象。他们是在呼唤党一贯同群众血肉相连的好传统，呼唤党的一切为了人民、一切依靠人民的好作风。

人民的好公仆——焦裕禄

  焦裕禄在这个世界上只生活了短短的 42 年，却感动了几代中国人。

  每年的焦裕禄逝世纪念日和清明节，位于河南兰考的焦裕禄陵园和位于山东博山的焦裕禄纪念馆内，人们从全国各地自发前来，祭奠、怀念这位全心全意为人民服务的好公仆。

  今年 5 月 14 日，河南省委专门召开纪念焦裕禄同志逝世 55 周年座谈会，深切缅怀焦裕禄同志，深情追忆他的感人事迹，再次号召全省上下深学、细照、笃行焦裕禄精神。

  焦裕禄，1922 年 8 月 16 日出生在山东省淄博市博山区崮山乡北崮山村的一个贫苦家庭。日伪统治时期，焦裕禄家中的生活越来越困难。他的父亲焦方田被逼上吊自杀。焦裕禄曾多次被日寇抓去毒打、坐牢。后被押送到抚顺煤矿当苦工。1943年秋天，他终于逃出虎口，到江苏宿迁给地主当长工。

1945年抗日战争胜利后，焦裕禄从宿迁回到家乡。当时他的家乡虽然还没有解放，但是共产党已经在这里领导群众进行革命活动。在焦裕禄的主动要求下，他当了民兵，并参加了解放博山县城的战斗。

1946年1月，焦裕禄加入中国共产党。不久，参加区武装部工作，领导民兵坚持游击战。之后，调到山东渤海地区参加土地改革复查工作，曾担任组长。

解放战争后期，焦裕禄随军离开山东，来到河南，分配到尉氏县工作，一直到1951年。他先后担任过副区长、区长、区委副书记、青年团县委副书记等职。而后又先后调到青年团陈留地委和青年团郑州地委工作，担任过团地委宣传部长、第二副书记等职。

1953年6月，焦裕禄到洛阳矿山机器制造厂参加工业建设，曾任车间主任、科长。1962年6月任尉氏县县委书记处书记。同年12月，焦裕禄调到兰考县，先后任县委第二书记、书记。

兰考县地处豫东黄河故道，是个饱受风沙、盐碱、内涝之患的老灾区。焦裕禄踏上兰考土地的那一年，正是这个地区遭受连续3年自然灾害较严重的一年，全县粮食产量下降到历年最低水平。"吃别人嚼过的馍没味道。"焦裕禄从到兰考第二天起，就深入基层调查研究，拖着患有慢性肝病的身体，在一年多的时间里，跑遍了全

★ 焦裕禄同志在洛阳矿
   山机器厂工作时，在
   厂门前的留影。
   新华社发

县 140 多个大队中的 120 多个。

在带领全县人民封沙、治水、改地的斗争中，焦裕禄身先士卒，以身作则。风沙最大的时候，他带头去查风口，探流沙；大雨瓢泼的时候，他带头蹚着齐腰深的洪水察看洪水流势；风雪铺天盖地的时候，他率领干部访贫问苦，登门为群众送救济粮款。他经常钻进农民的草庵、牛棚，同农民同吃同住同劳动。他把群众同自然灾害斗争的宝贵经验，一点一滴地集中起来，成为全县人民的共同财富，

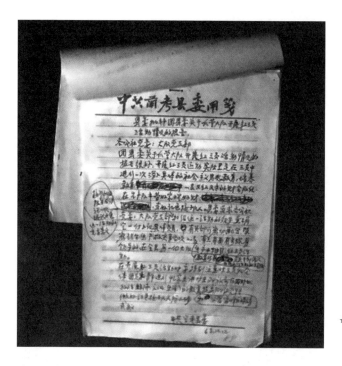

★ **焦裕禄同志手迹。**
新华社发

成为全县人民战胜灾害的有力武器。

焦裕禄常说，共产党员应该在群众最困难的时候，出现在群众的面前；在群众最需要帮助的时候，去关心群众、帮助群众。他的心里装着全县的干部群众，唯独没有他自己。他经常肝部痛得直不起腰、骑不了车，即使这样，他仍然用手或硬物顶住肝部，坚持工作、下乡，直至被强行送进医院。

1964年5月14日，焦裕禄被肝癌夺去了生命，年仅42岁。他临终前对组织上唯一的要求，就是"把我运回兰考，埋在沙堆上。活着我没有治好沙丘，死了也要看着你们把沙丘治好"。1966年，河南省政府追认焦裕禄同志为革命烈士。同年，新华社播发长篇通讯《县委书记的好榜样——焦裕禄》，全面介绍了焦裕禄的感人事迹。之后，全国掀起了学习焦裕禄的热潮，焦裕禄成为各级干部特别是领导干部学习的榜样。

焦裕禄去世后，一代代共产党人在兰考接力奋斗，不仅实现了焦裕禄治好沙丘的遗愿，更是让这片土地发生了翻天覆地的变化。2017年3月，兰考成为河南首个脱贫"摘帽"的贫困县，利用焦裕禄当年带领大家栽下的泡桐树制作乐器、家具等，也成为兰考致富奔小康的一项重要产业。

"绿我涓滴，会它千顷澄碧。"今天的兰考，群众收入持续增加，经济实力不断增强，城乡面貌显著变化，曾经外出逃荒的兰考人开始坐高铁外出务工、旅游，越来越多的外地人到兰考来投资兴业。

焦裕禄留给后世无尽的精神财富，留给家人良好的家风。他的儿女们都在各自岗位上兢兢业业工作。如今，已六十多岁的二女儿焦守云把主要精力放在讲述父亲的事迹上，她说："宣传好焦裕禄精神就是对父亲最好的缅怀。"

在百姓心窝里扎根的人，身体殁了，精神还活着。焦裕禄，这个永不褪色的名字，如一座丰碑，矗立在兰考，矗立在中国大地，矗立在亿万百姓心中。

（新华社北京2019年8月14日电　新华社记者邵鲁文、李亚楠、初杭）

焦裕禄的"为政之道"

作为我国国家治理体系中的重要一环，县域治理最大的特点是既"接天线"又"接地气"。回望 50 年前，焦裕禄在县委书记岗位上的"为政之道"，从铁腕反腐败到拍板做决策，从多方协调推进工作到鼓舞士气带好队伍，点滴往事透露出的圆融与求实、智慧与胆略，对今天的干部们仍有重要借鉴意义。

铁腕反腐

有一次，兰考县检察院工作人员在下乡检查中，发现一名生产队长"贪污自肥"，原来该队长利用职务之便，偷了 1.2 万块砖、9000 片瓦、32 棵树盖了 3 间瓦房。此外，还偷了 920 斤麦种。当时正值灾荒之年，粮食产量和社员收入都非常低，此事无疑加剧了群众的生活困难。

接到情况反映后，焦裕禄对此做了长长的批示，称之为"天灾之外的人祸"。在河南省档案馆，至今存有当年手稿："……这样的坏党员在群众生活严重困难的情况下，贪污盗窃发了大财……不立即严肃处理绳以党纪国法，是不能挽回影响的，不能平民愤的……"

尽管纸页泛黄笔迹模糊，但字里行间的震怒与决心，仍能穿透岁月，直抵人心。

敢于从实际出发拍板决策

铁腕反腐之外，面对兰考严峻灾情的考验，关键时刻焦裕禄还敢于从实际出发拍板决策。

时任兰考县委宣传干事的刘俊生介绍，因为逃荒的人太多，为了刺激生产积极性，当时有的地方私下把荒地和一些边远地块承包给社员耕种。看到有的村把枣树包给个人后，群众收获了不少枣子，焦裕禄冒险搞了林木承包责任制。

当时讨论时，县里有关领导表示，相关政策没有依据，只能根据原来的基础、群众的觉悟逐步去搞。但焦裕禄认为，不能等了。

他说，改变兰考的面貌，要根据兰考的实际想问题。包下去的是责任，没有改变社会主义性质。他同时强调，种树一定要实事求是，栽一亩就报一亩，种一棵就报一棵，不准搞浮夸，不准去攀比。

"那时候是谈包色变，包产到户便是资本主义，谁敢说一个'包'

字，就是立场问题、路线问题。"刘俊生说，"但是焦裕禄没有回避这个问题，他鼓励大家放开胆子大搞林业，还说'我们心里有一片绿，才会有兰考大地的一片绿！'"

具有全局观念

在时任县政府办公室主任的樊哲民看来，对于治下之事善决策、敢拍板的焦裕禄，处理起超出兰考县域之外的棘手问题，还具有全局观念和灵活协调能力。

1963年雨季，兰考连日降水形成严重内涝。在研究治理涝灾时，大家发现洪水有条主要外排通道，位于兰考和曹县交界地带。焦裕禄提出，排水不能转嫁水害，为此派人到曹县所属的山东菏泽地区进行沟通协商。

有人担心跨省不好谈，但焦裕禄认为两个县的根本利益是一致的。曹县、兰考县，都是党领导下的兄弟县，有什么不能谈的？

"焦书记说，'我想好了，咱们是十六字方针：圈要跑圆，理要讲全，心平气和，抓紧时间。'"经多方奔波努力，最终由水利部协调召开了两县治水联席会，顺利达成排水协议。

苦干与科学精神相结合

由于连年灾荒，兰考一些干部产生了思想波动，有人甚至向组织部门提出请调申请。

★ 焦裕禄（前中）二十世纪六十年代在兰考沙区现场组织抗灾。

新华社发

在一次救灾干部大会上，焦裕禄表示，灾害面前，干部思想产生波动也是正常的。衣食无着，工作自然无法安心，因此坚定干部队伍的信心非常重要。没有抗灾的干部，就不会有抗灾的群众。

当焦裕禄一再提议大家谈谈对救灾的建议时，干部们一个个双手捧头，不发一言。过了一会，有人竟然低声啜泣起来，引得全场干部情绪更加低落。

"要是哭能管用的话，我这个县委书记带头哭。"焦裕禄说着伏在桌上"啊……啊……"地做大哭状。

在县委书记滑稽举动的影响下，会场气氛明显缓和开来。焦裕禄趁势表示，哭是懦夫的行为，面对兰考灾情，摆在面前的有两种选择：苦干，还是苦熬？

"只有苦干才有出路。当然苦干不是蛮干，要有科学的态度，兰考灾情这么重，光有不怕苦不怕困难的精神是远远不够的，必须拿出战胜灾害的科学办法。不管哪条路，只要符合兰考的实际，我们都可以走一走。"

其后不久，焦裕禄主持召开兰考县劳动模范大会，树起了干部带领群众救灾的"四面红旗"。

"郡县治，天下安。"河南省社科院副研究员陈东辉认为，作为承上启下的重要层级，县域治理在推进国家治理体系和治理能力现代化方面，具有无可替代的作用。

"一个县，大的有上百万人口，经济、政治、文化、社会、生态等各方面功能齐备，作为县里的领导干部，责任重大。和上世纪五六十年代比，今天的环境和条件都发生了很大变化，但焦裕禄作为县委书记的'为政之道'，仍然像一面镜子，常照常新。"陈东辉说。

（新华社郑州 2014 年 5 月 13 日电 新华社记者张兴军）

焦裕禄，那些你还不知道的故事

他是众人缅怀的人民公仆、干部旗帜，同时也是有家有口、有血有肉的普通人。

作为6个孩子的父亲，他一个月能挣多少钱，够养活一家老小吗？是一个什么样的女人在支持他，免除家庭的后顾之忧……

焦裕禄，那些鲜为人知的背后故事，从身边人口中娓娓道来。

高工资　无财产

上有2位老人，下有6个儿女，焦裕禄和所有男人一样承担着养家糊口的责任。而他所生活的年代，工资几乎是家庭的全部收入来源。

1962 年始为兰考县委书记的焦裕禄，被定为 14 级干部。时任兰考县委宣传干事的刘俊生回忆："当时我是 21 级干部，月工资 51.5 元，焦书记级别比较高，有 130 多元钱。"

在此之前，焦裕禄在洛阳矿山机械厂工作数年。工友张兴霖记得，焦裕禄工资有 50 多元钱，很多工人只有 40 多元，不过当时物价低，他们的生活相对宽裕。"工资低，物价也低啊，一斤猪肉才几毛钱，早饭吃油条、喝粥也就几分钱。"

无论在工厂还是当县委书记，焦裕禄都算得上"高收入阶层"，

★ 这是五十年代焦裕禄（前排左三）在洛阳矿山机器厂车间和工友们的合影。

新华社发

但焦家却经常吃不饱饭。"计划经济时代要凭票购物，粮票是按照职务、工种配给的，当时工人分粮多，干部粮食少。"焦裕禄任洛阳矿山机械厂一金工车间主任时的邻居张泉生回忆，"我一个月有59斤粮食，焦主任只有22斤，他家人口多，就那么点粮食怎么吃得饱啊！"他想给焦家点粮票，焦裕禄从来没要过。

有钱买不到，饿肚子也就罢了，蹊跷的是，如此高的工资，焦家却没有积蓄。焦裕禄回山东老家时，因为手头拮据，竟没能按家乡风俗给初次见面的侄媳妇包个红包。他去世后，除了常年佩戴的一块手表，没留下任何遗产。他的工资哪儿去了？

当年的兰考县葡萄架村大队会计孙世忠回忆，焦裕禄曾连续3个月在此调研，每天都交一斤二两的粮票和四毛钱作为伙食费。"好的时候能吃到馍，有时候就吃萝卜缨子、木薯干。"跟随焦裕禄下乡的刘俊生说，"他交的伙食费只多不少，碰到农民家里条件差的还会另给钱。"

原洛阳矿山机械厂工人吴永富第5个孩子出生时家境困难，焦裕禄送去了10元钱；工人刘辅臣妻子生小孩后想喝点小米稀饭，焦裕禄把仅有的2斤小米送到了他家。类似的故事听许多人讲起，焦裕禄工资高却一穷二白，这种怪账只有老百姓算得清楚。

背后的女人

人们谈起焦裕禄，却往往忽略了他背后的女人——徐俊雅。当年爱唱歌的姑娘与能拉会唱的焦裕禄结缘，携手走过兰考治"三害"的艰苦岁月，更在离开焦裕禄的漫长后半生，以一个女性的坚韧抚育6个子女成人。

"她操持我们这个家，确实不容易，有时会看见她坐在那里哭，但从没听她说过'难'。"2005年，74岁的徐俊雅在41年的分离后追随焦裕禄而去，留在大儿子焦国庆记忆中的印象是"一辈子坚强"。

焦裕禄去世时，徐俊雅才三十出头，上有婆婆下有儿女，一贯清苦的家庭没有任何财产。"父亲去世前说，不能向组织伸手，遇

★ 这是焦裕禄与爱人徐俊雅的合影。

新华社发

到困难自己想办法克服。所以母亲非常辛苦，受了很多罪。"长女焦守凤至今记得，焦家小院里一年四季摆着破布和旧衣服，母亲浆洗后就着油灯纳鞋底。

1932年，徐俊雅出生在河南省开封市尉氏县一个书香门第。18岁那年，她循着焦裕禄二胡的旋律来到那个浓眉大眼的年轻人身边，从此琴瑟相调，成为"榜样"的坚实后盾和温暖港湾。

"家里一切事由母亲管理，父亲很少在家，没时间管我们。"在焦国庆印象中，他们见不到父亲很坦然，但一会儿看不见母亲就到处找。作为妻子，徐俊雅的深情是连条手绢也不舍得让焦裕禄洗的体贴，是寒冬里把他的衣服放在两层被子中间焐热的温暖。经常不着家的焦裕禄，一有空就拉起徐俊雅喜爱的二胡，悠悠琴声成为子女们对温馨家庭的长久惦念。

"父亲最喜欢一家团聚，只要在家就陪我们玩，讲笑话甚至打牌，他走后家里很多年都没有鞭炮声。"女儿焦守军对母亲的失落印象很深，"过年时她总是一边包饺子一边默默流泪，然后在床上躺一整天。"

几十年来，徐俊雅忍受着悲痛和思念之情，把焦裕禄的品德和家风一点一滴传递给儿女。尤其是对做过县委书记的儿子焦跃进，她最常说的一句话是，"你干得好，别人说你是焦裕禄的孩子；你干不好，别人也不会说你是徐俊雅的孩子。"

偷拍的照片

身披上衣、双手叉腰、眼望远方，这是焦裕禄照片中流传最广的一张，还曾印上邮票。如此充满意境的画面，竟是偷拍下来的。

作为全国最知名的县委书记，焦裕禄留下来的照片非常少，以至于在兰考的焦裕禄纪念馆内，很多场景只能靠绘画和雕塑再现。

"我给群众拍照片上千张，但给焦裕禄拍的只有4张，其中3张还是偷拍的。"焦裕禄在兰考的一年多时间里，刘俊生经常跟随下乡。如今已80岁高龄的他，讲起照片背后的故事仍兴致盎然。

1963年9月的一天，焦裕禄到老韩陵检查生产，在红薯地跟农民一块挥起了锄头。"这又激起我给他拍照片的念头，可是怕他阻止，就把身子转向另一侧，把镜头对准他，偷拍了一张他锄地的照片。"刘俊生说，以前每次拍照，焦裕禄不是把身子躲开，就是摇摇头、摆摆手。

随后，刘俊生又透过人群的缝隙，偷拍下了他蹲在花生地拔草、看花生长势的镜头。当天午饭后，焦裕禄继续到胡集大队查看泡桐生长状况。时隔50余年，刘俊生对当时的情景依然记忆深刻。

"焦裕禄把自行车往路边一放，说'咱春天栽的泡桐苗都活啦，十年后，这里就会变成一片林海'。我看他那么兴奋喜悦，就掏出相机，当他叉腰走到一棵泡桐树旁时，又偷拍了一张。"

这就是那张传播最广的照片，焦裕禄身后的泡桐就是著名的"焦桐"，如今已长成参天大树。

一同下乡的干部向焦裕禄建议合个影，焦裕禄说："咱照相有啥用？"刘俊生趁机问出长久以来憋在肚子里的问题："焦书记，每次下乡你都告诉我带上照相机，为什么不让我给你照相呢？""我是让你多给群众拍些照片，这对他们是鼓舞，又很有意义！你不要想着跑前跑后给领导拍照片！"

几十年来，一想起焦裕禄，这番对话就盘旋在刘俊生心头。"焦裕禄在兰考有很多感人的镜头，我却没有拍下来，这是一个通讯干事的失职。"刘俊生至今仍为此感到深深的遗憾。

（新华社郑州 2014 年 5 月 13 日电　新华社记者双瑞、宋晓东、李亚楠）

穆青与《县委书记的榜样——焦裕禄》

"焦裕禄的心里，装着全体党员和全体人民，唯独没有他自己……"

"焦裕禄同志，你没有辜负党的希望，你出色地完成了党交给你的任务，兰考人民将永远忘不了你……你没有死，你将永远活在千万人的心里！"

1966年2月7日，新华社播发穆青和冯健、周原合作采写的长篇通讯《县委书记的榜样——焦裕禄》，动人的事迹随着中央人民广播电台的电波、随着一份份报纸传遍大江南北，一个为人民鞠躬尽瘁的共产党员形象，鲜活地矗立于天地之间，铭刻在人民心中。

　　这篇稿件的诞生，源自 1965 年 12 月穆青和新华社记者冯健的一次中原之行。

　　当时的中国经历了"大跃进"和三年自然灾害。自 1961 年国家实行"调整、巩固、充实、提高"方针后，国民经济开始进入复苏时期。

　　作为新华社副社长，穆青的脑海中反复思考着一个问题：该怎样将蕴含于人民之中那种打不垮、压不倒的英雄精神，通过新华社的报道，播撒到每一个中国人的心头？

　　为了能找到一个突破口，穆青决定到自己熟悉的故乡河南去。这片土地历史上就是一个饱受水旱灾害的地方。他希望能在这里找到新闻素材。

　　到河南后，根据新华社河南分社记者周原摸到的线索，穆青得知，在豫东兰考县有一位深受百姓爱戴、"开展除'三害'斗争活活累死"的县委书记焦裕禄。

　　兰考是一个古县城，连年不断的沙荒、盐碱、内涝、水灾使兰考成为豫东重灾区中的"黑锅底"。

　　1965 年 12 月 17 日上午，穆青一行来到了兰考县委大院。大院里有两排破旧的平房，白花花的盐碱漫地而生，爬上墙头、窗台，红砖墙被盐碱咬蚀得斑斑驳驳，有的地方成了白粉。

　　尽管对这位县委书记的事迹已有所耳闻，也看了当时报纸的一些报道，但穆青还是被现场看到的、听到的故事深深震撼。

　　"那晚下大雪，我看见焦书记房间里的灯光亮了一夜。大清早他挨门把我们干部叫醒，干啥？他说快去看看老百姓，在这大雪封门的时候，共产党员应该出现在群众面前！这一天焦书记硬是忍着病痛，在没膝的雪地里转了九个村子……"

"焦书记家里也困难，没条像样的被子，烂得不行了翻过来盖。我们县里补助他三斤棉花票，他就是不要，说群众比他更困难……"

"他后来被查出肝癌，人都不行了，还在病床上念叨，张庄的沙丘，赵垛楼的庄稼，老韩陵的泡桐树。临死前还要我们去拿把盐碱地的麦穗给他看一眼……"

"焦书记得病的消息传开后，四乡八村的老百姓涌到县委，都来问焦书记住在哪家医院，非要到病房里去看看他。后来焦书记的遗体运回兰考，老百姓扑在他的墓上，手抠进坟头的黄土里，哭天哭地地喊：回来呀回来……"

听着这些故事，抚摩着焦裕禄留下的三件遗物——一双旧棉鞋、一双破袜子、一把破藤椅，穆青悲恸得不能自持，眼泪抹了一把又一把。

穆青一行访问了几十位基层干部和群众，走到哪儿，群众都满含热泪叙说着焦书记。又亲眼看了焦裕禄带领群众挖的沟渠、封闭的沙丘群后，穆青对冯健和周原说："焦裕禄就是一代共产党员的典型！我们一定要把他的事迹原原本本写出来，让人们看看咱们共产党的干部是怎么舍生忘死为人民群众服务的！"

他们对这篇报道反复推敲修改，先后七易其稿。稿子基本完成后，穆青又让周原把稿子带回兰考,在县委常委扩大会上朗读征求意见,除订正了几个人名地名外,大家表示事实准确。

1966 年 2 月 7 日上午,中央人民广播电台播出了新华社长篇通讯《县委书记的榜样——焦裕禄》,焦裕禄这个名字传遍了全国各地,震撼了千千万万颗心灵。

★ 焦裕禄同志患着肝病,但他忍受了巨大的痛苦,仍然全心全意投到改变兰考县面貌的斗争中去。肝时时发痛,他就用手或硬东西压着肝部,继续工作,日子久了,他坐的藤椅,被顶出了一个大窟窿。

新华社记者严世昌摄

焦裕禄顶风冒雪走进一个低矮的柴门，向一双无儿无女的老人问寒问饥，老大爷问他是谁？他说："我是您的儿子！"——这是《县委书记的榜样——焦裕禄》中震撼人心的一个场面描写，也是穆青自己内心的写照，对人民的热爱催促着穆青的脚步不停地走向群众，走向基层。

穆青从16岁离开故乡奔赴抗日前线，到六十余岁任新华社社长，在历经沧桑的革命和新闻生涯中，深深体会到人民的伟大和可爱。

穆青曾说：从我个人几十年的记者生涯，我在群众中间、在采访对象中间、在那些先进人物身上，学习到的东西实在太多了，是他们给了我很多营养，是他们教育了我，鼓励了我。我之所以有今天，功劳也在人民群众身上。是人民哺育了我，并给予我以前进的动力。

穆青时常告诫年轻人要"勿忘人民"。他的一生都热爱劳动人民，他的心始终同人民相通。

从风雨如磐的战争年代到蓬勃奋进的建设时期和改革开放年代，穆青始终敞开身心，去感受可爱的祖国、可爱的人民；从一名年轻记者到新闻界巨擘，他始终孜孜以求，以一篇篇名篇力作为时代鼓起精神之帆。

（新华社新媒体中心2016年11月3日发　新华社记者王思北）

晒晒焦裕禄的工资单

褪去"人民的好干部""县委书记的好榜样"耀眼的光环，焦裕禄和普通男人一样，上要赡养老人，下要哺育幼儿，承担着家庭的责任。回到二十世纪五六十年代，那个焦裕禄生活着的时代，工资收入几乎是每个家庭全部的收入来源，想知道县委书记焦裕禄的收入有多少，焦家的经济条件又如何，看看焦裕禄的工资单，可能就会真相大白。

1952 年，国家进行工资制度改革，全国党政机关工作人员自上而下分为 29 级，工资随级别而定，当时作为县委书记的焦裕禄被定为 14 级干部。"我记得，当时我是 21 级干部，一个月工资是 51.5 元，焦书记因为级别比较高，一个月工资有 130 多块钱。"时任兰考县委宣传干事的刘俊生说。

焦裕禄在洛阳矿山机械厂工作时的工友张兴霖回忆，当时每个月他的工资只有 50 多块钱，但是由于当时物价低，所以他们的生活还是相对富足。"我当时已经是高等工了，工资也不到 60 块，很多工人当时只有 40 多块钱。"张兴霖说，"那时候工资低，物价也低啊，我记得一斤猪肉好像才几毛钱，早上在外头吃个早饭，吃油条、喝粥也就几分钱。"

很明显，当年与大部分普通工人相比，作为领导干部的焦裕禄已经算得上是"高收入"了，但是在那个物资稀缺年代，凭票购物的"票证经济"中却存在"有钱吃不饱饭"的尴尬情况，焦家就是其中之一。

"计划经济时代要凭票购物，粮票是按照职务、工种配给的，当时工人分粮多，干部粮食少。我记得我一个月有 59 斤粮食，焦主任是干部，一个月只有 22 斤粮。"张泉生回忆说。张泉生 1958 年到洛阳矿山机械厂工作后，与焦家是邻居，当时的焦裕禄在洛阳矿山机械厂一金工车间任主任。"吃不饱啊，焦主任家当时人口多，2 个大人，2 个老人，还有孩子，就那么点粮食怎么吃得饱啊！"张泉生说，"我家没有孩子，就两口人，口粮还多，有时候想帮帮他们给他们点粮票，但焦主任从来没要过。"

"有钱买不到"的现实无奈中，焦家人日子过得清苦也就罢了，但"高工资、低消费，有钱没地儿花"的情况下，焦家却没有存到任何积蓄。焦裕禄去世的时候，除了腕上常年带着的那块手表以外，没能给家人留下什么物质遗产。这不得不让人猜疑，焦裕禄的"高工资"都花哪去了？

焦裕禄曾连续3个月住在兰考县葡萄架村大队调查情况，葡萄架村大队会计孙世忠回忆，3个月里焦裕禄每天都会交一斤二两的粮票和四毛钱作为伙食费，"赶上老百姓家里有啥就吃啥，好的时候能吃到馍，有时候就吃萝卜缨子、木薯干什么的。"刘俊生说："焦书记每次下乡不但交的伙食费只多不少，有的时候碰到农民家里条件差的还会给钱资助。"

洛阳矿山机械厂工人吴永富第5个孩子出生时家里经济困难，

★ 2021年5月8日，一名工人从大连重工·起重集团减速机厂厂房前经过，厂房内设有焦裕禄事迹展览馆。

新华社记者 姚剑锋 摄

焦裕禄送去了 10 元钱；工人刘辅臣妻子生了小孩，想喝点小米稀饭，焦裕禄把家中仅有的 2 斤小米送到了他家。然而，就是这么一个大方慷慨的人，在回老家时居然因为经济拮据，没能按照家乡的风俗给初次见面的侄媳妇包个红包。

钱都花哪去了？清清楚楚的工资单背后却是一堆理不清的"糊涂账"。然而，正是这笔连焦家人，甚至焦裕禄自己都算不清楚的"奇怪"账单，老百姓却能给你讲个明明白白。

泡桐：改变兰考命运的"传奇神树"

从焦裕禄纪念陵园出发，驱车十分钟就能到达朱庄村，这里有一棵参天大树。树下不时会有人默默驻足凝视，细细抚摸树干，沉默不语但却若有所思。这棵树就是焦裕禄当年带领兰考人民防风固沙时亲手种下的泡桐，如今已经十多米高，枝繁叶茂，被兰考人称为"神树"。

由于历史上黄河多次决口改道，兰考饱受其苦，生态环境十分恶劣，风沙、盐碱、内涝"三害"困扰着兰考人民，苦不堪言。在新中国成立后的很长一段时间里，当地粮食亩产仅有 50 公斤。焦裕禄来到兰考后，为了抵御风沙，带领全县人民栽种泡桐改造生态，探索出了一条平原沙区"农桐间作"的治理模式。

其实，泡桐在兰考原已有之，但没有大规模种植。焦裕禄来到兰考后经过实地调查，多方问询，发现泡桐不但能在沙窝生长，而且长得快，即能挡风又能压沙，并且年年生根发新苗，可以陆续移栽，不用多投资。成林之后，旱天能散发水分，涝天又能吸收水分，可以林粮间作，以林保粮。于是他带领群众大规模种植泡桐，由此创造了"扎针"的治沙办法。

"泡桐繁殖容易、成活率高、生长速度快，特别适合风沙盐碱地生长，兰考选择种植泡桐再适合不过了。"国家林业局泡桐研究开发中心研究员王保平说，泡桐适应能力非常强，除了在有积水和土壤特别黏着的地点，都可以生长。同时，泡桐育苗容易、成活率高，生长速度快，能够快速成林起到防风作用。

此外，泡桐还可以通过枯落物改善栽植地的生态环境。"泡桐叶子易分解，平均一棵 4 至 5 年生的泡桐落叶量可达到 30 公斤—50 公斤，其中含氮量 3%，含磷量 0.2%，含钾量 4%，能够改善土壤结构，提高保水保肥能力。更重要的是泡桐扎根深，不与周边农作物竞争水分，非常适合与农作物套种。"王保平说："农桐间作是我国在复合农林业方研究上的一面旗帜，一直处于国际领先地位。"

虽然焦裕禄离开了兰考，但泡桐却留了下来，50 年来，当年的泡桐已经成林，不但是遮风挡沙的"保护伞"，还成为兰考人民的"绿色银行"。从 20 世纪 70 年代末开始，兰考人民利用泡桐开展木材加工，生产乐器和高档家具，逐渐形成产业化，目前全国民族乐器行业 90% 的音板取材于兰考的泡桐。

"兰考北部靠近黄河的区域是黄河古道，这里的土壤是沙土和淤泥掺和而成，这种土质种植的泡桐材质轻柔，结构均匀，不翘不裂不变形，而且透气、透音性能好，被称为'会呼吸的木材'，是制作民族乐器的上等材料。"开封中原民族乐器有限公司副经理陈改州说。目前，泡桐原木的市场价已经达到每立方米1500元到1600元之间。

依托珍贵的桐木资源，兰考县桐木加工业得到快速发展，截至2013年底，兰考县已有板材加工企业564家，民族乐器企业34家，林业产业总产值近70亿元，已经形成了原材料加工、来料加工和精品加工一条龙生产体系。全县有28个板材加工专业村，从业人员4万余人，年总产值达65亿元。

五十年，昔日焦裕禄带领群众种下的树苗已经长成参天大树。兰考的泡桐，不仅把漫漫黄沙化为万亩良田，也成了名副其实的"绿色银行"，带动兰考人民脱贫致富。这棵传奇神树不仅改变着兰考的生态环境，也改变了兰考人民的命运，在兰考它有了新的名字："焦桐"。

（新华社郑州2014年5月13日电　新华社记者宋晓东）

焦裕禄那些被"偷拍"下来的照片

作为全国最知名的县委书记，焦裕禄留下来的照片非常少，以至于在兰考的焦裕禄纪念馆内，很多场景只能靠绘画和雕塑再现。

身披上衣、双手叉腰、眼望远方——这是焦裕禄在兰考留下的屈指可数的几张照片中流传最广的一张，而这张曾登上邮票的珍贵照片竟是当时的县委办公室通讯干事刘俊生偷拍下来的。

按时下大部分人的观念，作为县委通讯干事，又经常跟随书记下乡，理应有大量领导调研的照片，实际却并非如此。

"在跟随焦裕禄的一年多时间里，我给群众拍的照片有上千张，但给焦裕禄拍的却只有4张，其中，还有3张是偷拍的。"在离"焦桐"仅有 1 公里多的家中，80 岁高龄的刘俊生拿出泛黄的影集，一张张给记者讲述他为焦裕禄所拍的 4 张照片背后的故事。

"焦裕禄下乡时，只要见到我，总让我拿着相机跟他一块下去。最初，我以为焦裕禄是想让我给他照相，可每次把镜头对准他，他不是把身子躲开，就是摇摇头、摆摆手，不让我给他照，我很不理解，以后也不好意思再给他照相了。"

据刘俊生讲述，1963 年 9 月的一天，焦裕禄在老韩陵检查生产，又通知他带着相机过去。"我到了之后，发现焦裕禄正在一块红薯地里锄地，我看到他以普通劳动者的身份，参加体力劳动，又激起了我给他拍照片的念头。怕他阻止，我就把身子转向另一侧，把镜头对准他，偷拍了一张他锄地的照片。"

"之后，焦裕禄放下锄头，走向一块花生地，蹲下身子，一面拔草，一面查看花生的生长情况，当时旁边站了很多人，我透过人与人的空隙，又拍下了他蹲在花生地里劳动的镜头。当天上午，我成功偷拍了两张焦裕禄的照片。"刘俊生说。

吃过午饭后，焦裕禄又继续到胡集大队查看泡桐生长状况。刘俊生回忆道："下午四五点钟，来到朱庄村南，焦裕禄把自行车往路边一放，很高兴地说，'咱春天栽的泡桐苗都活啦，十年后，这里就会变成一片林海'，这时，我看到焦裕禄心情喜悦，就掏出相机，当他又腰走到一棵泡桐树旁时，又偷拍了一张他的照片。"

刘俊生说，这就是如今传播最广的那张焦裕禄照片，焦裕禄身后的那棵泡桐就是如今已长成参天大树的"焦桐"。

据刘俊生讲述，拍完这张照片后，一同下乡的城关公社党委书记孟庆凯向焦裕禄建议合个影。焦裕禄却说，咱照相有啥用？这时，刘俊生趁机问出了长久以来憋在肚子里的问题："焦书记，每次跟你下乡，你都告诉我带上照相机，为什么不让我给你照相呢？"

接下来的这番对话，刘俊生至今仍记忆犹新。焦裕禄说："下乡让你带相机，是让你多给群众拍些照片，这对他们是鼓舞，又很有意义！你不要想着跑前跑后给领导拍照片，要想着给群众多拍照片！"

刘俊生说："要是把你和群众在一起劳动的镜头拍下来，不是

★ 焦裕禄（左）和城关公社党委书记孟庆凯的合影。
　　新华社发

39

对他们更大的鼓舞吗！"

焦裕禄听后笑笑说："你这是找理由想给我照相呢，那今天就照一张吧。"

刘俊生问："怎么照？"

焦裕禄说："我爱泡桐，就在泡桐树旁，给我们照一张吧。"

刘俊生建议焦裕禄把上衣穿上，焦裕禄穿上后，没有扣上扣子，他们走到几棵泡桐树旁，每人扶着一棵泡桐树，面向南方，留了一张合影。

刘俊生说，后来，通讯《县委书记的榜样——焦裕禄》发表之后，新华社记者穆青向他要焦裕禄在兰考的照片，他却只能拿出这几张。

"焦裕禄在兰考有很多感人的镜头，我却没有拍下来，这是一个通讯干事的失职。"刘俊生说，他至今仍为此感到深深的遗憾。

或许是为了弥补这一遗憾，焦裕禄去世后，他一直致力于宣传焦裕禄事迹，弘扬焦裕禄精神。如今，在纪念馆里展出的焦裕禄遗物，不少是他用心保存下来的，其中就有那把著名的藤椅。

采访结束后，腿脚不便的刘俊生坚持拄着拐杖送记者出门，他希望更多人知道焦裕禄为数不多的照片背后的故事。他说："宣传焦裕禄事迹、弘扬焦裕禄精神是我的终生职业。在这个事业上，我永不退休！"

（新华社郑州 2014 年 5 月 13 日电　新华社记者李亚楠）

焦裕禄：穿越时空的正能量

  2018 年 5 月 14 日是人民的好公仆、县委书记的榜样——焦裕禄逝世 50 周年纪念日。在这一天即将到来之际，位于河南兰考县的焦裕禄墓园日渐汇聚着四面八方前来祭拜的人们。

  作为共和国历史上"最著名的县委书记"，焦裕禄在兰考只工作了一年零三个多月就病逝在工作岗位上。生命有限，很多英雄模范人物崇高精神的形成过程也是有限的，但形成了一种宝贵精神财富，就是一个永恒的定格。

  沿着时间的河流回溯，重温焦裕禄事迹，那些散落百姓口碑里的记忆依然感动而温暖。无论是做人为官，还是干事创业，其身上所散发出来的亲民爱民、求实奋斗、廉洁奉公的正能量依然穿越时空，引发人们强烈的内心共鸣。

初夏时节，穿行在 1116 平方公里的兰考大地，绿树成荫，麦浪翻滚。今天的人们已经很难想象，半个多世纪以前，当焦裕禄踏上这片土地的时候，眼前呈现的景象。

那是 1962 年冬天，大雪纷飞。饱受风沙、盐碱、内涝"三害"困扰的兰考县，粮食产量下降到历年来最低水平。小小的县城火车站里，挤满了外出逃荒的灾民……

"我知道兰考是个灾区，人民群众正过着艰苦的生活，地委派我来，我愿意承担这个工作，但是要完成治理灾害的任务不是我一个人，得靠大家，靠全体干部振作起来，带领全县 36 万人，争取在尽快短的时间内把面貌改变了……"

81 岁的樊哲民，时任兰考县政府办公室主任，至今仍记得焦裕禄在县委会上的这段发言。"他的讲话很短，但很有分量。特别是他提出救灾是暂时的，以治灾代替救灾，要釜底抽薪，不要扬汤止沸。这是我第一次听到这种治理思路。"

50 年后，人们追忆："老焦在兰考的 475 天到哪儿去了？"

答案是：在飞沙中，在暴雨间，在寒风里，在骄阳下，在救灾抗灾的现场，在最困难的乡亲们身边……一年零三个多月，475 天，靠一辆自行车和一双铁脚板，焦裕禄对全县 149 个生产大队中的 120 多个进行了走访和蹲点调研，行程 5000 余里。

很多当年的同事回忆，焦裕禄之所以在较短的时间内，基本掌握"三害"的规律，实施了有效治理"三害"的办法，原因正在于他能扎根基层,在实际工作中做到了一身土、两腿泥,接地气、长底气。

下乡时,路边大风吹不走的坟头,启发他想到深翻淤泥把沙丘变良田的方法;深夜里,和老农的牛棚长谈,让他了解到多种泡桐既防风治沙,还能发展经济;在盐碱区,他经常抓起一把碱土放在手心里,看看,闻闻,揉揉,搓搓,抓一点放在嘴里品尝,并得出了咸的是盐,凉丝丝的是硝,又臊又苦的是马尿碱的结论,让和盐碱地打了一辈子交道的老农都吃惊得目瞪口呆。

当年兰考县委宣传干事刘俊生的笔记本上,至今仍保留着这样

★ 2014 年 5 月 14 日,参观者在河南兰考焦裕禄同志纪念馆内参观。

新华社记者李安摄

43

的"裕禄语录"："不管做什么工作，必须首先了解情况，进行调查研究……单靠一时的热情，单靠主观愿望，事情断然是办不好的。"

在焦裕禄陵园，离墓地不远处的纪念馆里，人们排起长队参观焦裕禄事迹展，他们中有拄着拐杖的老者、怀抱孩子的妇女、稚气未脱的少儿。透明的展柜里，静静地摆放着焦裕禄生前用过的物品，从生锈的锄头到带着窟窿的布鞋，还有打了42个补丁的被子。睹物思人，观者无言，却禁不住唏嘘不已。

来自安徽怀远县的一家公司经理陈明告诉记者，打小的时候，就看过多遍电影《焦裕禄》，除了对那把被顶出破洞的椅子深感震撼外，焦裕禄的衣服、袜子上面缝满的补丁也令人印象深刻。

他说，时至今日，焦裕禄的事迹和精神仍能引起全社会的广泛共鸣，一方面说明当前提倡艰苦奋斗、勤俭节约具有现实意义，另一方面更反映了大家对廉洁奉公的焦裕禄式干部的呼唤和期待。

生活简朴的焦裕禄，平日里对子女和家人的要求也是带头艰苦，不搞特殊化。

在儿女们眼里，焦裕禄既是一个"穷爸爸"，也是一个"富爸爸"。二女儿焦守云告诉记者，"他去世的时候，唯一的遗产是留给大姐的一块手表。对家人的最后要求是，不要向组织伸手，不搞特殊化。这是父亲留给我们的最宝贵的财富，也是一笔精神不动产。"

在焦裕禄当年亲手栽下的那棵泡桐旁，矗立着新落成的焦裕禄干部学院。从全国各地来进行群众路线教育实践活动培训的学员们，一出门就可以看见这棵参天大树。睹树思人，都别有一番感慨。

采访时，记者曾向不同年龄段的人问过同一个问题：焦裕禄最打动你们的是什么？大家的回答几乎不约而同，那就是他与人民群众的血肉之情，一种骨子里的爱民情怀。

79 岁的兰考葡萄架村原村支书孙世忠，至今仍清晰地记得第一次见到焦裕禄的情景：那是 1963 年农历九月的一天，正是种麦时节。孙世忠在村口迎面碰见了 7 个陌生人，打头的是个黑瘦黑瘦的高个儿，外面一件看不清颜色的大衣，没有系扣，头戴"四块瓦"棉帽，半边帽檐耷拉着。

"我上去问是哪来的，后面有人说这是县委焦书记。听说是县里来的，我赶紧去掂水，焦书记一边拦着不让掂，一边打听灾情咋样……"

看完灾情后，焦裕禄回城取了铺盖卷儿，在葡萄架一住就是三个月。孙世忠说："在焦书记眼里，群众的灾情等不得，群众的冷暖之事拖不得。为了关心群众，他恨不得把一分钟的时间掰成两半使。"

然而就在焦裕禄奔走兰考大地的时候，长期的拖延和劳累，让他的肝病变得越来越严重了。1964 年 3 月 23 日，焦裕禄被送往医院。5 月 14 日，焦裕禄病逝郑州。生命的时钟在 42 岁这一年停摆。

著名作家二月河告诉记者，学生时代，在课堂上第一次听了老师朗诵的《县委书记的榜样——焦裕禄》，当时班里很多人都是边听边流泪。

他说:"回顾焦裕禄的短暂一生,他给人留下的是一种伟大、悲壮、豪气冲云霄般的感觉。他把自己的每一滴血液、每一份精力都投入到了实实在在的为人民服务当中。在经济形势、改革大潮发生变化的今天,焦裕禄精神不但没有过时,反而历久弥新,愈发显示出其珍贵的价值。"

1966年2月26日,遵照遗愿,焦裕禄的灵柩由郑州迁往兰考。那一天,十里八村赶来的成千上万乡亲们,黑压压聚在县城北郊的一处沙丘下,大家胸戴白花,眼含热泪,呼唤着焦裕禄的名字,在冬日的寒风中站立……

"百姓谁不爱好官?把泪焦桐成雨。生也沙丘,死也沙丘,父老生死系。"

在百姓心窝里,扎根的人,身体殁了,精神还活着。

(新华社郑州2014年5月13日电 新华社记者刘雅鸣、张兴军)

焦裕禄的夙愿实现了

焦裕禄生前曾满怀激情地撰写一篇题为《兰考人民多奇志，敢叫日月换新天》的文章，提出要制服风沙、内涝、盐碱，让重灾区人民过上好日子。可惜文章刚开了个头，42 岁的焦裕禄便英年早逝。改革开放 20 年后的今天，他的夙愿真正得以实现。

重访兰考，很难把现实与历史联系到一起，改革开放为兰考重塑起新的形象

许多人至今对电影《焦裕禄》中那风沙弥漫的荒凉景象记忆犹深，但很少人知道那是异地取景。

1990 年深秋，电影《焦裕禄》的摄制组来到兰考。为了真实再现焦裕禄当年同"三害"斗争的场景，导演乘车在兰考转了一圈又一圈，怎么也找不到当年的荒漠景象，连连感叹："我们印象中的兰考变了！"最后不得不转移到大西北浩瀚的沙漠地区补拍了外景。

金秋时节，我们乘车沿着平坦宽阔的柏油路，在1000多平方公里的兰考大地上穿行，去探寻这一历史性的变迁。展现在眼前的是一幅巨大的色彩斑斓的画卷：一座座绿树掩映的村庄，一片片硕果累累的果园，成方连片的农田林网、郁郁葱葱的泡桐林和一眼望不到边的绿油油的庄稼。黄河故堤淹没在绿色的海洋里，当年让群众吃尽苦头的大面积沙荒，更是难觅踪迹。由点、片、网、带构成的巨大绿色屏障从根本上锁住了风沙。

濒临黄河的兰考县历史上深受黄水之害。据县志记载：兰考县城，久无固地，洪水一来，县官带上大印四处奔逃，脚落在哪里，哪里便是县址。1962年焦裕禄来到兰考时，面对的仍是1600多个沙丘、26万亩盐碱坡和28万亩涝洼地。

在这块土地上，焦裕禄带领人民与"三害"苦苦战斗了一年零四个月。他为兰考贫困面貌的改变打下了基础，播下了希望。

焦裕禄躺在病床上向来人打听年景的一幕，至今还留在人们的记忆里。足可告慰他的是，随着生产条件的改变，兰考农业产量成倍增长。1997年，全县粮食总产已达3.5亿公斤，相当于20年前的2倍，棉花、油料增产更多，农民人均收入由改革开放前的几十元猛增到1696元。64万兰考农民啼饥号寒的历史犹如滚滚东去的黄河水一去不复返了！

红庙乡关东村，原来是有名的乞丐村。村党支部书记游安民掰着指头对我们说，过去我们村吃了国家一百多万斤统销粮。就这样，每年过完春节乡亲们还要成群结队地外出要饭。俺做梦也没想到今天能过上"耕地不用牛，点灯不用油，楼上楼下电灯电话"的好日子。

村委会东边有一处宽敞明亮的农家住房。主人赵孟启在广州办了一家鞋厂，从村里招走 200 名工人。每月上旬汇款单从广州纷至沓来，汇款都不下 15 万元。村民们用这笔钱办起了木器加工厂，购置了农业机械，搞起了家庭副业，日子一天比一天甜蜜起来。现在，全村 535 名在外打工者，有 30 多名成为外资企业的管理人才。

兰考县城处处给人一种耳目一新的感觉。过去窄小的十字街道，如今被十多条宽敞明净的大街所代替。街道两边各种公共设施林立，大大小小的商场里，商品琳琅满目，一片繁华景象。

位于城南的兰考火车站是考察兰考历史变迁的窗口。当年焦裕禄带领县委一班人来这里冒雪夜访难民的情景，不知令多少人潸然泪下。如今，在宽敞明亮的候车大厅里，过往旅客正在等候陇海线上的列车。县劳动局的一位负责人说，每年春节过后，车站内外熙熙攘攘，争先恐后登车者，已不再是衣衫褴褛逃荒的灾民，而是怀着对美好生活向往的外出打工者。全县每年在外打工的劳力不下 15 万人。仅此一项，每年就为兰考带来数亿元的财富。

从千亩枣园受到启示，兰考成为全国最早推行大包干的地方之一，农民实实在在地感受到了社会主义的优越性

1977年春天，党组织派刁文来到兰考。他是焦裕禄去世后的第4任县委书记。拨乱反正和恢复经济的艰巨任务一个个摆在他的面前。

刁文苦苦思索着这样一个问题：兰考穷困的"风口"究竟在哪里？怎样才能让全县人民尽快吃饱肚子？他透过黄河故道上的风沙迷雾，分明看到一个人为的"风口"：多年的"左"的错误剥夺了农民作为农业生产主体的权利，许多农村政策从根本上违背了农民的利益。要尽快改变兰考面貌，必须最大限度地解放生产力。

黄河故道上的杨山寨大队年轻的党支部书记张中周大胆提出要把千亩枣园包给各家各户，得到了县委书记的支持，结果一包就灵。这一年，包"灵"了枣树包花生，包"灵"了花生包麦田。一个"包"字在兰考大地迅速放大、扩展。群众喜气洋洋，出门蹬大轮（扒火车）逃荒的人也纷纷回到村里。

1979年初春，党的十一届三中全会关于放宽农村政策，让农民休养生息的精神下来了。倍感振奋的刁文顾不得春节回家同亲人团聚，连续召开各种会议，把三中全会精神及时传达到最基层。从此，热气腾腾的生产热潮开始掀起。这年秋后，兰考农业获得大丰收，粮食总产量比1978年净增4500多万斤，一举结束了长期吃统销粮的历史，还破天荒地卖给国家150多万斤余粮。

大包干，实实在在包出了广大农民的生产积极性。连续几个冬春，兰考群众大搞农田水利建设，疏浚河道、挖渠打井、引黄灌溉、淤地压碱，全县95万亩耕地，有效灌溉面积发展到80万亩，28万亩盐碱地也改造成粮棉高产田。

沿着阡陌纵横的乡间道路，我们重访当年最早实行大包干的杨山寨。放眼望去，是一片目不暇接的绿色"枣海"，红玛瑙似的甜枣压弯了枝条。绿树环抱的村庄里是一排排红砖到顶的新瓦房、新楼房。74岁的老党员李殿如今住上了二层楼。过去他祖孙三代住两间破草房，墙上掏个洞当窗户，冬天用茅草堵上，夏天再扒开。他说：1963年秋天焦裕禄进过他的茅草屋，曾对他讲："苦日子会过去的，共产党将来要让你住楼房。"现在真的如愿了。他每月初一都在焦书记站过的地方烧柱香。说到这里，老人眼里噙满了泪水。

老支书金留成，指着一片片枣林，意味深长地说，这千亩枣树的命运同党的政策紧密相联。自从包到各家各户，这些老枣树好像也变得年轻了，产量一年比一年高。去年全村人均收入光枣树一项就拿了八、九百元。同样一个村，同样一片树，你看政策一改变化多大！

双杨树，是焦裕禄当年树立的老典型。这个村1963年在农作物基本绝收的情况下，各家各户兑鸡蛋卖猪，买牲口买种子，坚持走自力更生的道路，被焦裕禄誉为双杨树的道路。如今，这个村不仅把1700亩旱涝薄地改造成高产稳产田，亩产粮食由300多斤提高到

1200 多斤，而且大半农户还办起了木器加工厂，制作城乡居民需要的各类家具。支部书记许永焦，是个老实本分的庄稼汉。1966 年他流着泪听了介绍焦裕禄事迹的广播，把自己的名字许明堂改为许永焦，决心永远向焦裕禄学习，把家乡建设好。他感慨地说："受穷不是社会主义，过去路子太窄，老觉得有劲儿使不上，现在放开了手脚，路子变宽了，群众变富了。俺们实实在在地感受到了社会主义的优越性。"

双杨树开始富起来，大家的精神面貌也焕然一新。全村 300 户人家和睦相处，一家有难大家帮。1996 年夏天，吴来周家的房子倒了，村干部带头，几十名青壮力一齐上，没有吃他家一顿饭，没有抽他一支烟，不几天，便把新房盖起来了。做木匠活有经验的村民王留生看到乡亲们销售家具有困难，便在焦作开了一个家具店，把乡亲们制作的家具拉到店里卖。在他的带动下，全村在外地开了 8 家销售店，生意越做越红火。

焦裕禄当年曾冒着风雪严寒慰问五保户，帮助他们解决生活上的困难。如今兰考 16 个乡镇都建了敬老院，丧失劳动能力的孤寡老人由国家和集体"包"了起来。

张君墓镇，有一处鸟语花香的院落。这就是占地 50 亩的全国优秀敬老院。居住在这个敬老院里的 61 位老人和 1 名孤儿，每人生活费月平均 90 元，每年领两次服装。今年 91 岁的卫永真老大娘，瘫痪 6 年，大小便失禁。来到敬老院后，工作人员像对自己亲娘一样侍候她。她经常对别人说："我上辈子烧高香了，赶上了好时候。共产党是我的恩人啊！"

桐木制成古筝，葡萄酿成名酒，兰考人学会了闯市场、创品牌、与外商打交道

兰考人从根本上解决了温饱问题之后，一刻也没有停止对新生活的追求。市场经济大潮的涌起，在全县人民面前展现出更加美好的前景。

焦裕禄为了抗御风沙曾倡导栽植泡桐，他亲手栽下的一株泡桐如今已长成双人合抱的大树，被称为"焦桐"。目前全县泡桐的蓄积量达 88 万立方米。愈来愈精明的农民从出卖原木，逐步发展到搞桐木加工，各类木器厂在兰考雨后春笋般地兴建起来。加工产品也由简单的桐木电料发展到桐木拼板、装饰材料等。

令人称奇的是，这里的泡桐已经登上了高雅艺术的殿堂。1990年 6 月文化部委托中国音乐学院举办国际比赛，兰考人送去 57 台琵琶、古筝供参赛借用，比赛刚结束，便被抢购一空。许多人无法相信，这些一流的民族乐器竟出自兰考农民之手。戴士永是个土生土长的庄稼汉。1988 年，他利用本地的优质泡桐资源，筹集资金，延请名师，成立了开封市中原民族乐器有限公司。现在，这家公司拥有固定资产 500 多万元，每年出口创汇 60 多万美元，其主要产品琵琶、古筝在国家举办的新产品、新技术博览会上多次荣获金奖和银奖，远销

美国、英国、法国和东南亚。在他们的带动下，全县办起了 10 多家民族乐器厂。1994 年，国家轻工业部和中国音协把兰考确定为民族乐器音板生产基地。

走进一些大中城市的副食品商店和高档宾馆、饭店，赛仙诺、威朗、路易顺等品牌的干红葡萄酒倍受青睐。这些香醇可口的红酒是地地道道的兰考产品。

这个县的沙区昼夜温差大，很适宜葡萄生长。但由于县里没有像样的龙头企业，葡萄常常卖不出去。后来县里建起了葡萄酒厂，生产也不景气。1996 年，兰考人与大企业三九集团合作建起了股份制企业三九葡萄业有限公司。1997 年春，公司投资 2000 多万元，从法国引进一条葡萄酒生产线，选派人员到法国培训，学习技术和管理经验。法国卡特兰酒业有限公司董事长罗伯特先生在兰考考察以后，对这里的投资环境十分满意，对双方的合作充满了信心。为了充分发挥本地资源优势，他们还同郑州果树研究所协商，从法国引进赤霞珠、品丽珠等优良葡萄品种和种植技术，逐步形成市场牵龙头、龙头带基地、基地带农户的产业化格局。人均耕地不到一亩的南彰乡周庄村，党支部发动农民集资 3 万元，办起了制帽厂。组织专人到外地采购材料，然后分给农户按规格加工，交到厂里后统一销售。这个不起眼的小厂越滚越大，加工农户扩展到邻近的十几个村，形成帽业集团。1997 年生产帽子达 1100 多万顶，销售收入 3647 万元，实现利税 456 万元。200 多家销售专业户把产品推销到华北、西北、东北 20 多个省区的城乡市场，人称"周庄的帽子满天飞。"

引导农民进入市场，走向富裕，是近些年兰考县委的工作重点。各乡镇按照县里部署，积极调整种植业结构，建起了不同规模的高效农业示范园。走进爪营乡的高效园区，但见温室和大棚座座相连，排排相接，这里一年四季不间断地生产着各类蔬菜。从省城大专院校和科研院所请来的专家教授，在这里进行技术指导和市场咨询。

市场经济的大潮，迅速改变着兰考农民的传统观念，农民们把"原"字号产品，通过数千家企业加工成工业品运往城乡大市场，获取更丰厚的利润。随着市场形势的变化，这些分散的企业正在走向联合，相继组建起制帽集团总公司、兰桐林业（集团）有限公司、葡萄酒酿造集团公司等。

新的形势下，兰考县委要求每个干部既要适应历史性的转变，又要始终不渝地坚持为人民服务的宗旨、实事求是的思想路线

1991 年开始，河南省委在全省县级领导班子中开展了以弘扬焦裕禄精神为宗旨的"焦裕禄杯"评比活动，兰考县委坚持每年选拔"焦裕禄式的好干部"。

在自然灾害频繁的岁月，焦裕禄似一根擎天柱，给站在绝望边缘的兰考人带来了希望。改革开放的今天，各级干部如何弘扬焦裕禄精神，肩负起时代赋予的重任？二十年来，从刁文、王祖德、徐

宗礼到卢大伟、宗家邦，兰考的五任县委书记都在不断进行探索。宗家邦庆幸自己赶上了改革开放的好时代。他认为左的路线之下，许多有本事的县委书记英雄无用武之地，有的累白了头，面貌也没有多大改变，只有抱憾终生。改革开放的好时代，才给我们提供了施展才干，为人民效力的舞台。我们要用心研究和解决新时期新的矛盾和问题，努力为人民做更多的事情。

三年前，37岁的宗家邦走马上任遇到的第一个难题就是干部教师工资发放困难。他同县政府领导一道，从改革和发展经济入手，对濒临倒闭的几家预算内企业通过承包、兼并和租赁等多种形式改制，使困难企业焕发出生机。同时督促税务、工商、物价等行政执法部门，检查堵塞税务征管中的"跑冒滴漏"，把该收的全部收上来。凭借财政收入两年翻了一番多的实力，兰考县保证了干部、教师工资的兑现，从而稳住了干部和教师的心。

说到干群矛盾，宗家邦想起一段往事：焦裕禄的儿子、原兰考县坝头乡党委书记焦跃进，是一个既勇于开拓又严于律己的好干部，一次到农村检查工作，一位老农意味深长地对他说，你的父亲老焦书记都是给我们送东西，而你却是没完没了地从我们口袋里掏东西，这是为什么？宗家邦从这番话里认识到，农村干群关系紧张的根本原因是农民负担问题。要解决这一主要矛盾，首要的是取消各类不合理集资、摊派，切实把农民的负担控制在国家规定的额度以内。于是县委、县政府派出工作组，逐乡逐村检查减轻农民负担的落实情况，把全县农民的负担严格控制在上年度人均纯收入的百分之四以内。这一下，又稳住了农民的心。

焦裕禄在世时，曾为孩子看了一场没有要票的"白戏"，把家人狠狠"训"了一顿。在市场经济条件下，一些人把商品交换的原则运用到党的政治生活中来，领导干部面临的考验更加严峻了。宗家邦想，要想赢得民心，必须为官清正廉洁。

宗家邦对工作要求的标准很高，生活上却一直很艰苦。有人劝他，现在时代变了，经济条件也好了，应该考虑把生活安排舒适些。他笑笑说："是要考虑，但不是现在，更不是自己。"这些年不正之风吹得一些人学会了请客送礼，他对这类的"表示"和"意思"总是婉言谢绝；对少数不择手段以贵重"礼品"和"现金"铺路的跑官要官者，则严辞拒绝，分毫不让。

"前边是个坑，后边有人推。"宗家邦常说，在发展市场经济的新形势下，干部面临的考验更为严峻。不正之风刮得一些干部迷失了方向。意志薄弱者，已经推到坑里，要从防微杜渐抓起。为刹住屡禁不止的吃喝风，县里作出了"同城不吃饭，下乡不喝酒"的规定。可有的干部依然我行我素、照喝不误，县委毫不手软，抓住典型，及时处理。一次三个科级干部下乡喝酒，县委查清后，分别给他们党内警告处分，免去现任职务。此举在兰考震动很大，群众反映强烈的吃喝风由此大为收敛。

连续被评为焦裕禄式好干部的南彰乡党委书记张明友，在乡一级领导岗位上一干就是 15 年。他走到哪里，就把勤政务实的精神带到哪里。位居豫鲁交界处的南彰乡，交通闭塞，他千方百计筹措资金，修筑了 40 多公里的公路，打开了通向山东的大门，全乡百分之八十的村通上柏油路。南彰是个农业乡，他不盲目上工业项目，强调以农为本，强农固本，从实际出发确定了"夏抓金（小麦），秋抓银（棉花），全年抓菜盆"的发展方针，农民人均收入增加到 1736 元。群众说，张书记时时刻刻都想着为我们谋利益。去年夏天，他带领车

★ 1966 年，兰考县已经有一半盐碱地经深翻、改良土壤后，变成了良田。堌阳公社黄口大队 13 队在盐碱地上取得亩产百斤皮棉的好收成。这是社员们正在晒棉，准备把棉花卖给国家。

新华社稿　刘俊生摄

队去武汉送菜，刚要出发，爱人打电话说，家里房子漏雨，让他回去。房子漏了要修，装好的几车菜更是耽误不得，张明友毫不犹豫地登上了汽车。

今年抗洪救灾中，上级从兰考紧急调拨 1000 立方石料，从下命令到运出只用了几个小时，干部身先士卒，3000 多名劳力纷纷到黄河大堤上义务劳动。指挥这场战斗的县长朱恒宽深切感到，做一个焦裕禄式的好干部最根本的在于全心全意为人民服务。这样的干部越多，党和政府的凝聚力和号召力就越强。

谈起兰考的变化，朱恒宽说："这两年兰考的综合经济实力在河南100多个县中上升了24个位次。但是在全省、全国还算不上先进。有党中央正确领导，再有一大批焦裕禄式的好干部，干上它几十年，兰考一定会变得更加美好。

（新华社郑州 1998 年 10 月 6 日电　华社记者赵德润、张玉林、王阿敏）

焦裕禄精神历久弥新

　　在没有硝烟的扶贫战场上，他们以生命赴使命；在全面建成小康社会的奋斗征程中，他们以热血写忠诚。中共炎陵县委原书记黄诗燕、中共溆浦县委原书记蒙汉，从脱贫攻坚战全面打响，到当地实现脱贫摘帽，始终战斗在一线，直至以身殉职。他们奉献的一生，是中国共产党人初心使命的真实写照；他们拼搏的历程，是对习近平新时代中国特色社会主义思想的扎实践行，生动诠释了伟大建党精神。

　　产业增收是脱贫攻坚的重要途径。黄诗燕借助"一颗黄桃"闯出一条年综合产值20亿元、惠及县域内2/3贫困人口的鲜果产业链；蒙汉依托一片荒山建成年总收入近30亿元的省级工业园区。他们带领群众艰辛求索，在穷山沟里蹚出了因地制宜的脱贫路。

★ 焦裕禄同志生前在田间劳动的情形。

"扶贫扶到点上、扶到根上"。牢记习近平总书记的殷殷嘱托，这两位脱贫攻坚的一线指挥员一次次走进罗霄山区、雪峰山脉的最深处，村村看账本，户户算细账。坚信"山高不如脚背高"的黄诗燕，推动昔日的"无电村"变成网红避暑地；坚持"脚板底下出思路"

61

的蒙汉，把一条条"断头路"变成百姓幸福路。

"坚持扶贫和扶志、扶智相结合"，他们将习近平总书记的明确要求转化为一条条具体可行的实际举措，勒紧县财政"裤腰带"，大力发展山区教育，开展农民技能培训，找到挖断穷根的有效办法。"不要怕穷，穷不可怕，我们要敢闯"，这是黄诗燕鼓励桃农的暖心话语；"你负责读书，我们负责帮你忙"，这是蒙汉对山区孩子们许下的助学承诺。他们用一腔赤诚点燃了群众的斗志，用不懈奋斗带领乡亲们闯出脱贫致富的新天地。

习近平总书记指出，做县委书记就要做焦裕禄式的县委书记。黄诗燕和蒙汉的一生，始终坚定理想信念、坚守初心使命，书写了新时代共产党人的奋斗答卷。

那是"心里装着全体人民，唯独没有他自己"的为民情怀。黄诗燕常常说起"老百姓的小事就是我们的大事"，蒙汉常告诫自己和身边人"绝不能穿上'皮鞋'就忘了'草鞋'"。因为对党忠诚，他们甘愿为了党的事业献出自己的一切；为了不负人民，他们倾尽全力干实事、解难题，交出了无愧于党和人民的精彩答卷。

那是"革命者要在困难面前逞英雄"的壮志豪情。面对贫中之贫、困中之困，他们咬牙啃下硬骨头。面对各种艰难险阻，他们不怕牺牲、英勇斗争，抱定"只要干不死，就往死里干"的决心，彰显了共产党员一往无前的拼搏精神。

那是"任何时候都不搞特殊化"的清风正气。他们对自身、对家人有严格要求，坚守"清正之德、廉洁之志、谦慎之惧"。黄诗燕上任前，召开家庭会议约法三章，"不能以我的名义找任何人帮忙"；蒙汉在任期间，不允许家人前往溆浦探亲，女儿第一次去竟是接回他的骨灰……

"百姓谁不爱好官？把泪焦桐成雨。"恰如兰考人民对焦裕禄的深情，黄诗燕去世后，山区百姓把村里的路和桥取名"燕归路""燕归桥"；蒙汉的灵车驶过时，成千上万群众在雨中排成长队，含泪送别……老百姓心中有杆秤，称得出共产党人的初心，品得到鱼水交融的真情。任岁月流淌，焦裕禄精神薪火相传，以伟大建党精神为源头的精神谱系生生不息。这是一个百年大党蓬勃发展的核心密码，也是新时代中国共产党人奋勇向前的精神旗帜。

最好的纪念是传承，最深的缅怀是践行。广大党员领导干部要向黄诗燕、蒙汉学习，学习他们人民至上的赤子之心，学习他们甘于奉献、勇于担当、严于律己、敢于斗争的精神品格，学习他们"功成不必在我"的无私境界和"功成必定有我"的历史担当，做习近平新时代中国特色社会主义思想的忠实实践者。大力弘扬伟大建党精神，赓续共产党人红色血脉，真抓实干、埋头苦干，新时代中国共产党人一定能够团结带领14亿多中国人民在全面建设社会主义现代化国家的新征程上，创造更多让世界刮目相看的新奇迹。

（新华社 2021 年 12 月 27 日发　《瞭望》评论员文章）

焦祐禄

1922.8—1964.5

背影·一个革命者的
生死选择

"生也沙丘，死也沙丘，父老生死系"

——弘扬焦裕禄精神

"焦裕禄同志的事迹归结到一点，就是坚定跟党走，他一生都在为党分忧、为党添彩。焦裕禄精神跨越时空，永远不会过时，我们要结合时代特点不断发扬光大。"

——习近平

1966年2月，长篇通讯《县委书记的榜样——焦裕禄》播发，焦裕禄的名字传遍千家万户，成为共产党人的光辉典范和全体党员干部崇敬的榜样。

　　"我当时上初中一年级，政治课老师在念这篇通讯的过程中几度哽咽，多次泣不成声，同学们也流下眼泪。"2014 年 3 月 18 日，在河南兰考县委常委扩大会议上，习近平总书记动情回忆说，"特别是念到焦裕禄同志肝癌晚期仍坚持工作，用一根棍子顶着肝部，藤椅右边被顶出一个大窟窿时，我受到深深震撼"。

　　习近平总书记指出："焦裕禄同志是人民的好公仆，是县委书记的榜样，也是全党的榜样。亲民爱民、艰苦奋斗、科学求实、迎难而上、无私奉献的焦裕禄精神，过去是、现在是、将来仍然是我们党的宝贵精神财富，永远不会过时。"

　　★　焦裕禄不顾自己患着严重肝病，和调查队的同志们一起投入全县
　　　　范围的追洪水、查风口、探流沙的调查研究工作（漫画）。

新华社发，徐天敏作

（一）

1962年冬，正是兰考遭受风沙、盐碱、内涝这"三害"最严重的时刻，全县粮食产量下降到了历年的最低水平。就是在这样的关口，组织派焦裕禄来到了兰考。

焦裕禄到兰考上任前，党组织与他谈话，要他在思想上做好经受最严峻考验的准备：兰考有三最，第一最苦，第二最穷，第三最难。他坚定地回答："感谢党把我派到最困难的地方，越是困难的地方，越能锻炼人。不改变兰考的面貌，我决不离开这里。"

在兰考工作的475天，焦裕禄靠一辆自行车和一双铁脚板，对全县140多个生产大队中的120多个进行了走访和蹲点调研，行程2500公里，记录全县84个风口、1600座沙丘，把县里所有的洼地、淤塞河道绘图编号。

他拖着患有慢性肝病的身体，常年奔波在农舍、田地，置身于群众之中。每当风沙最大的时候，就是他带头下去查风口、探流沙的时候；每当雨下得最大的时候，就是他带头下去冒雨涉水、观看洪水流势和变化的时候。

1964年5月14日，积劳成疾的焦裕禄因肝病不治不幸逝世，年仅42岁。生命最后时刻，他唯一的要求是"请组织上把我运回兰考，埋在沙堆上，活着我没有治好沙丘，死了也要看着你们把沙丘治好！"

在焦裕禄精神引领下，兰考一代代党员干部埋头苦干、接力奋斗，不断续写改天换地、日新月异的精彩篇章，走上了一条快速发展、充满希望的幸福之路。

（二）

"魂飞万里，盼归来，此水此山此地。百姓谁不爱好官？把泪焦桐成雨。生也沙丘，死也沙丘，父老生死系。暮雪朝霜，毋改英雄意气！

依然月明如昔，思君夜夜，肝胆长如洗。路漫漫其修远矣，两袖清风来去。为官一任，造福一方，遂了平生意。绿我涓滴，会它千顷澄碧。"

习近平总书记一直十分崇敬焦裕禄。这首《念奴娇·追思焦裕禄》，正是他担任福州市委书记时，于1990年7月15日所作。

"我们这一代人，是深受焦裕禄同志的事迹教育成长起来的。"习近平总书记曾动情地说，"后来，我当知青、上大学、参军入伍、当干部，我心中一直有焦裕禄同志的形象，见贤思齐，总是把他当作榜样对照自己。焦裕禄同志始终是我的榜样"。

当年，焦裕禄在兰考贫瘠的土地上，亲手种下一棵泡桐幼苗，也播撒下千顷澄碧的希望。如今这棵泡桐树仍然枝繁叶茂，人们亲切地称为"焦桐"。

2009 年 4 月 1 日，习近平同志赴兰考瞻仰"焦桐"后，在不远处亲自植苗、培土、浇水，栽下一棵泡桐，希望生生不息的焦裕禄精神在神州大地永远传承、永放光芒。

2014 年 3 月，习近平总书记再次来到兰考，调研指导党的群众路线教育实践活动。总书记指出，兰考"是焦裕禄同志工作和生活过的地方，是焦裕禄精神的发源地"，因此"很愿意联系兰考，很高兴又一次来到兰考"；强调"希望通过学习弘扬焦裕禄精神，为推进党和人民事业发展、实现中华民族伟大复兴的中国梦提供强大正能量"。

★ 兰考县文化交流中心内的焦裕禄塑像（无人机照片）。

新华社记者　李安摄

（三）

"焦裕禄精神跨越时空，永远不会过时，我们要结合时代特点不断发扬光大。"习近平总书记明确提出，有几点特别值得学习弘扬：

——"心中装着全体人民、唯独没有他自己"的公仆情怀。

——凡事探求就里、"吃别人嚼过的馍没有味道"的求实作风。

——"敢教日月换新天"、"革命者要在困难面前逞英雄"的奋斗精神。

——艰苦朴素、廉洁奉公、"任何时候都不搞特殊化"的道德情操。

广大党员、干部要按照习近平总书记的要求，深学、细照、笃行焦裕禄精神，努力做焦裕禄式的好党员、好干部，秉持"父老生死系"的情怀，坚定"毋改英雄意气"的信念，怀揣"绿我涓滴"的决心，为实现中华民族伟大复兴不懈奋斗。

赵新爱：叔叔焦裕禄永远是我学习的榜样

采访对象：赵新爱，1942 年 11 月 14 日生，山东省淄博市博山县源泉镇泉河村人，1964 年嫁到博山县北崮山村，是焦裕禄亲哥哥焦裕生的儿媳妇。焦裕禄逝世后，长期照料焦裕禄的母亲。她所讲到的"俺叔"，指的就是焦裕禄。

采访组：赵阿姨，您好！您是焦裕禄同志的侄媳妇，在 1964 年他回家过年时见过他一面。请您讲讲，焦裕禄给您留下了什么样的印象？

赵新爱：1964 年春节时，我刚刚和焦裕禄大哥焦裕生的儿子焦守忠订婚，还没有正式结婚。那年我到焦家来，也正好赶上俺叔临终前最后一次回老家过春节。见到俺叔之前，我就想，他是个县委书记，是管着好几十万人的官，肯定很有架子，而我是一个农村妇女，他能看得起我吗？

那天早上，我到了焦家一看，就老奶奶在家，俺公公和俺叔当时都没在，兄弟两个出去串门了，一直到了 10 点多钟才回来，还带回来了一个亲戚。我一见到俺叔，就发现他并不是我想象的那样。他很亲切、很随和。他说的也都是我们崮山的家乡话，没有河南口音，也没有官腔。他穿得也很俭朴，一身灰大衣，一双老汉鞋，戴着个有耳朵的旧雷锋帽，就是一身普普通通的装扮。我公公就给俺叔介绍我："这是你侄媳妇，刚刚订婚了，还没正式过门呢。"我赶紧叫："叔叔！"俺叔见到我很高兴，他问："你叫什么名字？"我说："我叫赵新爱。"俺叔说："好啊，以后咱们就是一家人了。"大家坐在一起，拉了好一会儿家常。俺奶奶做了一锅黏米饭，撒上点儿糖，还炒了个土豆条，弄了四个小菜。1964 年的时候，温饱已经解决了，但是生活还是挺穷，大家都没什么钱，吃饭也就是刚刚够吃。俺公公、俺叔，还有一起来的那个亲戚就坐在一起喝酒。山东的习俗是，男人们喝酒的时候，妇女不上桌吃饭。我就坐在一边和他们聊天。

俺问俺叔："叔叔，听说你是县委书记？"他说："嗯，是。"我说："你那么大的官，为啥穿得不讲究呢？"大家一听我这么说，都笑了起来。俺叔也笑了，他回答说："咱得艰苦朴素啊——再说我也没觉得自己是啥官啊，都是干工作嘛。"我说："那你那么高的工资，都攒着干啥？"这时我公公就接过话茬说："新爱呀，你不知道，你叔叔虽然工资不低，但是有点儿钱也攒不住，下乡的时候，都给了穷人了。"俺叔又问我："你平时都干啥？"

我说："我就是农村妇女，和土地打交道，平时除了刨坑就是锄草，干地里的活儿。"他说："咱都是农民，不论干什么都要干好，有质有量，完成任务。"

说了一会儿话，我就上厨房陪老奶奶去了。能看得出来，老奶奶见到儿子时隔17年回来了，心里挺高兴。她一边儿忙活着，一边儿跟俺讲俺叔小时候的事情。她说："你叔小的时候可乖了。小的时候，早上起来就干活儿，推碾子、拉磨，干一会儿活儿，吃了饭，就去上学。你叔脑子很聪明，学习也挺好，还能帮助其他学习有困难的学生。放学回来，他还会顺路拾一些柴火，给家里生火做饭用。你叔从小一点儿也不调皮，听大人的话，叫他干啥就干啥，从来不惹大人生气，从来也不顶嘴。我心想，有句话说"三岁看到老"，还真是有道理。了不起的人，在小的时候就能看出苗头了。

采访组：第一次见面，您对焦裕禄的印象还是不错的。

赵新爱：是不错。我心里觉得我这个叔叔挺好，也没有啥官架子，就跟村里人一样。但是，有一件事我没想明白——见了没过门的侄儿媳妇，他为什么没给我见面礼呢？因为我来之前，我就想着，俺叔既然是个大干部，肯定出手很大方，焦家娶媳妇，当叔叔的肯定要有所表示吧。结果呢，他一直没有给我见面礼。我是初三来的，到了初四，他没给，俺琢磨，兴许是叔刚回来，亲戚朋友应酬多，想不到这芝麻粒子大的事儿，初五、初六也没给，一直也不提这回事。我想，他是不是官大，看不起我啊？但看样子也不是，因为他一直挺亲切的，一点儿架子也没有。等到俺叔去世以后，我才知道怎么回事：他不是不想给我，而是真的没钱，就连回老家的路费和过年的一些开销都不够，还是借的。其实那时我心里挺不是滋味的，虽然我当时没有显露出来，但还是对我这个想法很懊悔。仔细想想，我公公当时说的那个话也提醒我了：他收入虽然不低，但是平时攒不下钱，都送给穷人了。

采访组：可以看出，焦裕禄同志去世的消息对您还是挺有触动的。

赵新爱：一个是见面礼这个事情，我很有感触。还有一个事情，也对我触动挺大，这个事情也促使我提前嫁入焦家了。俺叔去世以后，老奶奶很可怜，她失去了自己疼爱的小儿子，很痛苦。她在屋里院里走来走去，光是哭，不停地哭，我那时经常来，可是我就劝不了她。没办法了，我就让邻居来劝她。可是，老奶奶就是走不出来，她天天哭，也不好好吃饭，身体越来越不好。我在娘家泉河村是入党积极分子，本来我是打算入了党再嫁过来的，因为已经快要排到我了。我如果没入党就嫁过来，这个关系又要转到北崮山村来，又要排在后面了，之前排队那么多年就都白费了。但是，现在俺叔去世了，老奶奶又是这个情况，没人照顾也不行。于是我就改变了计划，开始筹备婚事，打算提前嫁过来。俺叔是 5 月 14 日没的，按照风俗是白事满三个月之后就可以办喜事，我一天也没耽误，9 月就嫁到焦家了，天天陪着老奶奶。后来她精神有点儿好转，不是光哭了，身体也好起来了。再后来她就能干活儿了，也能做饭了。我们都在一个炉上做饭，一个桌上吃饭。日子就这么安安稳稳地过下来了。

采访组：我们通过您的讲述，感觉到您既是一个很善良的人，有中国传统文化当中善良的美德，同时您也一心向党，对我们党的事业有很高的热情。

赵新爱：我是一心向党的。我嫁到焦家以后，在北崮山村还担任过妇女队长，在基层干得也非常努力。全市的重点工程修水库那年，男劳力都去工地了，我就组织带领村里的妇女搞后勤，做饭呀、送水呀、做鞋呀、修理工具呀……咱把后勤搞好了，让男人干活的效率更高，这水库早一天建成，就能早一天造福老百姓。俺叔就是榜样。我没有多高的文化，但是我信共产党；我没有多强的能力，但是我可以给党做些力所能及的事。

王旭："苦难的经历，将革命火种深植于焦裕禄心中"

采访对象：王旭，抚顺矿业集团有限公司运输部党委书记。抚顺煤矿博物馆于 2011 年 12 月 15 日建成开馆，位于辽宁省抚顺市西露天矿参观台原址。抚顺煤矿博物馆的建成在为抚顺市煤矿发展留存珍贵的历史资料的同时，也成为了人们追忆历史、珍藏记忆、积淀财富的宝贵家园。

采访组：王书记好！请您介绍一下抚顺大山坑的历史。

王旭：满铁及其所属的抚顺炭矿，在统治抚顺煤田 40 年之久的历史中，为了加紧掠取更多的抚顺煤炭资源，在地质构造和煤层赋存情况尚未勘探清楚之前，即陆续开凿与扩建了 10 余处矿井，并大力开发露天煤矿以及进行大量附属工厂建设。这就给抚顺以后的发展和整个抚顺市的城市规划建设带来巨大的隐患和损失。同时，满铁在经营抚顺煤矿的整个时期，也尽量采用了当时国际发达国家的新技术、新装备和新工艺，建设规模也达到当时东亚地区的一流水平，这些都为其大量掠夺抚顺煤炭和油母页岩资源创造了极为有利的条件。抚顺炭坑建立后，首先制订了大山坑、东乡坑开凿计划。大山坑位于千金寨村东南丘陵上，东面与杨柏堡和东乡坑相接，西临千金寨坑。大山坑以日俄战争时的日本满洲军总司令、日本陆军大将大山岩的名字命名。大山坑于光绪三十三年（1907 年）开工，宣统二年（1910 年）2 月遇煤，同年 6 月全部竣工。大山坑建成后，据 1920 年统计，当年 6 月采煤 43200 吨，10 月采煤 35010 吨。到了抗日战争时期，为了满足在东北疯狂掠夺资源的需要，日寇将在"扫荡"和作战中俘获的战俘、抗日人员和部分普通百姓集中到各个集中营，成批地押运到抚顺、阜新等地，充作"特殊工人"挖煤。焦裕禄就是 1942 年被押送到抚顺大山坑煤窑的"特殊工人"之一。

采访组：在日本侵略者的压迫下，焦裕禄在大山坑煤矿是如何生存下去的？

王旭：焦裕禄在阴冷的矿井下，忍饥挨饿，终日不停地挖煤，在日本鬼子、汉奸的刺刀和皮鞭下，他每天都要在煤窑里干上十几个小时的苦工，稍有怠慢，就遭到把头、汉奸的毒打，倍受折磨和

★ 这是 2022 年 8 月 15 日拍摄的位于山东省
淄博市博山区的焦裕禄纪念馆。

新华社记者邵琨摄

摧残。和焦裕禄住在一个工棚的 23 个人中，两三个月里，就有 17 人被折磨死去。繁重的劳动，非人的生活，也把焦裕禄折磨成皮包骨头的样子。日寇在抚顺煤矿一直实行的是"人肉开采"政策。被押送到抚顺煤矿的"特殊工人"都是集中管理，几十人睡在一个工棚里，居住地周围设有电网或铁丝网，上下井有武装人员押送，每天被迫劳动十几个小时，伤病死亡的就被直接扔到"万人坑"里埋掉。从 1905 年到 1945 年，日本侵略者统治下的抚顺矿工伤亡有 20 万人以上。像焦裕禄这样被日寇抓来的"特殊工人"，总数约有4万人，到抗战胜利时仅剩下不到8000人，除逃跑者外，绝大多数都被折磨致死。

采访组：焦裕禄是如何逃离大山坑煤矿的？

王旭：在抚顺，在那个时代，倍受压迫和剥削的煤矿工人是最具斗争精神和反抗意识的群体。从1937年起，大批"特殊工人"被陆续转移到抚顺煤矿。他们中的绝大多数都有同日本侵略者进行战斗的经历，都有较高的政治觉悟和一定的斗争经验。他们自发成立了党支部、党小组，带领煤矿工人顽强抗争、坚持抗日，在黑暗的地下静静地积蓄着可以照亮未来的火种和力量。惨无人道的奴役与无时不在的死亡威胁，没有压垮焦裕禄的脊梁，更无法摧毁他的意志，他始终将母亲的教诲记在心中："人到啥时候都不能塌了脊梁骨。"焦裕禄冷静地观察，耐心地等待，寻找着逃跑的机会。机缘之下，他辗转联系上一位姓郑的、在消防队工作的老乡。在找机会逃出煤窑后，焦裕禄跑到这位老乡家中。这位老乡不仅收留了焦裕禄，还帮着他找到了一份扫马路的临时工作。两个月后，焦裕禄挣下了回家的路费，又通过"郑老乡"的帮忙买了火车票，从沈阳坐火车返回了家乡。从抚顺大山坑煤窑做苦力到机智地逃出魔掌，再到在老乡家躲藏，最终到乘上返乡的火车，焦裕禄在抚顺度过了饱受折磨的6个多月。这段苦难的经历，锤炼了他的意志，也将革命的火种深植于他的心中。

蔡兆银："焦裕禄在宿迁的历史"

　　采访对象：蔡兆银，1964年生，宿迁人。曾长期（2001—2019年）担任宿迁市宿豫区（县）委党史工委、地方志办主任，主要编研成果有《中共宿迁县历史》（第一卷、第二卷）、《中共宿迁地方史大事记》《宿北大战》《宿迁的记忆》《宿迁风物志》《宿迁市宿豫志》（上中下三卷）、《宿豫史话》《宿豫年鉴》（18卷）、《骆马湖记忆》《古今六塘河》等，现供职宿豫区政协任四级调研员，兼任宿迁市大运河文化带建设研究会副会长、宿豫区历史文化研究会常务副会长等职。

采访组：蔡主任，您好！焦裕禄同志在兰考的先进事迹为广大人民群众所熟知。近些年，焦裕禄同志在山东博山、河南尉氏、河南洛阳矿山机器厂等地的革命、工作、生活经历也逐渐被挖掘整理出来，但大家对焦裕禄在宿迁的经历还了解得不多，史料也较为模糊。我们通过江苏省宿迁市宿豫区委组织部得知：宿豫区委党史工委 10 年前就在这方面做了较为细致和详尽的挖掘整理工作，此次我们特地联系到您，请您介绍一下，宿豫党史部门是什么时候开始知道焦裕禄同志在宿豫打过工并着手挖掘这段历史的？

蔡兆银：1966 年 2 月 7 日，《人民日报》发表新华社记者穆青、冯健和周原的长篇通讯《县委书记的榜样——焦裕禄》，字里行间流淌着焦裕禄的感人事迹，同时配发《向毛泽东同志的好学生——焦裕禄同志学习》的社论。此后，焦裕禄的名字响彻大江南北，焦裕禄精神也成为激励广大党员干部为人民利益鞠躬尽瘁、无私奉献的宝贵精神财富。针对改革开放后社会上出现的不正之风和焦裕禄精神过时论，20 世纪 90 年代，穆青、冯健和周原又先后撰写了《人民呼唤焦裕禄》和《焦裕禄精神常青》两篇通讯，他们与《县委书记的榜样——焦裕禄》构成焦裕禄"三部曲"，深化了焦裕禄宣传，提升了焦裕禄精神的时代价值。在纪念建党九十周年之际，《新华日报》在 2011 年 6 月 22 日推出专版《"我是你的儿子"喊出对人民的忠诚——从报告文学〈县委书记的榜样——焦裕禄〉探寻党执政为民的理念》。在"延伸阅读"中，有这样一段内容引起了我们的注意。

焦裕禄曾在江苏扛两年长工

2011 年 5 月 15 日，新华社在播发《"双百"人物中的共产党员：焦裕禄》时，介绍了他的身世："焦裕禄是山东省淄博市博山区崮山乡北崮山村人，1922 年 8 月 16 日出生在一个贫苦家庭。日伪统治时期，焦裕禄家中的生活越来越困难。他的父亲焦方田走投无路，被逼上吊自杀。焦裕禄曾多次被日寇抓去毒打、坐牢，后又被押送到抚顺煤矿当苦工。焦裕禄忍受不了日寇的残害，于 1943 年秋天逃出虎口，回到家中。因无法生活下去，又逃到江苏省宿迁县，给一家姓胡的地主扛了两年长工。"

★ **青年时期的焦裕禄。**
新华社发

那么，焦裕禄在宿迁是如何度过"两年长工"生涯的？记者在兰考档案馆找到一份焦裕禄的亲笔"自述"——"1943年，我20岁，逃荒到宿迁县城东15里双茶棚村，在已早逃荒去的黄台村几家老百姓家住下……我给开饭铺姓张家担水，混几顿饭吃。半个月后，张介绍我到城东二里第二区园上村地主胡春荣家当雇工，住在地主一头是猪窝、一头是牛草的小棚里……"

"我在胡家当了2年雇工，第一年挣五斗粮食（每斗14斤），第二年挣一石五斗……"

"1945年六七月间，新四军北上，宿迁县解放了，人民政权建立了，工作人员不断召开会议，并听到我家乡也解放了。我们一伙逃荒去的几家一同回家了。我同老乡一同推小车回家了。"

1995年2月19日，焦裕禄传记作者找到胡春荣的儿子胡俊波了解情况，胡俊波证实，焦裕禄当年的"自述"属实。

记者通过宿迁民政部门了解到，当年"第二区园上村"，即今天的宿迁市宿城区项里社区。

焦裕禄传记作者曾找到"胡春荣"儿子了解情况一事，在1995年花山文艺出版社出版、殷云岭和陈新著的《焦裕禄传》书中第65页，有具体核查情况。

1995年2月19日，记者胡玉鹏采访了已59岁的胡俊波。胡俊波表述如下："焦裕禄1941年（有误）下半年携妻子从山东到此地避难（原因不详）。大概是9月或10月的一天，他们推了一辆大车来我家借宿，后经相处，焦主动要求父亲胡泰荣（中农），在我家临时帮工，以维持生计。安妥后，焦接来其岳母在我家一同生活。其间焦裕禄妻子在我家生了一个女孩。焦家几口在我家生活一年多时间，与我们同吃同住一同劳动，无主仆之分（可疑），相处十分和睦，与邻里之间也很融洽。在他们四口回故乡时，我家卖掉家中唯一的一头牲口——毛驴（得19块大洋，有的说18块大洋）充作路费，并备足干粮，送他们启程返乡。基本情况就是这些。"

根据多年党史工作经验，我对上述报道中一些细节表示怀疑，如提到的"1941年"、焦裕禄打工地在"今天的宿迁市宿城区项里社区"等说法，感觉有误。当年焦裕禄在宿迁的真实情况如何？据2010年全区革命遗址普查时顺河镇上报的资料，焦裕禄打长工的胡家应该在宿迁市宿豫区顺河镇雨露居委会（今豫新街道雨露社区）。由于镇里普查资料对焦裕禄在雨露打工的描述也不甚详细，缺了很多重要内容。为了核实清楚，全面准确地掌握焦裕禄在宿迁的生活情况，宿豫区委党史工委决定派员深入雨露居委会，调查走访当事人。

采访组：请您谈谈当年采访知情人的情况。

蔡兆银：2011年8月22日，我和陈茂金、曹原一行三人，在顺河镇党委组织委员杨宏宇和雨露社区党委书记、居委会主任陈先扬引导下，来到雨露居委会13组，首先采访了"地主胡春荣"的侄子、与焦裕禄同年出生的胡程远。胡程远，1922年出生，退休前为宿豫区张家港实验小学教师。

胡老师说："俺四爷不叫胡春荣，是胡泰荣。我父亲他们是泰字辈的。那时我父亲兄弟几个都已经分家了，俺四爷家分有二三十亩地。他家有八间房，三间主（北）屋，两间东屋，三间过道（南屋）。当年我四爷、四娘还有三个女儿，一共五口人。"

通过 90 岁的胡程远老师我们进一步了解到：他四爷、四娘早就不在人世了。四个女儿中老大也去世了，就剩老二、老三、老四（第二任老婆所生）了。胡俊波是他四爷的继子，1937 年出生，2001 年 8 月去世。胡俊波老婆叫张学美，有两个女儿，大女儿叫胡西兰，二女儿叫胡森。

我们为了核实胡老师讲的话和进一步了解更多有关焦裕禄在胡家的信息，接着我们来到胡俊波家，采访了胡泰荣的儿媳张学美和两个孙女。张学美 1939 年出生，张学美嫁到胡家已是解放后的 20 世纪 50 年代末，焦裕禄在她家做长工也是听公公婆婆说的。两个孙女胡西兰和胡森出生更迟、听说得更晚。

第二天，我们意犹未尽，追踪采访了胡泰荣的三个女儿。二女儿胡俊玉，1918 年生，家住宿城区双庄镇魏井 1 组。

胡俊玉讲：焦裕禄是逃荒来到我娘家的，那时我已经出嫁了。时间太长了，我老了，有些都不记得了。就记得当时他一家三口来到我娘家，他口音跟我们不一样，我爹说他是山东老汉。他走时我爹卖了头驴给他做盘缠。当时我娘家就在河东雨露，村里种菜多，我们那以前叫"园上"。

本来我们还想到果园采访胡泰荣的三女儿，进一步了解情况，但被告知老人现在已耳聋眼花，且头脑不清楚，我们只好作罢。四女儿家住闸东，没联系上。

不久，根据采访记录整理成《焦裕禄在宿迁》一文发表在 2011 年第 2 期《宿迁历史文化研究》（2011 年 10 月 18 日出版）上，这是有关焦裕禄流寓宿迁历史的第一篇由党史部门挖掘的详细报道，也是之后多家媒体报道的基本素材。如 2012 年 10 月 27 日《扬子晚报》刊登《档案穿越：焦裕禄逃难宿迁在地主家当雇工》，2012 年 12 月 27 日《宿迁晚报》刊登《焦裕禄在宿迁的三年时光大伙都喊他"老焦"》，2014 年 5 月 10 日《宿迁晚报》刊登《沿着焦裕禄的足迹大型系列报道——推着独轮车一路逃荒到宿迁，焦裕禄当了两年长工》，2014 年 5 月 23 日《宿迁晚报》刊登《"一个标杆，过去是，现在是，将来也是"——"追寻焦裕禄的足迹"系列报道回望》。

采访组：采访以后，宿豫党史部门得出什么样的结论？

蔡兆银：我们通过几天采访得出如下结论：第一，焦裕禄在宿迁打工确有其事。1943 年秋，焦裕禄逃难来到宿迁，他先在县东 15 里一个叫双茶棚的地方张家担水干了一段时间（焦裕禄自述是"半个月"），后经张介绍来到园上村胡泰荣家打长工，时间两年，直到 1945 年秋，日本投降后，听说家乡也解放了，与同乡一起才离开宿迁。第二，焦裕禄当年打工的地点是宿迁县第二区园上村，即现在的宿豫区顺河镇雨露居委会 13 组，雨露居委会 13 组年龄稍长的人都知道或听说过焦裕禄曾在此地打长工，而不是"宿迁市宿城区项里社区"。第三，焦裕禄当年的雇主名为"胡泰荣"，而不是焦裕禄"自述"和《新华日报》中所说的"胡春荣"。这应该是手写体辨认错误引起的。胡泰荣家有土地二三十亩，家中无男丁，原来雇用的长工离开了，此时正缺帮手。第四，焦裕禄一家在胡家劳动生活情况。焦裕禄一家当年吃住在胡家院外路旁的牛草棚里（这与焦裕禄"自述"相符），农忙时给胡家干活，农闲时做些小生意，焦裕禄在自述中说得很清楚。

可能因为胡家人在"文化大革命"中受此事牵连，在采访中他们一直强调焦裕禄在胡家打工期间没有受过罪，走的时候胡泰荣还卖了头毛驴给他做盘缠。

采访组：当年焦裕禄一家几口是怎样逃到宿迁的？走的路线是哪一条？

蔡兆银：焦裕禄当年是怎么来的呢？据胡泰荣的侄子胡程远讲：这个我听他（焦裕禄）说过，他父亲参加抗日工作，有次日本鬼子抓他父亲，他父亲就躲在粪堆里逃过一劫，可最终还是因鬼子而死。后来焦裕禄在家乡日子过不下去，就推着大车逃荒来到此地，车上带些泥（酒）壶、泥瓶（盛酱醋用）、泥响吧（一种泥做的玩具，吹气会发出响声）等小玩意儿。农忙时下湖（宿迁人把种田叫"下湖"）干活，闲时就做点小生意。

来时几口人？据胡程远说：是三口，焦裕禄、媳妇及其岳母。

但说法不一，有的说他岳母是后接来的，应该以焦裕禄自述为准：
"1943 年逃荒到宿迁县城东十五里双茶棚村，在已早逃荒去的黄台村几家老百姓家住下，岳母的婆婆出去要饭，岳母给一家开饭铺姓张的家烧锅做饭，我女人纺花，我与姓张家担水混几顿饭吃。"（《焦裕禄传》第 64 页）。但有一个细节在"自述"中没有：焦裕禄夫妇还带着一个几个月大的婴儿，据焦守云著《我的父亲焦裕禄》（2016 年 5 月人民日报出版社出版）第 33 页记载："因为没有良民证，父亲寸步难行……家乡实在待不下去了，父亲就带着妻子和儿子去了江苏宿迁逃荒。"

《焦裕禄传》中提到，该书作者殷云岭和陈新当年从新华社大记者周原同志手中，得到了一份极为珍贵的文字材料，这就是焦裕禄亲笔撰写的"个人自传"，长达近万字，纸已经发黄，十分松脆，大有一碰即破的娇贵，结尾部分虽有破损半页的缺憾，但"自传"从头至尾，笔迹清晰，字字有力，叙述真切，实实在在，令人确信无疑。在《焦裕禄传》第 56 页记载了焦裕禄的一段亲笔自传：……为了出路也顾不得家庭了，便与叔家弟弟焦裕祯商量，共同跟他（对门邻居窦安庆）到交庄（在北崮山村南面二十五里）当汉奸（一个刚成立的汉奸队伍）兵了，到了交庄被分配到尚庄第四连当兵，到尚庄一看，只有三十余人几根破枪，大部分是刚去的新兵，每天每人分两个糠窝窝头，吃不饱还不叫出门，便对（这）正规军怀疑了。这里离八路游击队较近，夜里山上不断放枪，白黑害怕，夜里睡不着觉，也想到母亲爱人，还有一个小孩没啥吃，想立即跑回又不敢，过了三四天，见到他们抓去一老百姓，以通八路为名，在院内吊打，我看到又害怕又伤心，才真正认识他们不是什么正规军，和其他汉奸一样，这时个人虽没什么阶级觉悟，但见到他们打人，同时也想到我受了汉奸鬼子那么多迫害，差点死了，再当汉奸，良心实在不忍，回家全家饿死在一起，也不干汉奸也不出门了。第四天夜里快天亮时，装小便跳墙跑回了家。白天汉奸便去抓，家里人都跑了，我跑上了西山，不敢回家，便同爱人孩子跑到郭庄村岳母家住了几天，才与岳母及岳母的婆母及黄台村几家老百姓一同逃荒到江苏省了。

此段自传不仅老实地记录了他险些上了贼船"参加伪军"的经过，更真实地写下了他痛苦彷徨的思想活动过程。我们可以推断，假如焦裕禄出逃后躲藏在家中，肯定会被汉奸捉回去再当伪军。正是由于焦裕禄能辨真伪、能知善恶，才迫不得已远逃，躲过一场人生灾难。所以，焦裕禄到宿迁，是逃荒更是逃难。也正是这段隐情，焦裕禄到宿迁后才不肯说出真实原因。

至于走的是哪条路线？通过查百度地图，现在淄博市博山区距宿迁市宿豫区近 340 公里远，驾车要 4 个多小时。1943 年距今已近 80 年，以前交通极不发达，宿迁又不通火车。焦裕禄是因为不愿当伪军而逃离家乡的，而且是带着老人、孩子逃，推车走显然慢，我们想他只有借助现代交通工具才能逃得远、逃得快，才不会被抓回去。《焦裕禄传》第 58—61 页载，据焦裕禄的侄子焦守忠讲述：他

的叔婶逃离了博山……到江苏宿迁县，需在徐州火车站下车，然后转道跋涉……他连同几个岳母的亲邻，一同步出兵荒马乱的徐州城，一路号啕、一路乞讨地向着东南方向走去。正是阴历的八月，大豆、玉米、地瓜都在收成之季节，每一粒捡拾来的粮食入口、入怀，都给予他们生的希望……在逃出博山之前，他只听说徐州东南的地面广、人烟稀，凭一身的力气，凭艰辛的精力与经验，自认为能够活下去……

徐州的东南，正是宿迁。

我们推断：焦裕禄是推车步行出来的，途中搭乘火车到了徐州，然后推车步行来到宿迁。在徐州火车站，因人山人海，十分拥挤，儿子小"来喜"不幸夭折，这成为焦裕禄心中永远不愿提起的痛。

焦裕禄有六个子女，老大（实际排行老二）焦守凤就是在宿迁"园上"出生的。

采访组：感谢你们做了如此严谨细致的走访调查和考证整理，之后你们又有什么新发现，关于焦裕禄在宿迁的历史又有哪些新的研究成果？

蔡兆银：2011年后，我一直关注和跟进焦裕禄在宿迁的研究。

地方党史部门也加大了对焦裕禄的宣传力度，焦裕禄的事迹纳入了党史"六进"工程（即进机关、进学校、进企业、进军营、进社区、进乡村），写入了《中共宿迁县历史》，载入了《宿迁市宿豫志》。同时，还加大对焦裕禄的研究力度，加强了同博山焦裕禄纪念馆、兰考焦裕禄干部学院的交流互动。

宿豫是革命老区，也是一片红色的热土。按照习近平总书记关于"把红色资源利用好、把红色传统发扬好、把红色基因传承好"的要求，2018年宿豫党史部门倡导实施了共产党人良心工程——对革命遗址实地普查调查、进行抢救性保护工作，提出建设焦裕禄纪念广场、复建胡家大院、开发党性教育资源等建议。区委出台了《关于加强革命遗址保护　弘扬红色文化的实施意见》。

也就是在这一次普查调查中，我发现"双茶棚"是我们党的一个地下交通站，其中一家开饭铺兼茶馆的张姓人家与胡泰荣家有亲戚关系，1946年后随大军（新四军）北撤，后到沈阳工作、定居。

这次普查中，我们还找到了胡泰荣外孙子（嫁到果园的大女儿之子）申佩坤。申佩坤，男，1936年3月25日出生，申退休前做过县级宿迁市图书馆（博物馆）馆长，5岁起就在他姥爷（外公）家生活。他说："我母亲叫胡俊兰。1943年左右山东来了个小侉子，带着他的小脚女人，推着大车，在俺姥爷家干了两年活""我的大舅，也就是胡俊波，拖油瓶（宿迁方言，意为随母改嫁到胡家）来到姥爷家，他比我还小1岁，户口簿拿给我看过，解放后姥爷家定为富裕中农成分，胡俊波在黑龙江建设兵团干过，回来后还当过生产队长。"

采访组：历史的必然性往往是通过偶然性来展现的，焦裕禄后来走上革命道路不是偶然的。那么当年宿迁革命斗争形势如何？对焦裕禄有什么影响？

蔡兆银：1943—1945年，焦裕禄流寓宿迁两年，劳动、生活在江苏省宿迁县运河以东二里第二区园上村富农胡泰荣家，帮助胡家种（菜）园。园上村与宿迁县城隔（运）河相望，地处国、共、日伪三方面势力拉锯地带。白天日伪、国民党活动，催粮要钱、牵猪赶羊、下乡"扫荡"；夜晚共产党秘密集会、发动群众、打击日伪。

1945年8月15日，日本宣布无条件投降，8月18日，宿城日伪军溃逃。宿迁县抗日民主政府接管运（河）东，进行减租减息、反奸惩霸斗争，发动群众揭发控诉伪二区区长张少桐罪行，同时动员群众参军参战，保卫土地改革成果。

作为苦大仇深的异乡人焦裕禄，自然成为革命斗争的基本群众，也是共产党要争取的基本力量。焦裕禄时刻关注着时局的变化，在各种势力比较中很自然地倾向共产党，一只脚已跨入党的大门，正如他自述中所说："宿迁解放后，经常参加开会，才更明确认识了八路军共产党才是真为人民办事的，才真正相信共产党能胜利……"相信党的宣传，接受党的主张，打定主意要跟共产党走。

2018年5月，宿迁市宿豫区委党史工委组织革命遗址第二次普查调查时，我还在主任任上，全程参加了这项活动，进一步调查了解到当年与焦裕禄关系要好的陈宜昌（陈先扬伯父，参加革命以后改名陈杰）、胡西田等人在宿迁第一次解放（1945年8月）不久都参加了革命、参加了新四军。

可以说，宿迁是焦裕禄走上革命道路的起点，是其初心形成之地。雨露社区在其劳动生活的地方建有"初心广场"。

宿迁人民一直没有忘记当年的"大焦"，一直在怀念他，以他为榜样，以他为骄傲。

郑汝礼："在危险的形势下，焦裕禄参加革命、加入共产党"

郑汝礼，1932年7月生，山东省淄博市博山区北崮山村人。焦裕禄的同村乡亲。

采访组：郑老，您今年高寿？您最初见到焦裕禄同志的时候年纪多大？

郑汝礼：我今年90岁了。1945年的时候，焦裕禄逃荒到江苏宿迁当长工，新四军解放了宿迁，建立了人民政府，焦裕禄亲眼看到了穷苦老百姓翻身做了主人，认识到了共产党才是真正为人民群众谋福利的，他就迫不及待地带着家属回到博山来，参加革命。那时候，博山县虽然还没解放，但是共产党领导下的人民政权已经建立起来了，正在领导广大群众开展"反奸诉苦"运动。

焦裕禄回到家乡就向党组织申请参加革命，他找到自己的本家焦念书，让他去跟民兵队长焦方开说。焦方开一听焦裕禄想加入，很高兴，立即就同意了，他说："可以啊！焦裕禄有文化，人又机灵，写报告、管文件他都会干，叫他干吧！"焦裕禄曾经回忆这段经历："我参加了民兵，并积极参加了斗争汉奸焦念镐、焦兆瑜，又积极参加民兵连，解放淄博县城，看押俘虏。"民兵队长焦方开还发给焦裕禄一支汉阳造步枪、一把军号，并对他说："区里把这把军号发给咱们，可惜没人会吹，你拿去琢磨琢磨吧。"

采访组：焦裕禄在北崮山村当民兵，当时的革命形势是什么样的？

郑汝礼：当时抗日战争快要胜利了，国民党军队在数量上还是占有优势。我们北崮山村是共产党管辖的区域，西面几里地有个村叫八陡村，是国民党的地盘，那里的敌人经常集结成群来我们北崮山村"扫荡"。所以我们村在当时是比较危险的前沿阵地。那个时候，焦裕禄经常背着长枪，与民兵一起在村西的小桥上站岗，监视着西面随时可能来进攻的国民党反动派。

那个时候真危险，我讲讲我亲身经历的一件事。那是1945年8月的一天，那时我也就十多岁，我光着膀子在村里街上走，看到焦裕禄和几个民兵扛着枪回到村里来，到北大门附近的一间屋里去吃饭开会。我继续往前走了一会儿，走到村边上，远远见到一伙人端着枪，列着队形往村子里面开进。我一看这伙人穿的服装，八成是八陡村国民党保安队的人。

我心想：不好了，这些人肯定是绕过岗哨摸进来的。民兵一点准备也没有，这些人一旦进了村，缺武器少弹药的民兵肯定拼不过他们。

当时我有心跑去报信，但是这伙人已经看见了我，迎面走了过来，如果我转身就往焦裕禄他们吃饭的房子跑，他们一追，反而会暴露位置。我就装作啥事也没有，迎着他们走过去了。这伙人当中领头的看见我了，就骂了我一句，喊我过去。我装作若无其事，继续往前走，我能看到这伙人有几十人，而且人人手里有枪，我乍一看，至少有两挺冲锋枪。这个时候，我眼角的余光看好了街边的一个小胡同，我瞅准机会，突然一转身，就跑进了那条小胡同里。我一边跑，一边还听到身后的骂声和脚步声。我从小在北崮山村长大，闭着眼睛都不会走错。我在村里沿着房前屋后的小道绕了几圈，确认把他们甩掉了。就赶紧摸回焦裕禄他们吃饭开会的那间屋子，跳到院里就喊了一嗓子："快撤！敌人来啦！"焦裕禄领着几个民兵，端着枪就跑了出来，沿着屋后的一堵土墙撤退到村外的庄稼地里去了。当时，他们只有几个人、几支枪，如果他们不撤，和那伙敌人遭遇、硬拼，是根本拼不过的。

采访组：您亲历的这件事，也说明了当时形势的复杂和武装斗争的危险。即使面对着这样的危险，焦裕禄同志还是毅然决定投身革命事业，并于 1946 年 1 月成为候补党员，关于这一段的历史您了解吗？

郑汝礼：1946 年 1 月，民兵队长焦方开是和在村里领导工作的区委组织委员焦念文一起找到焦裕禄的，他们把他叫到焦念祯家，宣布他加入了党组织，成为候补党员。

那时候条件艰苦，环境也危险，所以入党时也没有举行党旗下宣誓仪式。过程就是党支部书记李景伦给焦裕禄讲了党章，还向焦裕禄介绍了村里谁是党员，党员有民兵队长焦方开、民兵焦念来、焦念书、孙迎志等几个人。领导村里工作的是区委组织委员焦念文、区武装部长王祥章。在当时，发展党员都是保密的，村里人基本都不知道，但是解放后大家也就都知道情况了。

焦裕禄的入党动机是什么，他后来曾经说过：当时入党时，只想到过去个人受了鬼子汉奸那么多罪，现在解放了，当了民兵，诉了汉奸的苦，还能打鬼子汉奸报仇，很感谢共产党……

焦裕禄入党后被组织任命为博山县八陡区武装部干事。他曾出谋划策，智退进攻北崮山解放区淄川、博山、章丘 3 县的国民党返乡团，还受到了区领导的赞扬。

1947 年夏季以后，他们的艰苦斗争取得了很大的成绩，整个战场的形势也越发展越好。新解放区越来越大，这个时候咱们党也需要很多干部充实到领导岗位上去。所以，7 月中旬，焦裕禄就被党

组织选调到渤海地区的惠民县油坊张村集训；到了 10 月，他就南下了。从这时起，焦裕禄就离开了家乡，十几年没有回来过。一直到了 17 年后的 1964 年春节期间，焦裕禄才最后一次回到北崮山村过年，来见他老母亲最后一面。

　　采访组：焦裕禄同志这次回家乡过年，您见到他了吗？

　　郑汝礼：见到了，可以说村里大部分人都见到了。在我们村人心目当中，焦裕禄在外面当了县委书记，管几十万人，是个"大官"，是我们村最有出息的人。所以他回来以后，村里人去他家看他，他家的门槛都快被踏破了。

我印象中，焦裕禄那次回老家待了挺长时间，能有半个月左右，我父亲去他家串过门，还吃了饭，焦裕禄也来我家串过门，和我父母唠磕。

不几天以后，我还在街上碰到他一次，我喊他："哥！"

焦裕禄就站在那儿和我聊了几句，他问我："抽烟不？"就掏出旱烟丝和卷纸，要给我卷一支烟。

我说："抽我的吧！"我就掏出一盒云岛牌烟，抽出一支递给他。那盒烟在当时是比较贵的烟，四毛多一盒。

焦裕禄接过去以后，看了看那支烟，就问我："汝礼，你咋抽这么好的烟？"

我说："哥，我当兵转业回来以后，在煤矿上班了，挣工资了。"

焦裕禄就说："好啊，有出息！好好干。不过，平时还是要节俭。抽烟，有个烟味儿就行了，有钱也不能抽这么好的烟，这一盒烟就能换几斤粮食，要勤俭节约，可别铺张浪费。"

我说："哥，你说得对！"

焦裕禄衣着朴素，和蔼可亲，语言朴素，没有一点官腔和官架子。"要勤俭节约！"我哥焦裕禄的话，我一直记得！

焦玉星："着力打造'初心教育，使命担当'的教育基地"

焦玉星，1966年6月生，中共党员，18岁任裕禄中学教员，历任淄博市博山区委研究室主任、镇长、镇党委书记、区纪委副书记监察局长，2013年任焦裕禄纪念馆（故居）馆长，2023年4月任焦裕禄干部教育学院副院长。主编《焦裕禄的80则贴心话》，主持策展《焦家小院听家风——焦裕禄家风故事图片展》，组织摄制《好家风代代传》，撰写《魂飞万里盼归来——从焦裕禄生平事迹陈列看焦裕禄成长》《新时代名人故居类纪念馆的定位与功能研究》等专题文章、学术论文。

采访组：焦馆长，您好！您主持博山焦裕禄纪念馆工作已经第12个年头了。在这12年当中，您在日常工作之余，还长期研究、考证焦裕禄在博山参加革命斗争的历史。请您给我们简要讲一讲这段历史吧。

焦玉星：好的。1922年8月16日，焦裕禄出生在山东省淄博市博山区北崮山村一个农民家庭，家里开着油坊，一家人的生活尚算富足。在保存至今的一块功德碑上，清晰地镌刻着焦裕禄的爷爷在小孙子出生两天时捐款的记录，足见焦家对这个孩子的降生是何等欣喜。

8岁的焦裕禄上了私塾，后转入当时的博山第六小学上学。在这里，他受到了良好的教育。在焦裕禄纪念馆里，保存着焦裕禄小学时写的一篇作文——《阚家泉的风景》："我钦佩那些为国建立过功勋的仁人智者，更爱那哺育过无数仁人智者的好山好水。而令我最喜爱的，就是岳阳山南山脚与崮山西山脚交汇处的阚家泉。阚家泉的泉眼有锅口粗细，传说有一条蛟龙自东海钻来，在此处出洞，洞口也就成了泉眼。清凌凌的泉水从泉眼涌出，在近处的洼地浸成一个小湖，然后冲刷出一条河流，流经南崮山我的学校，奔向山外的天津湾去。我常在湖里河里游水捉鱼，也想看见那条蛟龙是怎样自泉眼钻出，张开巨口对着山上的旱地喷水……"

少年焦裕禄用清秀的笔墨、丰沛的情感，表达了他对"绿水青山"发自肺腑的热爱。焦裕禄的女儿焦守云在《我的父亲焦裕禄》中写道：

"父亲对种树育林特别上心。"焦裕禄的这种情结与幼时的生活经历不无关系。1964年春节，病重的焦裕禄回乡探亲时还特意叮嘱时任北崮山村党支部书记的陈壬年："咱北山（岳阳山）得多种桑树，可发展养蚕。"

虽然到五年级就辍学了，但短短几年的教育为焦裕禄一生的发展奠定了坚实的基础。博山第六小学中西合璧的"雅乐队"是焦裕禄最喜欢参加的。为了练习吹军号，他常登上岳阳山练习吹军号，高亢入云的号声能传到村里，至今在他故居的墙上还挂着那支军号。受爷爷熏陶，焦裕禄还悉心学习过二胡技法，打颤滑揉、快慢运弓，无所不精。后来他到河南工作时，开封师范学院宣传队到尉氏县大营区慰问，开演前拉二胡的乐手突发急病，时任区长的焦裕禄笑吟吟地说："我来滥竽充数吧！"1947年10月南下途中，因为工作需要，焦裕禄担任男主角，排演了歌剧《血泪仇》，人们形容他的歌声有"铜音"。在大连起重机厂实习期间，与苏联专家联谊，焦裕禄竟然是场上最靓的那一个。专家夸他："你一个拉牛尾巴的，舞也跳得这么好。"

真正改变焦裕禄人生的是1938年日寇占领博山。这时，家里的生意愈发艰难，焦裕禄挑起了生活的重担。他先是推独轮车去城里送油运炭，后来又下煤井挖煤。尽管如此，生活还是难以为继，债主上门催债，家里的两亩地被收走，焦裕禄的父亲悲愤交加，在一个清晨自尽。母亲对刚刚成年的焦裕禄说："你记住，人到啥时候都不能塌了脊梁骨。"父亲尸骨未寒，焦裕禄却因为被日寇怀疑为"抗日分子"而关押。数月的拷打没有结果，他被送至千里外的辽宁抚顺大山坑煤矿当苦力。一行20余人一个月后仅剩3人，焦裕禄顽强地生存了下来。

待下去只有死路一条。一天，焦裕禄在矿上无意间碰到一位老乡，此人在消防队工作，可他并不认识焦裕禄。焦裕禄辗转联系上这位老乡，在他的帮助下藏进消防队。在隐蔽一段时间后，老乡用消防车把他送到沈阳，焦裕禄这才坐上了回山东的火车。

当地汉奸听说焦裕禄回来了，又把他抓了起来。母亲卖掉仅剩的半亩薄地，才把儿子救了出来。家是不能待了，焦裕禄被迫逃荒到江苏省宿迁市园上村，在那里给地主当雇工。

被抓、折磨、逃亡……仅仅一个无端的怀疑就让焦裕禄如同进了炼狱一般。但这也磨炼了焦裕禄的意志和心智。他在不断思考，是什么改变了他的命运，靠双手养活自己过安稳日子怎么就这么难？为什么日寇这么害怕共产党？

1945年，新四军解放了宿迁，焦裕禄才真切地接触并认识了共产党，这是为人民办事的党，是穷苦人的救星。新四军的同志告诉他，他的家乡也有党的武装在开展解放斗争，焦裕禄立刻决定回家。

那时的博山区北崮山村已经有了党组织和武装力量，党员焦方开介绍焦裕禄当了民兵。焦裕禄在清匪反霸、打击土匪等工作中表现突出。1946年1月，在崮山村外一间土屋里，焦裕禄光荣地加入了中国共产党。党支部书记李京伦轻声宣读了党章，此刻焦裕禄对党的认识依然简单而朴素："入党要好好干工作，在各种工作中起带头作用。"

血与火的淬炼，让焦裕禄从一个受尽压迫折磨的农家少年迅速成长为一名革命战士，并表现出出类拔萃的领导能力。在一次战斗中，他得知战友被敌人包围急忙赶去增援。他运用声东击西、虚张声势的办法，让敌人误以为大部队赶来了。还有一次，敌人要突袭崮山村，而我军主力部队一时赶不过来，焦裕禄就建议演一出"空城计"，在各村墙壁上写上"某团某营"，马车蒙上帆布伪装成炮车，果然让敌人的探子上了当。

1945 年 12 月，淄博独立营、博山县独立营及武工队、区中队进攻博山县城，焦裕禄跟随部队击溃伪县长王连仲的保安队和伪矿警队，解放了博山。1947 年 2 月，他又随民兵连调鲁中区武装部参加了莱芜战役。1947 年 6 月，博山县武装部调焦裕禄去华东军政大学学习。刚动身不久，军政大学因战事转移了，焦裕禄一行人就地在临朐县加入鲁中区党委招待所，并投入南麻、临朐战斗。战斗之后，一行人北上渡黄河到渤海军区，在鲁中区党委安排下，焦裕禄被分配到商河县做土改复查。

1947 年 9 月，中共华东局决定从山东解放区抽调一批干部随军南下。因为文化底子好、又有军事经验，焦裕禄被选中并任命为淮河大队一中队班长。回家收拾行装时，焦裕禄兴奋地告诉母亲："不闯出个新世界，我就不回来！"南下后，焦裕禄先后在河南尉氏、陈留、郑州以及东北的哈尔滨、大连等地开展革命和建设工作。后期，他参加了洛阳矿山机器厂的筹建，克服外国专家撤离带来的不利因素，成功制造出国内第一台直径 2.5 米的双筒提升机。1962 年 12 月，焦裕禄调任兰考，带领全县人民治理"三害"……

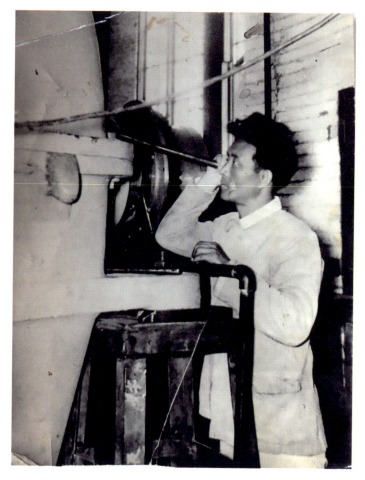

★ 1953 年焦裕禄在洛阳矿山机器厂参加工业建设，这是他在车间里凭听觉监测卷扬机的运转情况。

新华社发

106

1964年腊月二十八，焦裕禄回到阔别10年的家乡，身体里病魔已经肆虐，母子连心，却谁也不说破，这是他最后的归来。电影《我的父亲焦裕禄》中，他在桥头跪别母亲，那"扑通"一声直抵心底、催人泪下。

采访组：焦裕禄同志出生在博山，最初参加革命在博山，请您讲一讲这方水土对于焦裕禄精神的塑造的重要性。

焦玉星：鲁中大地孕育了焦裕禄精神，焦裕禄精神是山东人民优秀品质的典型代表。焦裕禄的家乡北崮山村位于博山区的中部，处于淄河流域与孝妇河流域之间，春秋战国时期，齐鲁文化在这里率先碰撞交融。文化的初兴带动了经济社会的发展。在抗日战争和解放战争时期，北崮山村一带又是鲁中军民抗击敌人的前线，革命的洗礼让这一方人民群众更加果敢坚强。受党的教育和培养，焦裕禄在家乡加入了革命队伍，参加了解放博山县城、莱芜战役和南麻临朐的战斗。

一方水土养育一方人。以开放、包容、创新、重商、法治为内涵的齐文化、以"仁义礼智信"为核心的鲁文化，以及现代工业文明、大无畏的革命精神在鲁中大地相生相长。历经2000多年积淀形成的崇尚刚健的自强不息精神、崇尚有为的能动创造精神、崇尚民本的厚德仁民精神、崇尚群体的大公无私精神、因俗简礼的通权达变精神等齐鲁文化的优秀成果，不仅对中华民族的心理心态、价值观念、伦理道德和思维方式的形成产生了巨大影响，也激励了中华民族一代又一代志士仁人为国家、为民族、为人民而克己奉公、舍生忘死、英勇献身，成为焦裕禄精神的重要文化渊源。

以孝文化为核心的地域文化在塑造焦裕禄性格和品质方面起到重要作用。博山是鲁中地区一个文化资源和文化积淀十分丰厚的小城，是孝文化的发祥地，被誉为华夏孝乡。孝妇颜文姜以德报怨、孝侍公婆、为救百姓坐地为神的故事在淄博博山流传千年。这些故事经过家人和身边亲友的口述，深深铭刻在少年焦裕禄的心底，对其后来的思想产生了深远影响。

博山历史上也是人杰辈出，其中"一代帝师"孙廷铨和清代现实主义诗人赵执信是典型代表。1921—1925年，中共一大代表、山东党组织的早期创始人和领导者王尽美曾三次来到博山，宣传革命思想，开展工人运动，播撒革命火种，博山成为中国共产党早期开展革命活动的地区之一。焦裕禄辍学下煤窑期间，成为产业工人大军的一员，在耳濡目染的过程中接受了革命思想的火种，播种萌发了共产主义理想信念。

采访组：请您介绍一下，淄博对焦裕禄精神传承和弘扬做了哪些工作？有哪些重要的成果？

焦玉星：淄博是焦裕禄同志的故乡，有责任、有义务、有条件把焦裕禄精神挖掘好、传承好、弘扬好、践行好。淄博历届市委都高度重视焦裕禄精神的传承和弘扬，定期到焦裕禄纪念馆瞻仰焦裕禄事迹，感悟焦裕禄精神。

1966年，淄博市在《人民日报》刊发《县委书记的榜样——焦裕禄》后不久，就建起了全国第一座焦裕禄纪念场馆。淄博市对焦裕禄同志在淄博成长、上学、入党等20多年的有关资料进行全面搜集整理，追溯焦裕禄同志世界观、人生观、价值观的形成路径，组成"重走焦裕禄之路"寻访小组，到河南洛阳、尉氏、兰考，以及江苏宿迁、辽宁大连等地进行寻访，征集不同时期史料、档案、照片等300余件。

半个多世纪以来，纪念馆多次整饬修葺提升，成为传承和弘扬焦裕禄精神的重要基地。走进焦裕禄纪念馆和焦裕禄故居，焦裕禄睡过的土炕、用过的针线、拉过的二胡，乃至他小时候写的作文，都被精心保存着。焦裕禄纪念馆还到全国各地举办焦裕禄精神宣传活动和焦裕禄家风故事展。半个多世纪以来，焦裕禄精神讲堂、焦裕禄精神研究会、焦裕禄艺术团始终活跃在淄博大地，系统挖掘焦裕禄精神的时代内涵，文艺工作者还创作了大量反映焦裕禄精神的文艺作品。近年来，淄博市积极参与重大献礼影片《我的父亲焦裕禄》的拍摄，超过一半的镜头在家乡拍摄。2021年7月6日，该片全国首发式在淄博举行，引起了强烈反响和观影热潮。

2020年8月16日，淄博市在焦裕禄家乡北崮山村建成占地面积80亩、总建筑面积2.7万平方米的焦裕禄干部教育学院。学院聘请焦裕禄同志的女儿焦守云担任名誉院长，力求打造立足淄博、面向全省、辐射全国的一流干部党性教育基地和全国宣传学习焦裕禄精神的主阵地。

焦裕禄干部教育学院按照"精神根源—精神内涵—精神传承"的路径，打造课堂教学、现场教学、音像教学、情景教学"四位一体"的教学体系。开发设计 10 个主题专题课。同时，联动打造参观一次焦裕禄纪念馆、在焦裕禄故居听一次家风故事、听一堂焦裕禄精神专题党课、重温一次入党誓词、撰写一篇学习心得的"五个一"教学活动。

2020 年 10 月，淄博市在城市核心区设立了"荣耀广场"，广场的入口处是焦裕禄的立像。半个多世纪以来，淄博市把争做焦裕禄式的好干部作为党建规定动作常年坚持，激励广大党员干部，点燃不懈奋斗、永远奋斗的澎湃激情，激发攻坚破难、担当作为的昂扬斗志。

多年以来，淄博市积极开展践行焦裕禄精神干部大走访，评选学习焦裕禄担当作为好干部。这些年来，在焦裕禄精神的感召下，淄博大地上英模辈出，先后涌现了一批如全国"林业英雄"孙建博，人民满意的公务员、民政部孺子牛奖获得者吕绪兰，扎根山区、敬业奉献的党的十九大代表、"中国医师奖"获得者亓庆良，"全国公安系统一级英雄模范"王勤利等为民、务实、清廉的好干部。

在北崮山村跟着奶奶长大的焦守云当选党的十大代表，博山陶瓷厂一线职工张富文、源泉卫生院院长亓庆良分别当选党的十六大、十九大代表。2017 年以来，又有 4 名在博山出生成长的党员干部走上了省部级领导岗位。这些先进典型人物的涌现，是焦裕禄精神在故乡传承的直接体现。淄博市注重在青少年中普及焦裕禄红色教育，团市委在焦裕禄纪念馆（故居）建立了青少年爱国主义教育基地，从青少年起将红色基因注入血脉，代代相传。

采访组：博山焦裕禄纪念馆如何把握新时代名人故居类纪念馆的定位与功能，使其发挥更加积极的作用？

焦玉星：习近平总书记指出，"中国各类博物馆不仅是中国历史的保存者和记录者，也是当代中国人民为实现中华民族伟大复兴的中国梦而奋斗的见证者和参与者"。2018 年两会期间，习近平总书记在参加十三届全国人大一次会议山东代表团的审议时又强调，红色基因就是要传承，中华民族从站起来、富起来到强起来，经历了多少坎坷，创造了多少奇迹，要让后代牢记，我们要不忘初心，永远不可迷失了方向和道路。

名人故居类纪念馆作为纪念历史人物或重大历史事件的专题博物馆，见证了名人的生活和成长，保存和传承着名人文化精神、历史影响，是进行爱国主义教育、中华传统文化教育的重要基地，也是开辟文化和旅游产业项目的潜在资源。近年来，"县委书记的榜样"——焦裕禄的家乡山东省淄博市，坚持以博山焦裕禄纪念馆、焦裕禄故居为主要载体，围绕研究、保护故居资源，传承弘扬焦裕禄精神，践行共产党人初心、传承红色基因，进行了积极有效的探索，进一步明确了新时代名人故居类纪念馆的功能与定位。

对名人故居类纪念馆进行准确的功能定位，前提是要准确把握人物特点，读懂人物成长和心路历程，深刻理解人物精神内涵和历史价值，明确出生地、成长地之人文环境、社会环境、自然环境对人物的影响。

焦裕禄精神是留给家乡人民的宝贵财富，激励着家乡党员干部群众矢志不渝、努力奋斗。新时代的背景下，如何借助焦裕禄纪念馆和故居这个平台，讲好焦裕禄青少年时期故事，传承和弘扬好焦裕禄精神具有重要的时代价值和现实意义，成为留给我们焦裕禄家乡党员干部群众的一项重要课题。

结合焦裕禄精神内涵、家乡人文资源和宣传弘扬焦裕禄精神的现实需要，我们确立了博山焦裕禄纪念馆（故居）五项定位、三项重要功能。即把焦裕禄故居定位为焦裕禄精神的初心发端之地、公仆情怀之源、求实作风之根、奋斗精神主脉和道德情操孕育摇篮，严格贯彻落实习近平总书记关于学习弘扬焦裕禄精神一系列重要论述，结合焦裕禄家乡实际，重点发挥好研究、传播和弘扬焦裕禄精神三项主要职能。同时，着力做好以下工作。

深化主题教育活动。习近平总书记强调，"我们今天加强作风建设、改进干部作风，就要深入学习、大力弘扬焦裕禄精神，结合新的实际把焦裕禄精神发扬光大"。博山焦裕禄纪念馆（故居）紧紧抓住焦裕禄诞辰、逝世纪念日和"五四""七一"等重要时间节点，开展形式多样的主题活动，积极推动焦裕禄精神的传播。

沿着焦裕禄工作的足迹开展寻访活动。习近平总书记强调，"文物承载灿烂文明，传承历史文化，维系民族精神，是老祖宗留给我们的宝贵遗产，是加强社会主义精神文明建设的深厚滋养。保护文物功在当代、利在千秋"。焦裕禄一生辗转多个地方和单位工作生活，所经历的人和事，使用过的物件以及相关档案资料都是焦裕禄精神的有力见证。为此，博山焦裕禄纪念馆（故居）组织人员力量沿着焦裕禄的足迹，追溯焦裕禄的成长经历，重点围绕对历史档案、口述历史、媒体资料、影像资料及民间作品等资料的征集，开展寻访活动。寻访中，通过实地考察、现场调研、座谈交流、查阅资料、口述历史等方式，对焦裕禄精神孕育形成和丰富发展的历史印记进行一次全面系统的再挖掘、再梳理，力求全景式地展现焦裕禄的生平事迹和心路历程。除了加强焦裕禄在家乡经历的挖掘研究，近年来，先后到江苏宿迁，河南兰考、尉氏、开封、鄢陵彭店，大连重工起重集团，哈尔滨工业大学，辽宁抚顺，山东沂源（南麻）、临朐、莱芜等地进行了寻访。目前，已征集到史料、档案、照片等珍贵资料百余件，焦裕禄在鄢陵县彭店镇（南下首站）坐过的椅子、在宿迁逃荒同时期的农具等实物20余件，以口述历史的方式，采访到焦裕禄子女、随行新闻干事刘俊生、"焦桐"守护人魏善民、张继焦等重要的历史见证者和知情人40余人次，他们生动还原了相关历史场景，留下了一批影像和录音资料。我们所掌握的焦裕禄事迹精神和资料越来越丰富翔实、越来越感人生动。

制作推出相关文化产品。习近平总书记在党的十九大报告中提出，"要坚定文化自信，推动社会主义文化繁荣兴盛"，"没有高度的文化自信，没有文化的繁荣兴盛，就没有中华民族伟大复兴"。制作精良的文化产品是传播焦裕禄精神的重要载体。近年来，博山焦裕禄纪念馆（故居）主动联系有关单位参与、配合有关焦裕禄的微电影、电视剧、动漫作品、民族歌剧的编创工作，力求将焦裕禄在故乡学习、战斗、成长的历程和一生的事迹精神生动地呈现给观众，为社会传递更大更多的正能量。作为向建党九十周年献礼的重点剧目之一，真实、全面反映焦裕禄同志光辉一生的30集电视连续剧《焦裕禄》在焦裕禄家乡实地取景封镜，展现了焦裕禄从16岁到逝世的壮丽生命轨迹，深度挖掘了焦裕禄精神，突显了焦裕禄的伟大情操和丰沛情感。记录电影《永远的焦裕禄》在焦裕禄纪念馆、焦裕禄故居等地取景拍摄，并最早在博山举行首映式活动。由博山焦裕禄纪念馆编撰出版的《焦裕禄的80则贴心话》一书，在梳理焦裕禄生平事迹的过程中，以焦裕禄各个阶段的言行表现为切入点，追溯其言行背后的生动故事，与当今形式结合，号召党员干部深入学习弘扬焦裕禄精神，被确定为迎接党的十九大主题图书重点推荐。结合博山区陶琉文化资源，以陶瓷琉璃为载体，积极开发蕴含本地区历史文化特色的产品，展现焦裕禄的形象与精神，受到社会各界的青睐。

打造党性教育平台。习近平总书记在指导群众路线教育实践活动中指出，"教育实践活动的主题与焦裕禄精神是高度契合的"。

拼上老命大干一场
决心改变兰考面貌
焦裕禄

焦裕禄同志手迹影印件"拼上老命大干一场，决心改变兰考面貌"。

★　图为2014年5月9日拍摄的焦裕禄手迹"拼上老命大干一场，
　　决心改变兰考面貌"影印件。

新华社发

党中央的群众路线教育实践活动领导小组印发的《关于在教育实践活动中学习弘扬焦裕禄精神践行"三严三实"要求的通知》也明确指出，焦裕禄精神是我们党的宝贵精神财富，学习弘扬焦裕禄精神与教育实践活动的主题是高度契合的。党的十八大以来，从党的群众路线教育到"三严三实"专题教育，再到"两学一做"学习教育常态化开展，博山焦裕禄纪念馆（故居）找准焦裕禄精神与开展实践活动的切入点，从焦裕禄的爱民思想、廉洁意识和奋斗精神等方面出发，突出每次实践活动的核心要求，精心组织主题展陈活动，成为广大党员干部群众接受教育、锤炼党性的重要场所。近年来，博山焦裕禄纪念馆（故居）作为重要的现场教学基地，注重立足焦裕禄家乡资源优势，深入挖掘焦裕禄精神的时代内涵，一批省内外重要党性教育项目在纪念馆落地生根。近三年以来，就有人民日报出版社党性教育基地、中共山东省委党校党性教育基地、山东大学党建教育基地、淄博市委党校党性教育基地等十几家单位相继在焦裕禄纪念馆挂牌。纪念馆和故居以自身丰富的资源和特色，接待着来自国内外的源源不断的参观学习者。

发掘和展现焦裕禄优良家风。2014年3月，习近平总书记重访焦裕禄为之奋斗献身的兰考时会见了焦裕禄的子女。二女儿焦守云对习近平总书记说，"我们一定继承好父亲的精神，把家教家风一代代地保持传承下去"。习近平总书记听后，对焦裕禄家风深表赞许。2015年习近平总书记在春节团拜会上讲，不论时代发生多大变化，不论生活格局发生多大变化，我们都要重视家庭建设，注重家庭、注重家教、注重家风。在会见第一届全国文明家庭代表时习近平总书记讲道，"家庭是人生的第一个课堂，父母是孩子的第一任老师"，"广大家庭都要弘扬优良家风，以千千万万家庭的好家风支撑起全社会的好风气，特别是各级领导干部要带头抓好家风。"习近平总书记对焦裕禄赞赏有加视为人生榜样，对焦家家风也是频频点赞。近年来，博山焦裕禄纪念馆（故居）将发掘和宣传焦裕禄优良家风作为一项重要工作。传承数代的《焦氏族谱》中记载：自明代以来，"耕耘之外，以行仁为务"一直是焦氏家族历代传承的家风和家训。

到焦裕禄的身上，他又将传统文化、党的纪律要求和时代特点融入焦氏家风当中，进一步拓展和丰富了家风的内涵。

新时代面临新任务新发展，要求我们对名人故居的整体功能定位，要打破以往事迹讲解、文物陈列等简单格局，必须进一步丰富名人故居的文化内涵，积极融入时代律动的元素，拓展现有功能和实现形式，扩大名人故居的影响力和辐射范围，更好地实现其带动引领作用，让人们走进名人故居既能找寻到以往岁月的回忆，又能展望到美好的未来。在今后工作中，博山焦裕禄纪念馆（故居）着眼于焦裕禄精神内涵，着眼于焦裕禄家乡实际，着眼于焦裕禄精神代代相传、生生不息的光荣事迹，打造全国最权威、最全面、最系统学习焦裕禄事迹和精神的理论文化高地，塑造提升焦裕禄文化品牌，面向青少年传播焦裕禄红色基因，持续努力，将焦裕禄纪念馆（故居）打造成为青春励志、公仆立德的"初心教育、使命担当"学习、感悟、实践基地。

王小妹："弘扬焦裕禄精神是我一生的追求"

王小妹，女，1937年1月生，尉氏县大营乡上王村人。1950年后，任尉氏县大营区团委委员，祥符张乡民兵队长。焦裕禄同志在大营区任区长期间，她积极参加土地改革、农业生产，是焦裕禄培养树立的"巾帼劳模"。

采访组：王奶奶，您好！您第一次见到焦裕禄同志是什么时候，那时您多大年纪？

王小妹：是1950年春天，那时我刚16岁。开春的一天，我在村西南地里干活儿。那时候新中国刚刚成立不久，我们劳苦大众翻身作了主人，看到我们的土地上，麦苗已经长起来了，到处翠绿翠绿的，我心情特别好，一边哼着小曲，一边挥汗如雨地使劲挥动锄头，给麦田保墒，干得可来劲了。

干着干着，我就感觉地头上有几个正在看我，我一抬头，见有几个干部模样的人在我面前站着呢，脸上都笑吟吟的，可能是看我一个小丫头一边唱歌一边干活儿，这么来劲儿，他们觉得有意思吧。其中有一个人穿着中山装，长得挺清瘦挺英俊，看样子也就不到30岁的样子，他挺亲切地问我："小姑娘，你咋在这儿锄地呢？"

我说："家里没劳力、没男孩，我得干啊！"

那人又问："你除了锄地，还会干啥？"

我一挺胸，说："犁地、耙地、扬场我都会，地里的活儿难不住我，全是小时候跟俺爷爷学的。"

他又问："那你家为啥没有劳力，没有男孩？"

我干脆把锄头往地下一杵，跟他聊起来了。我说："俺家可穷了，俺姐、俺哥得了病，都因为没钱看病，死了。俺刚出生的时候，俺妈怕我也长不大，就把我的小指头咬掉一节，说是十指不全的人阎王爷不要，就能成人。"那个人听我说话，脸上又露出笑容，他好像挺喜欢我这个爽利劲儿。

他问我："小姑娘，你叫啥名字？"

我说："我叫王小妹。"

他说："小妹同志，你人小志气大，又能干。好啊，好好干，以后咱们会见面的！"

等这几个人走了，我问了一起干活的社员，才知道他是我们大营区的副区长兼武装部部长焦裕禄。我心想——原来他就是焦裕禄啊！

采访组：就是说，您之前就已经听说过焦裕禄的大名了，他当时是大营区的副区长，在当地就已经很有名气了吗？

王小妹：是的，他那时就已经很有名气了。让他在我们当地出名的事，还要从 1949 年办学校说起。

那时候，焦裕禄在黄集村走访群众，看见村小学放学，十几个手拿书本的孩子从一处破旧的院落里走出来，他走进院内，看到简陋的房屋，破损的桌凳，和校长了解情况。

校长告诉他说："这是农会主席黄喜安家的房子，腾出来给孩子们做教室了，自己一家人却挤在那两间破房子里。"

校长指了指那两间破草房，又说道："村里虽然穷，但老百姓办学校的热情非常高，东家一张小桌，西家一把小凳，各家各户竭尽所能，给村里的孩子凑了这些高高低低、长长短短的桌椅，我自己任教师，办起了这所简易的学校，让孩子们在这里接受教育。"

焦裕禄想到其他几个邻近的村庄也没有像样的学校，对校长建议说："咱们可以建一个大点的学校，让周围几个村的孩子集中到一起上学。"

校长一听很高兴，他说："焦区长，行！可是老百姓都穷，哪里有合适的地方？"

焦裕禄说："我们一起想想办法！"

焦裕禄说干就干，连夜就把附近几个村的农会主席召集在一起，让大家商议商议，出主意，想办法。

他对大家说："全国马上就要解放了，我们不但要让群众有饭吃、有衣穿，生活越来越好，还要让孩子有学上。大家说说，咱们建一所学校，让几个村的孩子集中到一起学习文化知识如何？"

会上，焦裕禄了解到当地有一个占地30多亩、房屋十几间的祖师庙。第二天，焦裕禄就到祖师庙去看了，前前后后考察了一遍之后，

★　2014年5月5日，参观者在河南省兰考县焦裕禄同志纪念馆内观看焦裕禄起草的"干部十不准"展板。

新华社记者朱祥摄

他觉得这个地方建学校是可以的，就跟干部群众商量，把神像搬走，把大殿改成教室。

可是，当时人们的思想还很迷信，谁也不敢带头去搬神像，怕冒犯了神明。这个时候，焦裕禄走进了正殿，拔出手枪，对准神像"啪！啪！"开了两枪，神像被子弹打了两个窟窿。当时围观的群众都惊呆了。

焦裕禄说："今天我们为了子孙后代在这里办学，改神庙为学校，如果真有神明要怪罪，就让他怪我焦裕禄吧！是我得罪了他们，你们不要怕。"

大家一看，焦裕禄是领导，他都不怕，老百姓还怕啥？大家跳上神台肩扛手推，一会儿工夫就把十几尊神像移走了。这之后，焦裕禄又组织群众为学校圈起了土围墙，大庙学校不久之后就建了起来。

也是通过这件事，焦裕禄在1949年的时候就已经很出名了。我没想到，我在地里干活的时候，还能遇到他，更没想到的是，他从此以后就注意到了我，看我干活儿很卖力，就有意培养我成为典型。

为什么要培养我成典型？这是因为，当时虽然建立了新中国，但农村的封建意识还是有很大的束缚，妇女思想并没有得到彻底解放，女人下地干活是非常少的。焦裕禄为了树立妇女的典型，还专门组织了现场会，还把我努力干活儿的事迹编了个顺口溜："尚王有个王小妹，小小年纪十六岁。犁地耙地她都会，摇耧播种铃声脆。大家都学王小妹，争当青年先锋队！"

采访组：也正是焦裕禄的培养和推荐，让您得到了"巾帼模范"的荣誉。

王小妹：是这样的，我这个模范是焦裕禄推出来的。1951 年的春天，我被评为县"巾帼模范"。可是就有人议论：我一个 17 岁的小丫头，凭啥就能评上"巾帼模范"呢？

尉氏县针对这种议论，特意搞了一个测试考核，把人们聚集到尉氏县城南关的林场，让大家看我是怎么劳动的。我虽然是个女孩，但是身体挺壮实，大家围观的时候，我挺紧张。但是我强打起精神，心里想着：焦区长把我推出来，我可不能让他没面子啊。平时咋干的，我现在就咋干！

两匹骡子套着步犁，我右手扶犁、左手扬鞭，一挥手，说了声："走！"两匹骡子就前进了，林场地上犁出两道又直又深的沟。社员们一看，就给我鼓起掌来，还有喝彩的："不孬！不孬！""这小姑娘的巾帼模范不是假的。"

我通过了考核，当时的县委书记特别高兴，他说："这次是考状元，王小妹考上状元了。"后来，县里还拉着我游街，我佩戴着"巾帼模范"的奖章，拿着一面鲜红锦旗、一块蓝布，还戴着大红花，有锣鼓手跟着我敲敲打打，一大群干部学生簇拥着我在县城的大街游行。我那时心里可高兴了。

游行结束以后，县里还安排马车，要把我送回家。这个时候，焦裕禄从人群里出来了，他走到我跟前，跟我紧紧地握手，说："王小妹同志，咱们又见面了，祝贺你！你不要骄傲，这只是个起点，你敢闯敢干的精神一定要发扬下去。你不但参加劳动，还要把村里的妇女都发动起来，和你一样投入生产。"

我当时心里很激动，连忙点头答应着："中！中！中！"

1951年5月，我作为妇女解放的典型，和焦裕禄一同参加省首届团代会。那个时候焦裕禄已经任职团县委副书记了。会上，省电台安排记者采访我，我那时很紧张，很怯场。

我对焦裕禄说："焦书记，要采访俺，俺不去。我没文化，也不会说，我害怕。"

焦裕禄说："你怕啥？你不会说，我教你。"

他就一字一句地教我："你就说，亲爱的全省妇女姐妹们，我是尉氏县上王村的王小妹，靠共产党、毛主席的英明领导，现在解放了，咱们翻身做主人了。咱要跟共产党、毛主席走，积极行动起来投入到生产中……"

他一句一句地教我，我一句一句地学，也就一点儿都不怯场了。之后那个采访，我表现得很好，很放松。

采访之后，《河南青年》杂志还要给我画像，我还是紧张，当模特坐那的时候，止不住地哆嗦。焦裕禄一看这样不行，就过来坐我她身边，拉着我的胳膊，给我鼓劲壮胆："小妹同志，你别怕，放松一点。"

在这次会议的过程中，焦裕禄还教我写了很多字。首先是写自己的名字。他教我一笔一画写，以后再勤加练习。有一天晚上，焦裕禄还领着我和另外几个劳模代表到当时开封最热闹的马道街。焦裕禄指着门市部橱窗里的布匹、瓷碗、瓷盆，问我："这些东西好不好？"

我说："好。"

他说："你可知道这些东西是咋来的？"

我说："不知道。"

他说："这是工人老大哥制造出来的。这次会议结束后，你要在村里组织开展大生产，搞生产互助组。组织起来力量大，什么困难都不怕，多生产粮食，支援我们的工人老大哥，让他们生产更多更好的产品。"

采访组：回村以后，您是如何落实焦裕禄同志的工作建议的？

王小妹：回村后，我就按照焦裕禄说的去做。我组织了 8 家农户，在全县第一个成立了生产互助组。在这几户当中，谁对成立互助组想不通，我就带领大家先给谁家干活，谁家有困难先帮谁家干，样样生产走到前头。很快，我又受到上级的嘉奖，被评为"河南省首届农业劳动模范"。

1952 年，尉氏县安排我到团县委工作，之后又安排我到银行工作。刚开始上班的时候，焦裕禄就把我叫到团县委办公室，对我说："小妹同志，你已不是小孩子了，你是党培养的干部。千万记住，要严格要求自己，不要和别人比吃穿，要和别人比对党和人民的贡献。"

他又说："你要记住自己是贫苦人民的孩子，不要脱离群众。不要忘本，要密切联系群众、依靠群众，人民群众是我们的天，我们是地，没有人民就没有我们的一切。"

我点头答应着，一一记在心里。焦裕禄又嘱咐了我一些工作上要注意的问题，最后他说："先说这么多吧，说多了你也记不住。"

其实，他说的话，我句句都记在了心里。组织派我到当时的大桥公社要井村驻村，我想方设法和群众心贴心。村民种花生墒不足，我用手扒湿土，常常双手流血；村里要种大枣，我风风火火赶到新郑为村民买来枣树；我还多次跳到水沟里捞杂草用来喂牲口；我本来不会理发，还专门买了一套理发工具，为全村小孩、困难户理发。

采访组：1953年，焦裕禄被调往洛阳矿山机器厂工作，这一干就是9年。1962年，焦裕禄重返尉氏工作，任尉氏县委书记处书记。时隔9年，您再一次见到他，请给我们讲讲都谈了什么？

王小妹：焦裕禄回到尉氏县工作的时候，我任大营区妇联主任。听到消息，我就骑着一辆破自行车到县委大院去见他了。

焦书记当时正在院里，我喊了声"焦书记！"

他也是愣了半晌才把我认出来："你是小妹吧？真是不敢认了，那时你又小又瘦，现在又高又胖，成了大姑娘了。"

说着话，他就亲切地把我请到屋里，给我沏了一杯热茶，问我："你骑车累不累啊？"

我说："不累。"

他说："你成家了吗？"

我说："成家了，都有孩子了。"

那天，见到阔别已久的焦书记，我把工作当中的很多委屈都倾诉了出来。

我说："焦书记，您离开尉氏近十年了。这么多年，我一直没见过面，我想给您说说心里话。您交代我的话我没忘，您让我多联系群众的话我都记着。前年，我到蔡庄驻村，把自己每月34斤粮票指标全交给生产队管伙的，和群众同吃同住同劳动，和群众一起喝'对脸笑'（稀汤）。由于缺饲料，村里的牲口瘦得下不了地，我想办法制止人与牲口争口粮，我在饲养室住了一年，天天和牲口做伴，每天把饲料粮一点不剩地喂到牛嘴里。我还领着群众搞了两亩试验田，村里的棉花一亩籽棉创下200多公斤的好收成。可是，还是有人对我工作不理解，有的人还诬陷我，攻击我。反右时，我还被处理了，下放劳动。劳动我不怕，但是这么处理我，我不服气呀。"

说着说着，我就流眼泪了，焦裕禄把毛巾递给我擦眼泪，拍拍我的肩膀安慰我说："小妹啊，咱十年没见面了，一见面你就哭得一塌糊涂，你是用眼泪给了我个见面礼啊。不过，你确实委屈呀，听你说这一番话，我都想掉眼泪。在那样的情况下，你还能踏实工作，你没辜负党的培养。我高兴的是你为党和人民做了贡献，难过的是你受了委屈。小妹，你要相信党，党不会亏待一个脚踏实地干工作的好人。我们党是讲实事求是的。你不要背思想包袱，我们要齐心协力把生产、生活搞上去。"

焦裕禄接着安慰我说："建设社会主义没有现成的经验，难免有曲折教训。你受了委屈，我很理解你，但你一定要知道，共产党人要有坚持真理的勇气，更应该有改正错误的勇气。受了点挫折就打退堂鼓，这可不是王小妹啊。运动一来有些人头脑发热，有些过头、过激的做法，这都是难免的。我们走社会主义道路，是一个探索的过程，在探索中会付出一些代价，但我们心里的这杆旗不能倒。"

焦裕禄很有工作方法，善于做思想工作，鼓舞同志的干劲和斗志，激发大家的激情和热情，使大家时刻保持昂扬的姿态投入工作中。焦书记的一番话，让我觉得一点儿也不委屈了，骑车回家的路上，觉得自己的干劲儿又回来了。

采访组：请您讲讲您给焦裕禄同志送大枣的事情吧。

王小妹：那是 1962 年秋天的事了。那时候，我因为工作上经常跟焦书记打交道，就发现他的脸色不太好，脸焦黄焦黄的，面色发黑，人也显得很瘦。

有一次，我碰到嫂子徐俊雅，我问她："焦书记是不是身体不太好？"

嫂子跟我说："他是有肝病，在洛矿的时候得过肝炎，还住过院。现在可能也没有恢复得很好。"

回去以后，我就请教别人，吃什么对肝好。人家跟我说，枣和红糖水一起冲泡，能养肝。于是我就买了几斤青枣，送到焦裕禄家中。

送去的那天，焦书记正好不在家，嫂子徐俊雅在家。可是嫂子说啥也不收。

我说："这个枣是我买的，对肝有好处，您就收下吧。"

嫂子还是不同意，拉拉扯扯了半天，嫂子说："这样吧，你放下吧。等老焦回来，我会跟他说。但他肯定还会找你退回去。"

果然，第二天焦裕禄就把我叫到办公室，沉着脸问我："小妹，我听老徐说，你去我家给我送了几斤大枣，这枣是你买来的？还是'平调'生产队的？"

我答道："焦书记，这是我花钱买的。没有'平调'那回事。"

焦裕禄问："你是多少钱一斤买的？"

我回答："五分钱。"

焦裕禄点点头，放心了，但他还是叮嘱我说："眼下正是经济困难的时候，群众的日子很不好过，可千万不能向下伸手啊！"

我以为这就没事了，他可以收下了，结果没想到，他伸手从自己兜里掏出五毛钱递给我。那个时候我心里难过得不行，焦书记这是拒绝我的好意，拒绝我的关心啊！

我眼泪就流下来了，说："焦书记，是您一步一步培养我，让我这个不懂事的黄毛丫头成了国家干部。您有病了，我发自内心想表表心意。这几毛钱您还要还给我，让我心里多难受啊！"

焦裕禄一看这样，也不再坚持，他要留我到他家吃饭。我哪还有心思吃饭，就告辞了。临走的时候我说："焦书记，您多保重。"

采访组：虽然焦裕禄同志和您一起共事的时间不是很长，但他的一言一行都起到了榜样的作用，对您起到的帮助和教育作用是巨大的。

王小妹：是这样的。我这辈子干的工作，都是按照焦书记的指示做的，没有焦书记，就没有现在的我。我和焦裕禄一样，都是出身于普通农民，我能当上国家干部，能有机会为人民群众服务，和党组织的培养、和焦裕禄的教导是分不开的。

焦书记教导我："永远不能脱离群众，今后无论走到哪儿，都要以普通身份出现在群众面前。"多少年以来，我一直按照他的嘱托去做，心系群众，对自己从严要求。

1971年，我到当时的张市公社孔庄村驻村。当时的孔庄村，群众已经没什么可吃的了。我东奔西走向国家要了2500公斤粮食，想方设法又借了2500公斤粮食，解决了群众吃粮难问题。

但是，光靠救济是不行的，我还要组织群众自己发展生产。我带领群众跑到开封市拉氨水当肥料，给麦地补充氮肥，当年的小麦获得大丰收。秋播开始后，我听说杂交高粱产量高好种植，就拿出自己积攒的100斤粮票，为村里买回来50公斤杂交高粱种子"三尺三"，种了125亩地，秋季又迎来了大丰收。我驻村的第二年，孔庄村也取得了好成绩，粮食、棉花双丰收。这年夏季，这个村破天荒卖了1万公斤公粮，令人刮目相看。

后来，我又长期在尉氏县计生委工作，我工作认真负责，从来都是按照原则办事，从不搞特殊。我的儿子成年后，我亲自把他送进登封县的大山沟里去劳动。

退休以后，我也做了不少事，给人介绍对象，帮困难菜农卖菜等。组织上也一直关心我，焦裕禄逝世30周年、40周年纪念大会，兰考县委、县政府都把我作为特殊嘉宾邀请出席。2014年7月29日，我被焦裕禄干部学院特聘为兼职教授。

现在，没事的时候，我总是要到焦裕禄纪念馆走走看看，到焦裕禄以前办公的地方散步，我觉得这个时候我就又回到了过去，心情很复杂，也很感慨。虽然我年纪已经很大了，但我还是要努力发挥自己的余热，多做工作，多做好事，听党的话，永远做焦书记的好学生。没有焦书记对我的教育和帮助，就不会有我今天的幸福生活。弘扬焦裕禄精神是我一生的追求！

徐魁礼："焦裕禄严于律己，宽以待人"

徐魁礼，祖籍山东日照，1935年出生在朝鲜新义州。1952年回到中国，在沈阳矿山机器厂从事减速器制造工作。1956年12月，从沈阳调至洛阳矿山机器厂工作，与焦裕禄在同一车间一起工作了整整三年的时间。

采访组：徐魁礼同志，您好！您是工业战线的老前辈，经历过20世纪50年代洛阳矿山机器厂建厂之初那段时期，和焦裕禄同志在工作上和生活上也有着密切的交往。今天很高兴请到您，想请您给我们讲讲那个年代的故事，讲讲洛矿建厂初期热火朝天大干工业的历史，谈一谈焦裕禄同志忘我工作和无私奉献的精神，也谈谈日常生活中的一些小事。

徐魁礼：实际上也没有什么，每一个时代都有需要，每一个时代的年轻人都是这样向前冲。就像现在，"80后""90后"，甚至"00后"已经挑起咱们国家的担子了。我们那个年代的主旋律就是多快好省地建设社会主义。

我于1952年5月12日回国，7月进入沈阳矿山机器厂，后来响应祖国号召，支援洛阳建设，于1956年12月来到洛阳。我是1935年生，焦裕禄是1922年生，我比他小13岁。我和焦裕禄祖籍上是老乡，他老家是山东淄博博山县，我老家在山东日照。我虽然是山东人，但是没有在山东待过，我是在国外出生的。我祖辈那一代闯关东，后来进入朝鲜民主主义人民共和国新义州，新义州是交通要道，因新义州受到美国飞机轰炸，响应周恩来总理号召，华侨分九批回国参加祖国建设，我是第二批回国的。

焦裕禄是1956年12月从大连起重机厂返回洛阳的，我也是1956年12月来洛阳的。我来洛阳坐的是最早的那种绿皮硬座火车，还有几位同行的工人。在火车上，我偶遇了从大连返回洛阳的焦裕禄。焦裕禄注意到我穿着沈阳矿山机器厂的工装，他亲切询问我："小伙子，你是到哪里去？"我回答说："我到洛阳去，到洛阳矿山机器厂去。"旅途漫长，我们几个人在聊天中逐渐熟悉起来。到郑州的时候，火车加水，有半个小时的时间，我们就都下车透口气。

跟我们相比，焦裕禄年长几岁，我们就叫他"老焦"，我的个子高，焦裕禄就叫我"大徐"。我还记得焦裕禄当时穿着一件半新的大衣，虽然穿着打扮跟其他人一样，但他说话很有水平，像个干部。他说：我们到洛矿就是一家人，洛矿是全国的大厂，以后大有前途，年轻人更是大有作为。我们刚开始心里都没底，不知道洛阳、洛矿到底什么样，听他这么一说，我们心里就踏实了，有了信心。

我到洛矿以后，被分配到人事科技工学校当实习教师。我并不想去当老师，因为我当时是四级工，有技术。刚好我碰到焦裕禄了，他当时是一金工车间主任，他问我："大徐，你分配了没有？"我说："焦主任，我分配到技校了。但是我不想去，我想到生产一线去。"焦裕禄说："那你到我一金工车间来吧，就干你的老本行，做减速器。你愿不愿意？"我说："可以啊，焦主任。我想到一金工车间。一金工是冷加工，我有这方面的技术。"焦裕禄说："既然你想去，那我来协调一下。你可以先去一金工车间筹备处报个到。"就这样，我到了一金工车间工作，我很感谢他对我的知遇之恩。

采访组：请您简单介绍一下建厂初期的情况。比如，工作都遇到过哪些困难？是如何解决的？

徐魁礼：1956年冬天，我刚来的时候，我们厂里建起来两个厂房，一个是工具车间，一个是后面那个为生产服务的单位，单位名称记不清了；一金工车间那时候才刚立起来厂房柱子。那会儿是建设初期，刚开始打地桩。当时工人还不多，建筑工人是建筑公司的，总共有六七十人，我们洛矿的工人有二三十个，则是负责车间建好后设备进厂房的机器安装。当时，焦裕禄为了加快安装调试进度，做了很多工作准备。1957年，在建厂房之前，机器设备就陆陆续续到了，进不了车间、厂房，就先露天放在厂里西北角围墙边一个角上。1957年初，那个时候还比较冷，当时下雪时间很长，我们几个人在那里看设备，搭了个棚子，用铁桶做的炉子弄点劈柴在那儿取暖。

1957年那一年的工作，主要就是安装设备和调试设备。到了1958年，要生产中国第一台直径2.5米双筒提升机，这也是建厂后第一个比较大的任务。边基建、边安装、边试生产，甚至有的设备还未到，因此我们遇到很多困难，焦裕禄也想了很多办法，一步一步推进计划。计划就是命令，我们边土建、边安装、边试产。很快，一金工车间建成之前，先建立了机修厂、设备厂。当时是筹建初期，机器设备是苏联的，苏联的图纸、苏联的工艺，安装、调试、生产是我们来干，是有一定困难的，虽然也请了苏联专家，大连也派来了技术人员，还有一些是大连厂派到苏联去学习回来的，但主要还是靠我们工人操作。

1958年1月，一金工车间设备还没有完全安装，就接受了一个重大任务：制造新中国第一台2.5米双筒提升机。尽管设备不全，技术不足，经验也没有，但是洛矿已经做好了准备，要在五一劳动节之前向国家献礼。虽然当时还不具备生产条件，但命令已给我们下达了。焦裕禄对我们说："这是国家工业建设的大事，咱们无论如何，也要克服困难、想方设法去完成。"在之后几个月的时间里，焦裕禄尽心尽力，带领我们完成了这项任务。我举几个例子，我是搞传动装置的，传动装置中的剔齿机、轴瓦中铸铁件和合金结合、齿轮的烘装，这三点都是提升机的技术关键点。像剔齿机的改装在当时来说就是比较有难度的。一个机器要有传动，电机通过齿轮、减速机才能实际工作，马达电机都是上千转，而链条不能转那么快，要通过齿轮减速慢下来，我当时专门负责这一块。在我这个组里，剔齿机当时来说比较关键，焦裕禄很关心，对于出现的任何问题他都非常重视，帮助解决。比如说有一个中间装置，中间装置两道齿轮，最后一道要精加工，切削、剔齿，如果不搞精加工，齿轮的光洁度不够，就达不到技术要求，所以需要用剔齿机把多余的部分剔掉，提高齿轮的精度。当时，这个中间装置在主动轴和被动轴的中间，中间装置剔齿精度不够，无法使用。针对这个问题，焦裕禄就找来老工人和一些技术人员在一起，艰苦奋斗，反复攻关，经过十几天的奋战，才终于改装成功。这个成果，是焦裕禄和大家用心血换来的。那次攻关我虽然没有直接参与，但是中间装置是我需要的，所以我一直比较关注这个事情的进展。

当时，还有一个轴瓦的活儿，也遇到了困难。轴瓦的外壳是生铁铸铁件，内部是巴氏合金浇铸，巴氏合金和铸铁件结合得是否牢固靠的是工艺的关键。开始我们到加工车间去加工浇筑出来以后，工艺不行，检查员这一关就过不了，更不要说车床加工、调教、审查等几关了。在焦裕禄的组织下，成立了攻关小组，用了很多办法加以改进，最后找到了一个办法：把轴瓦加热后再转起来，然后才浇筑热的巴氏合金，这样就解决了问题。

再说一个当时烘装设备遇到的问题。烘装设备就是一个大齿轮连着一个轴，那时候我们没有齿轮轴，也没有压力机。怎么办？我们利用热胀冷缩属性来加工：用一台炉子烧焦炭，把大齿轮放上去加热，一天装一个轴、一个齿轮。当时就是用这种笨办法。后来我们想了想，还可以再简单一点——直接用柴火烤零件。当时机器设备是用木片包装的，拆下来以后可以当劈柴烧。但这件事大家都不敢对外说，一来是怕苏联专家不同意，二来万一失败了谁都不好交代。焦裕禄得知情况后，同技术员一起对"土方法"进行商讨后，说："只要可行就能干，但要晚上干。"白天干，怕苏联专家看见责怪工人，焦裕禄便把时间放在了晚上。凌晨一点多，焦裕禄来到车间，亲自指挥工人安装。在焦裕禄的带领下，我们不断探索和攻关，经过了不懈的努力，新中国第一台2.5米双筒提升机终于在我们手中诞生了。这一壮举不但给洛矿带来了荣誉，也让全国轰动，这是共和国重工业起步的一个里程碑。我还记得提升机研制成功以后，为了纪念这个历史性的时刻，我们和苏联专家在提升机前合影。当时摄影师吆喝着："来拍照了！"大家都簇拥过来，我就随便站在了一个工具箱上面。现在再看这张照片，可能我被前排的人挡住了。从1958年到2007年，这台矿井提升机在距洛阳100多公里的义马观音堂煤矿平稳运行了49年。我去观音堂煤矿的时候，检修工告诉我，这机器特皮实，一直很好用，都没咋修过。2015年，中信重工用一台新提升机将洛矿这台"宝贝疙瘩"换了回来，作为工业文化遗产，在厂区内进行永久性展示。

每当看到这台提升机，我就回想起在焦裕禄的带领下我们一起奋战的日子。总之，哪里有困难、焦裕禄就到哪里去，和大家一起动脑筋、想办法，克服困难。焦裕禄这个人不怕困难，做事也非常细致。比如有个照片，记录了焦裕禄拿着螺丝刀听轴承转动声音的情景。这是做什么呢？如果声音咯咯嗒嗒，有不均匀的杂音，就是不合格。当时的工艺要求，轴承的接触面必须要达到75%以上。从我们的专业角度来说，能听出来这个是不容易的，焦裕禄在干工业的过程中学了很多技术，积累了很多宝贵的经验，也解决了大量的问题，克服了很多困难。

采访组：焦裕禄在工作上是如何要求自己和同志的？

徐魁礼：焦裕禄工作当中最显著的一个特点是——严于律己，宽以待人。

先说他严于律己。在我的印象中，焦裕禄对待自己特别严格。焦裕禄特别聪明，也特别喜欢钻研，他在图纸研究上下了很深的功夫。我现在还记得焦裕禄"办公室"的样子：说是办公室，其实就是用板材隔出一小块地方，里面有一张白木桌、一条长凳子。焦裕禄经常趴在桌子上看图纸，当时的图纸和工艺资料都是俄文的，大部分人看不懂，焦裕禄就向我们厂搞技术工作的赵光义请教，找他学习解决图纸上不明白的问题。他晚上经常学习钻研加工工艺，其实作为领导，可能一般的简单了解就行了，具体的工作可以交给技术人员干。但是焦裕禄特别热爱工作，也一心一意促进工作，他把整个身心都扑上去了。焦裕禄从未放松对业务的钻研。他常常拿着图纸钻到机床下，务必弄清楚每一个部件。一次，计划员告诉他根本不必这样辛苦，因为"图上都标着号"，还说完全可以让技术员标上部件名称，但焦裕禄却没有接受这个建议，他说："那可不一样，要了解一台机床，就得亲自把每一个部件都看明白。吃别人嚼过的馍，没味道。"据与他同去大连培训的同志跟我讲，他在大连学习的时候也非常刻苦。焦裕禄自己有个小本子，上面记着很多技术要点，把机器零件分门别类记得非常清楚。

每次生产赶任务的时候，我就没见他回过家，他让工人回家休息，自己却不回家休息。我们开始是三班倒，后来两班倒，24 小时两个班，大班两个班倒，我们白天上班他在，第二天上班他还在。他叮嘱我们好好休息，多吃饭，而他却总是加班。他总是严于律己、宽以待人、无私忘我……这些词怎么用都不过分。那个时候都是这个氛围，各个车间都是你争我赶，都不甘落后，"拔黑旗插红旗"，这是一种激励。我们一金工车间总是得红旗，焦裕禄也每次都被评为优秀车间主任。

工作实在累了，焦裕禄就躺在长条凳上休息，那个长条凳就放在二楼的楼梯口。他那个时候已经开始生病了，脸色褐黑。我还记得在一次试机过程当中，焦裕禄好几个月不回家，几十天吃住在车间，人也瘦了。

焦裕禄特别重视安全生产，这一点很可贵。为什么安全很重要？我在沈阳老厂里就遇到几次事故，一旦出了事故，机器损坏、资金损失尚且都算小事，关键是如果伤到一个工人，甚至致死、致残，一个家庭的顶梁柱就没了，影响整个家庭的生活，单位也要负责解决整个家庭生活和出路，给个人造成的痛苦和给国家增加的负担太多了，不能想象。焦裕禄不仅反复强调"安全无小事"，而且严格进行安全训练，制定安全生产制度，加大教育力度。焦裕禄每天上班的第一件事，就是召集同志们开安全会，先讲安全，再讲生产要求、工序等事宜。我们车间在焦裕禄来之前，曾经出过一次比较严重的事故，工人不慎从天车上掉了下来，腰部受伤骨折。但焦裕禄任主任的时候，因为严格管理，反复督促，我们车间始终没出过大的事故。

再说他宽以待人。平时工作上无论遇到什么问题，焦裕禄从来不直接批评人，他做思想工作很懂得方法，很善于跟同志们交流。那会儿，有来自上海技校的40多个学生，其中20多个被分到了一金工车间。他们嫌工作环境苦，我那时候在一金工任团总支副书记，对于给这些年轻人做思想工作有点苦恼。焦裕禄建议我带着这些年轻人去龙门煤矿体验生活。后来，厂里开了介绍信，我带队去了。那次，龙门煤矿的副矿长带着我们下井体验，我们在狭窄漆黑的矿井里前进，副矿长不停地催我们："跟上，跟上！"副矿长对这些年轻人说，别看这里环境艰苦，但跟过去比，现在的采煤作业环境已经好多了。新中国成立前，这里的劳工被迫给日本人干活的时候，矿洞非常狭窄，有的地方弓着腰都很难过去，要爬着走，而且身上还要背着上百斤的煤，可见有多难。我们在井下体验了近一个小时，上来以后开展了讨论。有时候不用讲太多的大道理，这样身临其境的教育，更能解决年轻人的思想问题。焦裕禄的这个主意非常好。

采访组：焦裕禄在生活方面是如何关心同志的？

徐魁礼：在生活方面，焦裕禄同志可以说是毫不利己、专门利人。当时条件非常艰苦，焦裕禄对我们很好，我们也都很尊敬他。当时，全国四面八方支援洛阳，尤其是从东北来了很多人，比如从抚顺、沈阳、齐齐哈尔等地过来，东北有火炕、暖气，很暖和。但洛阳那会儿什么都没有，冬天一般不取暖，既没有火炕也没有暖气。我们来到洛阳后，每人有一张床，一张饭桌，一个火炉，但柴禾、煤球都不好买。我们有个工人叫窦越法，家里没有柴禾取暖，也没法做饭，又赶上他爱人生孩子，很着急。焦裕禄就想方设法找人给他把柴禾送到家里去。窦越法家里人非常感激他。这就是"雪中送炭"。后来，焦裕禄就派行政组的几个人挨家挨户去调查，哪家有什么需要、有什么困难，他都想办法帮助解决，比如买来便宜的包装箱木片，几分钱一堆，废物利用，发到每个职工家庭。焦裕禄非常关心群众疾苦，体现了全心全意为人民服务的精神，值得领导干部学习。

1959 年大年三十，我和其他 3 个单身汉因为家太远，没有回家，窝在宿舍过年。那天下午，焦裕禄带着年画去了我们宿舍，不仅贴了年画，还和我们一起打扑克牌。他还叮嘱我们几个，过年要给家里写信。焦裕禄陪我们直到凌晨，带着我们放了鞭炮之后才回家。临走的时候，他叫我们第二天早上去他家里吃饭。焦裕禄的孩子多，生活挺困难的，我们四个人不好意思去他家吃饭。于是，第二天我们就赶早去食堂，先吃过了饭再去给他拜年。虽然是拜年，但我们四个人都是空着手去的。到了焦裕禄家里，他和嫂子都很高兴，很热情，给我们端上来一大盆红烧肉，还有其他的很多菜。我们说："焦主任，我们已经吃过饭了。"他就怪我们说："不是说好了来吃饭嘛！"他邀请我们坐下来，一定要吃饭，还给我们倒酒喝。这让我们几个远离家乡的人感觉特别温暖。

有一次，我生病发烧，在宿舍晕倒了，被工友们送到厂医院。医生初步诊断我是得了脑膜炎。我在医院醒来的时候，焦裕禄就在我床边坐着。他看到我醒了，就问我："你得的是什么病？"我说："是脑膜炎。"焦裕禄想了想，说："不对。脑膜炎算是比较重的病了，你身体这么好，前几天还好好地学习呢。不会是脑膜炎。"在焦裕禄的坚持下，医院又重新给我检查，最终确定是骨质膜下腔出血，这个病的症状和脑膜炎一样，但是没有脑膜炎那么严重。后来我听来看望我的工友讲，我晕倒以后，是焦裕禄主任把我背到医院的，但他自己却只字不提。住院期间，焦裕禄经常给我送饭。半个多月后，我出院了，焦裕禄嘱咐我好好休息，还给我批了半个月的假。他说："你好一点了，可以回老家看看父母，在家里再养几天。"那个时候，焦裕禄给我的感觉不是主任，不是领导，而是我的家人，我的兄长。

1959年春节之后，焦裕禄就调到厂里调度科工作了。因为工作岗位不同，我们见面就不多了，但还是经常能见到他。有时候在路上走，碰到他了，就停下来唠唠嗑。后来我听说焦裕禄要去郑州看病，那个时候已明显能看出来他的身体变差了。一方面是营养不良导致的，经常吃不饱，再加上经常加班、熬夜，焦裕禄的身体越来越差。他人越来越瘦，脸也越来越黑，我每次见到他都很担心他的身体。关系熟悉的工友们有时候也会议论他的身体，但我们当面不好意思问他。当然，焦裕禄自己也知道自己身体不好。即使这个时候，他还是一直关心我们，吃得如何、工作如何。1962年，焦裕禄调离洛矿之前，我去看望他，他对我说："大徐，我要调走了，你在厂里好好干。"结果他这一走，就再也没回来。

采访组：在您和焦裕禄一起相处的几年当中，对您人生的影响一定是很深远的。

徐魁礼：是的。我自从认识焦裕禄以后，就不由自主地向他学，我觉得做人就应该像焦裕禄一样，横竖是活一辈子，总要有点信仰追求，要干点事。

焦裕禄去世以后，我们难过了很长时间。我自己悄悄地不知掉了多少次眼泪。对我来说，焦裕禄就像是我兄长一样，或许其他跟他感情很深的同志也有相同的感觉。我们见面说起他，都很唏嘘，有着说不尽的悲痛和惋惜。焦裕禄虽然离开了我们，但是他的精神一直激励着我，在以后的工作中，我一直以焦裕禄为标杆，无论干什么，都会想到：如果是焦主任，这件事会怎么做，他的精神一直激励着我不断前行。1971 年，我调到六金工车间工作，这一干就是十几年。1984 年，六金工车间改成了平炉组装一分厂，我任分厂党委副书记兼工会主席。后来中央下了一个文件，党委领导班子成员不能兼任工会主席，后来我就专职任工会主席，协助厂长、党委书记维护好工人的合法权益，调动职工积极性。当时我们的客观条件比较好，好在哪里呢？具体体现在改制之后节约下来的"虚头"。

"虚头"是什么？在计划经济时代，不管是动能、废品率、材料成本这些东西都是靠计划来划拨的，其中包含有"虚头"，这些"虚头"在计划体制下是节约不出来的。我们搞承包制以后，在保证质量的前提下，在尽可能压缩成本上做了很多探索。比如降低多少消耗，节约出多少动能、煤气、电、水，这些为工厂节约出来的"虚头"，工厂相应地会给我们奖励一些福利基金。我们在那个年代就拿到了100 万元的福利基金。这个钱怎么花？我当时在工会，我的本职工作就是要考虑职工的利益，要给职工办实事。我就跟分厂厂长商量了一个方案，后来得到了总厂厂长的支持。这个方案包含很多项目，后来都得到了批准。其中包含：建设一个茶水房，给工人供应茶水；建设一个洗衣房，给工人洗工作服；建设一个夜班休息宿舍，这样夜里 12 点下了班以后，住得远的就没必要往家里赶了，下了班就在这儿洗洗澡休息，睡一觉第二天早晨可以继续上班；我们还建了理发店、修鞋店；还扩建了澡堂子；建设了一个 300 多人的女工休息室……这些建设竣工以后，我们一分厂的福利位列全厂第一。这些做起来也不容易，都有一定的难度，但最终的结果是方便了工人的生活，改善了工人生活条件，确实都很有必要。焦裕禄的精神一直鼓励着我，我也一直努力向他学习，尽管有些东西我学不来。但是在我力所能及的范围内，我会尽我的全力，即使做不了什么大事，但只要能把该做的事情做好，就对得起焦裕禄老主任了。

说起来，焦裕禄不光影响了我们个人的人生，也给洛阳矿山机器厂留下了宝贵的精神财富。我 1995 年退休，退休后，我还经常回洛矿——现在的中信重工看看。以前一进厂就听见机器轰轰隆隆响，现在再进中信重工，非常安静，这说明机械化程度提高了。当年，我们研制提升机，在那个时代的中国算是个了不起的成就。今天，中信重工已经研制成功了世界上规格最大、技术最先进的 1.85 万吨油压机，600 吨级钢锭在它"手里"也不过像揉面团一样简单，正负误差不超过 2 毫米。有了这样的国之重器，我们国家的石化、国防等领域就能铸造超大工件，不再受制于人。

岳会敏："焦裕禄是哈尔滨工业大学杰出校友，我们更要传承弘扬好焦裕禄精神"

岳会敏，1978 年生，湖北人，毕业于哈尔滨工业大学，现任哈尔滨工业大学党委宣传部常务副部长、党委教师工作部部长、政策研究室主任。

采访组：请您介绍一下，焦裕禄同志到哈尔滨工业大学属于什么性质的进修学习？

岳会敏：1954 年 8 月，全国从工业农业战线抽调一批干部到哈尔滨工业大学深造，焦裕禄受河南省委派遣，于 1954 年 8 月到哈尔滨工业大学（以下简称哈工大）工农速成中学班学习。这是新中国成立初期国家大力提倡的提高工农干部文化的一种正规教育渠道。它"招收参加革命或产业劳动一定时期之优秀的工农干部及工人，施以中等程度的文化科学基本知识的教育，使其能升入高等学校继续深造，培养为新中国的各种高级建设人才"。

采访组：请您介绍一下焦裕禄在哈工大刻苦读书和学习生活的情况。

岳会敏：1954 年 8 月，焦裕禄和王铭伦、周锡禄等 5 人作为调干生，被选派到了哈尔滨工业大学。而焦裕禄同志当时只有小学文化，他所面临的学习压力是很大的。

入学不久，学校向他们传达了调干生的教学计划，就是先学习中学课程，在达到高中文化程度以后再编入大学本科学习。学校为他们制订了专门的学习计划，安排了专门的老师辅导。

焦裕禄等几个工农干部之前文化基础都比较薄弱，领来一大摞初中、高中教材，感觉像看天书一样。

焦裕禄和同学们白天上课，晚上自习，常常挑灯夜战。他们每天除了睡觉，就是学习，白天上课，晚上也学习到很晚。即使晚上宿舍熄灯了，也要打着手电筒继续讨论钻研数学题目。

焦裕禄争分夺秒地看书，如饥似渴地查阅资料，经常夹着作业本跑到全日制在校生宿舍去学习请教。他越学越起劲儿，成绩也越来越好。有的题实在解不开，就直接去找老师解疑释惑。哈工大的老师们也总是耐心辅导与讲解。

1955 年 3 月，焦裕禄服从组织上的决定，回到洛阳。虽然只在哈工大学习生活了半年多，但焦裕禄学习了丰富的机电专业知识，后来还主持研制成功全国首台多绳摩擦式提升机。

采访组：目前咱们哈工大博物馆焦裕禄同志的资料保存得完好吗？下一步针对传承和弘扬焦裕禄精神有哪些规划和署？

岳会敏：2006 年，哈工大博物馆筹建期间，学校派专人到兰考县搜集焦裕禄的先进事迹和遗物，作为展陈的重要内容。

哈工大博物馆专门设置了焦裕禄陈列区。展柜里有两幅照片，是焦裕禄当时穿过的衣服和鞋子，上面"千疮百孔"，打满了补丁，还有一份他当时的手稿，工整地记载着当年的工作报告。2022 年 4 月，位于哈尔滨中央大街黄金地段的哈工大中心面向社会公众开放，专门设置了焦裕禄展区，通过视频、展板、讲解等多种形式，让更多社会公众了解焦裕禄精神。

下一步，我们将继续努力收集、寻找原始资料，到博山、洛阳、尉氏、兰考等有焦裕禄纪念馆的地方去现场学习调研，同时争取能复制一些相关兄弟展馆有关焦裕禄同志的成长历程、革命经历、先进事迹、辉煌成就等资料，来充实和完善哈工大博物馆展陈，邀请焦裕禄精神宣讲团来校宣讲，组织开展焦裕禄精神主题研学交流，拍摄"焦裕禄与哈工大"专题纪录片，让"亲民爱民、艰苦奋斗、科学求实、迎难而上、无私奉献"的焦裕禄精神在新时代不断发扬光大。

焦裕禄同志是哈工大杰出校友。哈工大的校风学风深深影响了焦裕禄同志的一生，同时焦裕禄精神也影响了一代又一代哈工大人。

多年来，哈工大将焦裕禄校友的事迹和焦裕禄精神融入办学的方方面面。从开学典礼到毕业典礼，从校党委书记为新生上的"开学第一课"到哈工大研究生支教团、选调生出征，从党员干部培训到新教工培训、教职工理论学习……从学校领导到党员领导干部，从思政课教师到专业教师对学生的培养，焦裕禄的故事都是哈工大育人育才最生动的范例。哈工大人也始终在用自己的方式传承焦裕禄精神，并赋予其丰富的时代内涵。

像焦裕禄一样艰苦奋斗、无私奉献，为党和人民事业鞠躬尽瘁，哈工大人扎根东北、爱国奉献、艰苦创业，将红色基因一代代传承赓续、优良传统一代代薪火相传、家国情怀一代代发扬光大，厚积薄发、行稳致远，培育凝聚了一代代哈工大"八百壮士"，筑牢了东北人才高地，为党和人民作出了重要贡献。

于文状："焦主任勇于担当、勤学苦练、关心同志"

于文状，1934年生，1955年在大连起重机厂计划科工作，曾与焦裕禄共事。1993年退休。

采访组：于老，您好！焦裕禄同志是1955年3月到大连起重机器厂做实习主任的，您当时和他在一起工作，您还记得他当时刚到厂里的情况吗？

于文状：焦裕禄主任是1955年被组织上安排到大连起重机器厂机械车间任见习车间主任的。入厂第一天，他就谦虚地对大家说：组织上安排他来大连，是来学习企业管理和生产知识的。

见习车间主任刚到厂里，一般来说就在车间看看车间领导现在是怎么干的，好好看一看，学一学，记一记就行了，没必要担什么责任，做什么具体工作。但是焦主任的态度大不相同，他和现任的机械车间领导、车间主任、技师在一块共同商量：他要参与到生产第一线的工作当中去，全面担负起管理职责。我们车间把这个情况报了上去，厂里经过研究决定：在现车间领导的指导下，见习车间主任焦裕禄负责监督车间生产第一线的具体管理、带动工作，日常了解生产情况，向厂部汇报工作，主持生产会议。

焦裕禄的这个举动，当时我们都不太理解。一般来说，人都有惰性，很少有人愿意在自己岗位之外还揽那么多工作，还要负那么大责任。现在看来，焦裕禄是具有一种精神的，即迎难而上、勇于挑战、敢于担当的精神。如果没有这种精神，我们都往后缩、往后退，我们的事业就不可能发展。

采访组：刚到机械车间，焦裕禄同志是如何开展工作的？

于文状：焦主任自从主动请缨，接受任务以后，负责管理全车间生产的第一线工作。当时机械车间下边有机关行政管理办公室，有车间主任办公室、技师室、图书室、设计室、计划调度室，这些办公室都位于行政办公楼里，和车间有一段距离。焦主任上班第一天做的第一件事，就是把办公地点从行政办公楼搬到车间来。

他在车间东北角的一个小板房里，用长条板凳加木板搭了一个很简朴的桌子作为办公台，这样他平时可以填个表，写个字。每天上班，他把衣服往小板房里一挂，就到车间来了，在第一线和工人群众、计划调度人员并肩工作。那时我感觉到，焦主任和我们是一个命运共同体。

采访组：最初接触生产实践，焦裕禄同志对工作有没有吃力的地方？

于文状：一开始是有吃力的地方。因为焦主任原来是地方干部，没搞过工业。所以他到我们车间当见习主任确实难度很大。他去哈尔滨学习了理论知识，但真正接触到实际工作，对机械操作这些程

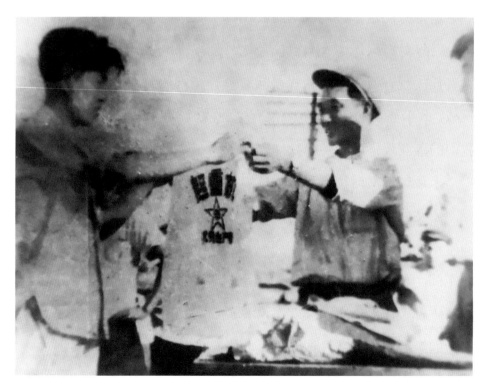

★　这是焦裕禄（右）为原大连起重机器厂先进生产者颁奖。

新华社发

序是比较生疏的，困难很大。但是困难吓不倒焦裕禄，他以惊人的速度进入角色，生产工作安排得井井有条。

焦主任每天来得都很早，8点钟上班，他6点半以前基本都到了。来到车间，他把各个机床都巡视一遍，走一圈，查看一下前一天的生产进度，看看加工的零部件运作到什么程度了，整体有一个了解。

针对加工任务，焦主任在把计划安排妥当之后，能不能按期完成，现在完成到什么程度，他都会反复和我们了解、促进、把握关键环节，在保质保量的基础上进一步加快进度。

采访组：在您看来，焦裕禄为什么能在短时间内就适应环境，把工作干得这么出色？

于文状：关于这个问题，我问过他："焦主任，你工作干得那么好，有什么窍门？"

他说："搞好工作最重要的是多学习。"

确实，焦裕禄有一种刻苦钻研、精益求精的精神。无论遇到什么事，哪一项工作，他都追求完美，努力学懂弄通。他的小板房办公室里有四部毛主席著作，遇到什么问题了，他就从书中找答案。《矛盾论》《实践论》他都看得非常熟。因为有了毛泽东思想的宏观指导，再加上他头脑聪明，刻苦好学，在哈尔滨工业大学又学到了丰富的工业理论知识，所以对工作上的问题理解得也很快。

再有就是，焦主任虚心向工人群众学习和请教。每天，他基本上不到机关干部那个办公室去，除了在他自己那个时候简陋的办公室以外，他就是到车间去，到每个机床的工人身边去，向他们请教机械知识，熟悉操作流程。工人进行操作的时候，他就认真看，仔细学；机床自行运转，工人站在一边等候的时候，或者生产间隙休息的时候，焦裕禄就会向他们虚心请教，询问技术指标、机床的性能、供料等问题。每个工人他都问，都认真学，工人见他态度如此诚恳谦虚，也都倾囊相授。

焦裕禄常常捧着图纸一件一件地识别零部件，帮助工人清洗机床，观察工人操作，与调度员一起去班组安排生产、检查进度，与计划员形影不离，认真学习调度和计划工作。他还从当时的厂长手中借来《关于车间作业计划》一书，利用业余时间刻苦学习研究。他白天在车间向工人学习实际操作，晚上还到工厂独身宿舍向管理人员请教理论，很晚才回家。在很短的时间内，焦裕禄就比较熟练地掌握了车间的整个工作流程和技术要点。焦裕禄反复研究工序怎么操作，怎么运转，怎么优化，图纸怎么看……通过勤学苦练，到大连仅半年时间，焦裕禄便掌握了通常需要三年才能掌握的企业管理知识，由"门外汉"变成了行家里手，成为了一名优秀的工业干部。在焦裕禄的影响下，我认识到了学习的重要性。我和调度组组长一起通过读书学习，思想觉悟不断提高。半年后，我加入了中国共产党。

采访组：关于您的入党，焦裕禄同志是否也给予您很多帮助和支持？

于文状：是的。焦主任很关心我的成长和进步，他比我大11岁，

154

他是 1922 年出生的，我是 1933 年出生的。当时我在申请入党，他经常关心我，帮助我，嘱咐我从政治上如何严格要求自己，怎样认真工作，任劳任怨，积极努力，做一个合格的共产党员，为党的事业奋斗。

他经常嘱咐我，一定要认真地学习毛主席的著作，听毛主席的话，要好好学习《实践论》《矛盾论》等著作。无论工作上还是思想上遇到什么样的问题，都应该先从思想上树立正确的方向，再寻找有效的方法去解决。我成为预备党员之后，他告诉我做预备党员怎么做，在各方面提醒我，帮助我进步。

我还很清楚地记得，在焦主任要离开大连时，他还嘱咐我说："你现在已经入了党，但入党不是目的，这仅仅是改造思想的开始，今后的重要方向在于学习，干好工作，为国家建设做贡献。"

采访组：在思想上，焦裕禄同志很关心年轻人，请您再讲讲，在工作和生活上，他有哪些关心同志的事例？

于文状：我了解一件事情：厂里给焦裕禄安排的住处离职工宿舍不远，就隔了一条街。在星期日休息时间，他经常到职工宿舍去串门，和他们聊天，拉家常。在聊天中他得知，有两位青年工人结婚以后，因为没有房子，只得还分别住在男女职工宿舍里，没法住在一起。他听说以后，就回家做家属的工作，把分给自己隔壁的一间卧室腾出来，请这对工人夫妇去住。当时焦裕禄和他爱人还有 2 个女儿和他一起住，腾出房子以后，他们 4 口人就挤在一间小屋里。

自何年月	至何年月	在何地何機關（團體）任何職務	証明人及其現址
1946.3	1946.6	山東省博山縣第五区武装干事	崔念文 博山縣委
1946.6	1946.9	渤海区土政策查工作队与队长	于执声 现在洛阳矿山机器厂
1946.9	1946.12	鲁中南干部队三班长	于执声
1947.1	1948.8	中共河南尉氏彭乡委会宣传干事	续凯 河南美州现仕委员
1948.8	1949.8	河南尉氏彭大营区付区长	赵仲三 洛阳矿山机器厂办公室主任
1949.8	1950.3	河南尉氏彭大营区委付书兼区长	赵仲三 同上
1950.3	1951.7	团河南尉氏縣委付书记	赵仲三 同上
1951.7	1952.7	团陈留地委宣传部长	孔山东 现团河南省委组织部长
1952.7	1952.12	团郑州地委宣传部长	孔山东 同上
1952.12	1953.6	团郑州地委第二副书记	孔山东 同上
1953.6	1955.2	洛阳矿山机器厂基建科付科长	叶机 现洛阳矿山机器厂人事科长
1955.3	56.12.12 至今	大连起重机器厂机械車间代培主任	

備	拖代培今月在起重机器厂代培二年
致	
填表說明	1．此表一律用毛筆或鋼筆塡寫（寫正楷內容要眞實）。 2．表內之年月日一律用公曆。 3．經歷欄的部門及職務應寫全稱不得簡略。 4．此表應由本人塡寫後簽名或蓋章，特殊情況，可由主管機關負責代塡後蓋章。 5．本人成份與家庭出身係指參加革命前的情況而言，一律按照政務院頒佈的「關於劃分農村階級成份的決定」確定本人的出身和成份。但參加革命前如係學生，本人成份一欄仍可寫「學生」。

填表日期 1955 年 8 月 10 日　填表人（簽名或蓋章）焦裕祿　審核機關（蓋章）

★　这是焦裕禄来到大连起重机器厂后，亲笔书写的履历表。

新华社发

156

其实，这对小夫妻并不是机械车间的，是金工车间的，按理说焦裕禄没必要管这个事儿。但他这个人格局很大，他对困难职工的关心并不局限于自己的车间。

再讲一个我自己亲身经历的事情吧。

我是计划调度员，其中有一台吊车的生产任务是最后一天，任务也已经完成，我第二天就要上报厂部。那天 5 点钟下班的时候，焦主任叫我："文状，你过来一趟！"我跑过去，他问我："这台车明天要上报任务完成，现在完成了对吧？"我说："全部完成了，焦主任，请放心。"

他说："你把那个计划拿来，咱们俩对一下。"

★　这是焦裕禄（前排左三）和原大连起重机器厂职工的合影。

新华社发

157

结果我们俩对来对去，发现少了一个大齿轮。这台车是特种车，它的齿轮是个特殊零件，其他一般车都没有这种类型的齿轮。

我一下就懵了，我说："我的天！这个事我还真给忘了"。

"这个齿轮没加工，明天交任务，怎么办？"他说。

这个失误如果处理不好影响会非常大，机械车间是全厂的心脏，机械车间如果完不成任务，全厂都完成不了。在焦裕禄没来之前，我们车间任务完成率不高，虽然不是每个月都完成不了任务，但基本上到完成任务的时候都会遇到一些麻烦、疏漏。但在焦主任工作这两年，一次疏漏都没有。我这个失误，等于也把焦主任完美的经历给破坏了。我当时非常懊恼。

焦主任没有批评我，也没有责备我，他拍拍我的肩膀说："文状，你不要惊慌。你放心，没事。这个责任是我的，是我的失职。"

我听了这话，非常感动。我从来没遇到过这样的干部，我出了问题，他先主动承担责任。我本来非常紧张的心情也放松了些。我想，焦主任真好，起码是他和我一起承担责任。

接下来，焦主任说："你看咱们加班能不能把这个零件赶出来？"

我找来两个搬运工，到废品仓库去看看有没有半成品。结果很幸运，我发现一个大毛坯齿轮在那放着，正好可以当作这个齿轮的材料。我让搬运工弄来一辆车，把大毛坯齿轮推到车间里去。经过5道工序的加工，一夜的奋战，这个齿轮终于加工出来了，而且完全符合规格。我们车间全面完成了生产任务，生产进度没受到任何影响。

刘俊生："焦裕禄在兰考为我们树立起了精神、干劲、决心、道路"

刘俊生，原兰考县委宣传干事，后任兰考县委宣传部副部长，一直致力于宣传焦裕禄精神。曾跟随焦裕禄下乡查"三害"，焦裕禄在兰考仅存的 4 张照片即为刘俊生拍摄。较早参与报道了焦裕禄的事迹。先后写了上百篇稿件，拍了数万幅照片，分别发表在《人民日报》等全国报刊上。2021 年 3 月 15 日 11 点 10 分病故，享年 88 岁。

焦玉星：刘老，请您简单介绍一下自己。

刘俊生：我叫刘俊生，焦裕禄在的时候，做县委的宣传干事，后来任宣传部副部长。

采访组：您和焦裕禄是怎么认识的？怎么一起工作的？您是离他比较近的人，见证了很多重要的事情，我们想听您讲讲这些故事，再次受一下教育。

刘俊生：焦裕禄是 1962 年 12 月 6 日来兰考报到的，当时焦裕禄参加了县委正在开着的三级干部会，我也参加了。当时没有调走的县委书记也参加这个会了，他介绍了焦裕禄的情况：今天，上级党组织又给我们派来一位新书记，这位新书记叫焦裕禄，今天跟大家见见面。焦裕禄当时很谦虚，跟大家打了招呼，参会的同志都想听听焦裕禄的见解，不住地鼓掌。焦裕禄没有发表过多的讲话，他说：我刚到兰考，什么情况也不了解，今天就和大家一起来开会，今后见面的机会多了，谈话的时间还长着呢，今天就不说了。当时给我的印象是焦裕禄说话很平易近人，穿戴很朴素，我对焦裕禄有一个非常好的印象。这是焦裕禄刚到兰考时候我的感觉。第二天，他去当时的城关公社开会，我也一起去了，他坐在会场听取大队同志们的发言。后来，穆青来采访焦裕禄事迹的时候，当时我也在县委工作，他让我谈了焦裕禄在兰考工作的情况，我就把这些情况向穆青做了汇报，后来穆青的长篇通讯发表了以后，我看到通讯描述：

焦裕禄到兰考后第二天就到群众中去了解情况。实际上，焦裕禄是当天开完会后，就打包行李，推着自行车下乡去了，这是实际情况。

给我印象最深的，就是他有魄力有远见，深入到群众之中去，调查群众，了解实际情况，同时从群众中发现问题，把群众意志变成他自己的意志，再去启发群众，团结群众，带领群众一块儿来除"三害"，这就是"从群众中来，到群众中去"。焦裕禄好的工作方法，也很快使兰考局面发生改变，这一点说明焦裕禄很有能力，有远见。他不是一般同志做了一件好事，他能从自己的工作中，从群众的实践中，把问题总结出来，能够带领群众把兰考的局面很快地打开。

采访组：当时焦裕禄书记下乡，你经常跟着，请你讲讲下乡过

★　在一个风雪之夜，焦裕禄带领县委委员来到兰考车站，面对被灾荒逼得背井离乡的同胞，意识到必须要领导群众，战胜灾害，改变兰考面貌（漫画）。

新华社发，黎冰鸿作

程当中一些记忆深刻的故事。

刘俊生：可以看到，焦裕禄不是一般的领导。我跟他一块儿去徐红庄，这是毛主席第一次来兰考视察的地方，这里有一位老贫农，叫孙玉堂，没有穿衣服，身上裹着棉被。

焦裕禄问他："为什么不穿衣服？"

他说："我没有衣服，披着盖衣（被子）就可以过冬，把救济我的东西，发给其他的劳苦大众吧。"

焦裕禄听后很感动，说："你的精神很好，给国家节省了资源，自己能过得去就过得去，不给国家找麻烦，骨头硬！"

老人说："我的骨头硬，还是不如俺队长骨头硬。"

焦裕禄问："他怎么比你骨头还硬了？"

老人说："俺队长家几年都没有冬衣了，救济他也不要，他在街上捡到40多块钱，等了失主12天，原封不动地还给失主。"

焦裕禄一听，生活这么困难，拾到的钱也没要，就在大会上表扬了他，号召大家都学习他这种精神。后来，兰考出现了很多这样的队长。这就说明焦裕禄善于发现、总结、宣扬这些好的精神，让兰考人民敢于和困难作斗争。焦裕禄在大会上讲过：有困难不要怕，困难是死的，人是活的，只有人能克服困难，困难压不倒人，困难就像弹簧，看你强不强，你强它就弱，你弱它就强。这就是习近平总书记总结的焦裕禄精神当中的"迎难而上"。在兰考那样困难的情况下，焦裕禄能把群众团结起来，带领大家一块儿干，这是很难得的。

采访组：请您再讲讲"秦寨的决心"是怎么回事？

刘俊生：秦寨这个大队，是我们县最困难的一个大队，因为它是一个盐碱地，当年发大水的时候黄河水把地都淹了，淹了以后就被盐碱化了，好地都变成盐碱地了，但是底下一二尺都是好地，只有上边是盐碱地。群众把下边的土翻到上边来，庄稼就可以生长得很好，焦裕禄看到了这种情况，就说秦寨决心很大，我们就要用这种翻淤压碱的办法治理土壤，焦裕禄让我写一篇报道，给河南日报社发去。让大家向秦寨学习，也在兰考树立了一面旗帜。

采访组："赵垛楼的干劲"是怎么来的？

刘俊生：赵垛楼也是焦裕禄树立的"四面红旗"之一，主要的问题是内涝，焦裕禄说要是能把水疏通就解决问题了，需要挖沟的就挖沟，能向南流的就向南流，不能向南流的就向西流，这样水的问题就解决了，赵垛楼就可以发展了。后来群众都听了焦裕禄的建议，都挖沟排涝，经过两三个月的苦干，赵垛楼的沟挖好了，小沟通大沟，大沟通河流，沟沟相通，沟渠相连，后来8月份连续下了几天雨，结果是天上下着，地上流着，下完了也就流干了，地面就像洗了个澡一样。1963年9月份，赵垛楼也丰收了，焦裕禄非常高兴，骑着自行车在赵垛楼见到蹲点时候的老乡，他拿了一把豆子问："你看这是啥？"

老乡说："这不是豆子吗？"

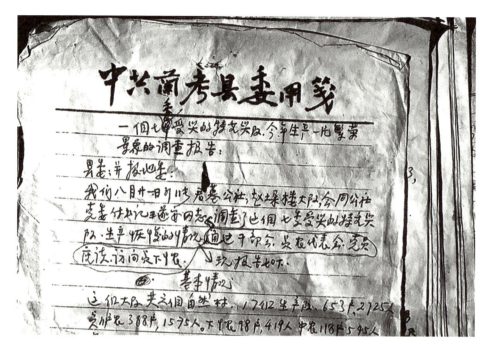

★ 这是焦裕禄同志用椅子腿顶着肝部、忍着剧烈肝痛写成的总结赵垛楼生产斗争经验的调查报告。

新华社发

焦裕禄说："不是，这是赵垛楼的干劲！"

采访组：很形象的说法。还有一个"双杨树的道路"，焦书记是怎么说的？

刘俊生：双杨树原来也是一个很穷的地方，1963年8月，连续下雨，麦子还没有种，毛主席说让自力更生，群众都自发地解决困难，把麦子种上了，种得很好，还超额完成了任务，焦裕禄表扬说，这个队心很齐，麦子种好了，生产队搞得也很好，焦裕禄让发通告表扬，还立他们为典型，他们在兰考最困难的时候，齐心协力克服困难，团结一心。焦裕禄把他们立为典型，称为"双杨树的道路"。

采访组：还有韩村精神，也是硬骨头精神是不是？您再说一说是怎么回事吧，怎么发现的这个典型？

刘俊生：对。韩村这个地方"三害"俱全，风沙内涝盐碱，到处都是兔子窝，群众就说靠草来起家，草可以喂牲口。焦裕禄让我领着河南日报社的领导去韩村看看，他说：韩村就是活生生的南泥湾精神，如果都有韩村的精神，不愁面貌改变不了。当时他的口音有点重，有的群众听不懂，他就通过变戏法把道理变成很朴素的东西让群众理解。韩村的精神就是割草卖草，来换口粮，吃苦肯干，慢慢地形成了一种精神——韩村精神。包括韩村精神在内，当时焦裕禄树立的"四面红旗"在兰考喊得很响。

采访组：就是说，焦裕禄来到兰考面临那么多的困难，在找寻兰考发展道路的过程当中，他不断地发现典型，来激励群众，在选树典型的过程中，最后确定了您说的这四面红旗，焦裕禄书记是怎么把它们连起来说的？

刘俊生：先是韩村的精神，再是秦寨的决心，赵垛楼的干劲，双杨树的道路。精神、干劲、决心、道路，这四个方面就都有了。焦裕禄还把他们大队长请到劳模会上去表彰。在最困难的时候，焦裕禄能够大树红旗，振奋大家的精神，改变大家的精神面貌，这是很了不得的。

采访组：我们看到您讲述当年那个相机和照片的故事，觉得很生动，请您再给我们讲一些具体的细节。

刘俊生：相机，展览馆已经拿走了，给焦裕禄照相不够多，只拍了4张照片，焦裕禄在兰考的照片很少，这是我一生最遗憾的事。这4张照片当中，其中3张是我偷拍的，只有一张是经过他同意给他拍下来的，照片很珍贵。

照片为什么少呢？因为当年焦裕禄看到群众的疾苦，心里很难过，便不让过多地宣传自己，所以我跟他下乡的时候，他都拒绝我给他拍照。后来，我给他拍这4张照片的时候，也就是1963年的9月，那时他让我跟他一起下乡，我当时想，焦书记平时不让我给他照相，但今天特地通知我让带着相机，带够胶卷，所以我今天一定要想办法给他拍张照片，哪怕是偷着也得给他拍几张。当时看到焦裕禄跟社员一起劳动，我就趁着焦裕禄不注意的时候，给他拍下了他拿着锄头在地里劳动时的照片，拍完后他没有发现，随后他又来到花生地边拔草边看花生生长情况，这时候旁边站着不少人，我又通过人与人之间的空隙给他拍了一张。后来他又来到他种植泡桐的地方，看到泡桐都成活了，旺盛地生长着，他充满希望地说："三五年就会起到防风护沙的作用，十年以后这里将会变成一片林海。"他走向泡桐树，我趁他不注意，又给他拍了一张，这就是流传到今天的他在泡桐树前的照片，这张已经成为一个经典了。后来长篇通讯发表了之后，穆青要焦裕禄在兰考的照片，我又把这几张照片给他送去了。说实话，我当时对这张照片也不满意，披着衣服，连个帽子

★　这是焦裕禄当年满怀豪情地在泡桐树前留影。

新华社 1990 年 5 月 10 日发

也没戴，还掐着腰，不像个县委书记的样子，但是这是仅存的几张照片，后来就送到北京了。穆青一看，说这张照片太好了，后来在报纸头版发布了，变成了经典，大家都在用，不光是报纸用，电视台也用，展馆也用，后来还获奖了。

采访组：我记得您以前讲过这样一段话，您每次出去总想给焦书记拍些照片，可是每次镜头对准他的时候，他不是摆摆手就是扭扭头，就是不让给他拍，您就问：焦书记，你每次下乡都让我带着相机，我能给你拍几张照片吗？然后焦书记和您说了一段话，请您把这一段再讲一讲。

刘俊生：对，就是这种情况，他不愿意过多地宣扬自己，镜头对准他时，他不是摆摆手就是扭扭头，不让给他照，说要照去给群众照，不要给我照，所以后来我就把镜头转移了，经常给群众拍照片，拍了上千张群众治"三害"的照片，给焦裕禄就拍了4张。当时想给焦书记多拍些照片，有好多时候都想给他拍，但是都被他拒绝了，我就问焦书记：你每次下乡都让我带上相机，可是每次把镜头对准你的时候你都不让拍，为什么？他说：群众劳动很辛苦，多给群众拍些照片，群众会非常高兴，给我拍有啥用啊？我也因此将镜头转向了群众，既然他不让照，就不要过多地影响他的情绪了。后来有人问说为什么只给焦裕禄拍了这么几张照片啊？我说能拍这几张已经很不容易了，焦裕禄都是拒绝给他拍照的，所以这个心情也希望你们理解。

采访组：我们很理解，也很感谢您，虽然照片很少，但是您把焦书记最经典的形象都留下来了，特别是您也是个有心人，在焦书记不让拍照的情况下，利用一切机会抓拍了 3 张照片，留下了 4 张珍贵的照片，特别是这张经典的照片。您记录的这个瞬间也是兰考发展过程中很重要的一个瞬间，就冲这张照片也要衷心感谢您，感谢您当时的记录，我们要向您学习。您当时是在县委办公室任新闻干事，在您经历过的一些县委开会的场景里，您认为值得说道的地方，能给我们讲一讲吗？

刘俊生：让我印象最深的是，当时兰考非常困难，群众的情绪很低落，如何能够在群众情绪不好的情况下，带领群众走出困境，是很不容易的。在一次开大会时，焦裕禄一上台，就讲：同志们，现在形势大好，省委在给我们指引道路，报社在给我们鸣锣开道，省市机关干部都在为我们摇旗呐喊，我们还有什么理由干不好？一下子鼓舞了大家的气势。

采访组：原先通讯里有一句话说，下着大雨的时候，一般人都是往屋里跑，而焦裕禄是往门外跑，请您讲一讲这方面的事情。

刘俊生：这些我也亲身经历了，焦裕禄下大雨时往外跑，说这场雨下得好，一下雨遍地积水，咱们可以顺着水的走势观察水的流向，哪里高哪里低，可以看得清清楚楚，省去了专家的勘测。焦裕禄这种乐观的精神也影响了身边的人。

采访组：他用一些土办法解决了很多大问题，比如他讲过："在漫天大雪的时候，我们不能关在办公室里烤火，这个时候群众是最需要我们的时候。"您讲讲这一段吧。

刘俊生：实际上，原来的情况是这样的，1963年12月9日，那天正下雪，焦裕禄看到雪越下越大，感到这场雪会给群众带来很多麻烦。焦裕禄把我叫来，说："我说你记，现在以县委的名义下一个紧急通知。"我一条一条地记下了他说的话，然后赶紧去下这个通知，焦裕禄回到了他的办公室，通过电话了解各个公社的情况。过了一晚，第二天天一亮，他召开紧急会议，会上说："同志们，现在雪越下越大，在大雪封门的时候，我们不能坐在办公室里烤火，我们应该到群众中去，在群众最困难的时候，给群众解决实际问题。"

采访组：您讲一讲他到双目失明的老大娘家中去的故事吧，或者是您跟随下乡时，焦裕禄跟群众之间的一些令您印象深刻的故事。

刘俊生：这件事我跟着去了，在梁俊才家中，当地的干部介绍焦裕禄说这是县委来的干部，大娘说：这是县委的大官啊？焦裕禄说：不是，我是毛主席派来看望您的。老大娘让家人弄来柴火让焦裕禄烤火，焦裕禄不让，他知道那时候柴火很缺，他体谅群众的辛苦。

采访组：您也去过焦裕禄的老家，请简单谈一谈对焦裕禄家乡的印象，对焦裕禄家乡的人说几句话。

刘俊生：感谢山东的党组织为我们培养了一个好书记，焦裕禄确实在兰考人民的心目中留下了很深的印记，在全国人民心目中留下了不可磨灭的印记，山东的同志也给我留下了美好的印象。

一面飘扬了半个世纪的旗帜

——写在焦裕禄逝世 45 周年之际

2013 年 5 月 14 日，是焦裕禄逝世 45 周年纪念日。河南省在焦裕禄生前工作过的兰考县举行纪念活动。肃穆的兰考县焦裕禄纪念园，来自四面八方、各行各业的人们会聚于此，追忆党的好干部、人民的好儿子——焦裕禄的事迹，缅怀他的精神。

焦裕禄，这位以艰苦奋斗、全心全意为人民服务而闻名全国的已故模范人物，他的事迹穿越近半个世纪的时空，在目前全国上下深入开展学习实践科学发展观活动和迎接新中国成立 60 周年到来之际，再次在社会各界引起强烈共鸣。

"焦书记，俺来看您啦"

千百年来，黄河多次在兰考县境内决口改道，形成出了名的"三害"：风沙、盐碱、内涝。直到新中国成立后的很长一段时间，这个县的粮食亩产仅有一百来斤，人们食不果腹、苦难深重。

20世纪60年代初，焦裕禄担任兰考县委书记。他拖着患有肝病的身体，带领全县人民同严酷的自然灾害作斗争。即使病痛发作甚至直不起腰，他仍身先士卒、以身作则，最终病死在工作岗位上。临终前，他对组织上提出的唯一要求就是："把我运回兰考，埋在沙堆上。活着，我没有治好沙丘；死了，也要看着你们把沙丘治好。"

松柏苍翠、柳丝低垂，两米多高的汉白玉纪念碑庄严肃穆。从松柏中拾级而上，已有大批的祭奠群众将焦裕禄墓团团围住，大家自觉地绕着汉白玉石棺凭吊。

一位步履蹒跚的老人眼含泪花，用颤抖的声音喊道："焦书记，俺来看您啦！"这一幕深深打动了在场的人们，迈上阶梯的脚步加快了，绕着石棺的停步了，准备离开的留步了……

焦裕禄去世后，其事迹经过媒体报道，随即引起巨大反响，他也因此成为家喻户晓的人物、党员干部的好榜样。他那种艰苦奋斗、开拓进取、全心全意为人民服务的作风被称为"焦裕禄精神"。

45年来，人们对焦裕禄的怀念一直没有停止。据焦裕禄纪念园管理处副主任张继焦介绍，从全国各地甚至国外来焦园参观的每年都有近40万人次。每到6月新麦收获时，就有农民从家里带来新蒸的白面馒头，摆在焦裕禄墓前；而当地一些上了年纪的人一提起焦裕禄，依然亲切地称之为"老焦"。

兰考县葡萄架乡农民王洪伟说："群众无论是过上了好日子，还是有了困难，都会想起'老焦'。在兰考人心目中，'老焦'并没有死。"

"焦裕禄是个标杆，我们要见贤思齐"

45年来，焦裕禄的事迹和精神影响着一代又一代各级领导干部，成为一面飘扬了近半个世纪的鲜艳旗帜。

在离墓地不远处的纪念馆，人们排起长队参观焦裕禄事迹展，他们中有拄着拐杖的老者、怀抱孩子的妇女、稚气未脱的少儿。透明的展柜里，静静地摆放着焦裕禄生前用过的物品，从生锈的锄头到带着窟窿的布鞋，还有打了42个补丁的被子。睹物思人，观者无言，却禁不住唏嘘不已。

魏治功是焦裕禄之后的第13任兰考县委书记。今年3月9日上任第一天，即带领全县四大班子领导及各单位负责人拜谒焦园。他说："焦裕禄同志是一个很高很高的标杆，我们要见贤思齐。"

焦裕禄并不仅仅是一个战天斗地的英雄。女儿焦守云说，父亲生前能歌善舞、多才多艺，二胡拉得尤其好。"只是到了兰考后，因为环境所限，使得他没有时间、条件和心思来做这些。"

焦守云说，焦裕禄在兰考一共只工作了470多天，但时至今日，

★ 这是 1966 年 2 月 22 日所播发焦裕禄同志冒着风雪严寒去访贫问苦的素描画。

新华社发

从国家领导人到普通百姓，大家仍然怀念他。"我觉得最关键的有两点，就是他始终对党的事业无限忠诚、对人民无限热爱。"

今年 4 月份以来，河南省掀起了学习焦裕禄的热潮，同时决定今后省、市、县三级党委、政府换届时，都要组织新班子到兰考接受教育。

河南省委书记徐光春表示，当前提出要深入学习、大力弘扬焦裕禄精神，很有现实针对性和重要指导性。他说："特别是应对国际金融危机的冲击，更需要像焦裕禄同志一样具有迎难而上、坚忍不拔、敢干敢闯、真抓实干的作风。"

"焦裕禄精神永不过时"

　　来自山东泰山的一家公司经理牛明证每年清明都要前来祭奠焦裕禄。他说，时至今日，焦裕禄的事迹和精神仍能引起全社会的广泛共鸣，一方面说明当前提倡艰苦奋斗、勤俭节约具有现实意义；另一方面更反映了大家对"人民公仆式"干部的呼唤和期待。

　　郑州大学教授、港台人文研究中心主任周文顺表示，在新中国成立60周年之际，焦裕禄带给人们的不仅是感动，还有涉及反腐败、干部作风、党的执政能力建设等一系列问题的连锁思考。

　　"和焦裕禄时代相比，今天的干部不但要同自然灾害作斗争，还要同侵入自己肌体的官僚主义和腐败现象作斗争。从某种意义上说，这种斗争要艰苦得多。"周文顺说。

　　今年76岁的刘俊生是焦裕禄任兰考县委书记时的新闻干事，多年来，一直致力于宣传焦裕禄事迹、弘扬焦裕禄精神。他说，从焦裕禄去世后人民的深切哀悼和纪念，到20世纪90年代人民呼唤焦裕禄，再到21世纪的今天深情缅怀焦裕禄精神，这并非偶然现象。

　　"焦裕禄是一座丰碑，焦裕禄精神像一面旗帜。人民呼唤焦裕禄，是在呼唤我们党一贯同群众血肉相连的好传统，呼唤一切为了人民、一切依靠人民的好作风。"刘俊生说，"虽然45年过去了，这座丰碑依然屹立不倒，这面旗帜也依然在高高飘扬，无论过去、现在还是将来，永不过时。"

　　（新华社2009年郑州5月14日电　新华社记者张兴军、桂娟）

缅怀不朽的身影　铭记永恒的呼唤

——写在焦裕禄同志逝世 50 周年之际

　　50 年，一个猝然远去的瘦弱身影，并没有被岁月阻隔，仍一次次向我们走来，激荡起人们情感的波澜。

　　42 岁，一个匆忙短暂的人生书写，蓦然成为一个时代的杰作，在亿万人心中唤起持久的共鸣。

　　一种生命，可以蕴含怎样的能量；一种精神，能够焕发怎样的光彩——焦裕禄用自己的精彩人生，几代人用不变的坚定追随，给出了一个发人深思的答案。

　　"把泪焦桐成雨"。历史的一幕是这样震撼人心：50 年前，兰考百姓洒泪送别他们的好书记，无数人深受心灵上的洗礼。50年后，一股热流再次在中华大地上涌动：努力做焦裕禄式的好党员、好干部，这是习近平总书记发出的有力号召；学习弘扬焦裕禄精神，成为党正在开展的教育实践活动贯穿始终的一条红线。

几天来，成千上万人在焦裕禄纪念陵园凝神伫足，鞠躬肃穆……不同的时空环境，共同的尊崇敬意，传承了一份深沉的思想情感，更传递着一种强烈的时代呼唤。

岁月如河。50年的时光浪花，足以淘洗去生活中的许多记忆，而沉淀下的必定属于值得珍藏与铭记。"亲民爱民、艰苦奋斗、科学求实、迎难而上、无私奉献"——焦裕禄留给后人的宝贵精神穿越时空，历久弥新。

因为一种精神，人们记住了一个"榜样"：县委书记的榜样——焦裕禄。在他身上，人们看到，一个"心中装着全体人民，唯独没有他自己"的公仆形象，一种"敢教日月换新天"的英雄气概，一种"任何时候都不搞特殊化"的思想境界……归根到底，人们看到，一种叫做"人心"的力量，可以让百姓为之生死相依，让漫漫沙丘变为"千顷澄碧"。

因为一个榜样，社会多了一份坚定的守望。当焦裕禄用那份情怀与高尚升华了自己，也感动了一个时代，照亮了无数人心灵。他让很多人在心中选择了"信念"和"坚守"：在坎坷中依然坚信党的伟大；在艰难中依然看到希望光明；在曲折中依然选择相信未来……这就是榜样的无穷力量，也是一个社会最为深切的期待与呼唤。

星移斗转。50年岁月，多么巨大的时空变化：贫瘠荒凉的沙丘盐碱和不断丰富的物质繁荣，艰辛坎坷的苦苦摸索与活力四射的变革前行……50年后，我们应当从焦裕禄身上找寻怎样的启迪？今天的我们又能给后人留下什么？这些何尝不是摆在我们所有人面前的时代追问！

缅怀中饱含冷静，缅怀才更显价值；纪念中不忘深省，纪念才更加有力！

斯人如磬，当时时叩问为政者心中"民"字的分量。曾经，一幅"莫道百姓可欺，自己也是百姓"的对联，不过是那个时代的"空谷足音"。而一句"我是您的儿子"，则践行着一个共产党人全心全意为人民服务的根本宗旨。毋庸回避，半个世纪潮起潮涌，大浪淘沙。当下，一些党员干部与人民群众的距离越来越远。以"老爷"自居视百姓如草芥者有之，以当官发财为追求大肆贪腐者有之，罔顾群众呼声侵犯合法权益者有之……当心中的"人民"二字被一己之私取代，何谈亲民爱民，更奢言忠诚信仰。

斯人如镜，映照出几多时弊歪风。一张破旧藤椅不损公德威信，一幢豪华大楼反倒会疏远公道人心。以焦裕禄为"镜"，照出当下多少形式主义、官僚主义、享乐主义、奢靡之风的沉疴痼疾。对作风之弊、行为之垢来一次彻底的大清扫，以焦裕禄精神为标杆，认

178

清"为了谁""依靠谁""我是谁",党员干部才能答好群众路线教育实践活动的考题。

万物速朽,而精神永在。全面深化改革的当代中国,正在开启又一次的出发。此刻,我们比任何时候都更接近中华民族伟大复兴的梦想,我们比任何时候都更需要凝心聚力、激浊扬清的精神力量。当舍己为民的公仆情怀、探求就里的求实作风、迎难而上的奋斗精神和廉洁自律的道德情操成为全党的自觉意识和自觉行动,当核心价值观成为全社会的浩荡主流,谁能说,这不是一个民族最为强大、最可倚靠的前行力量!

"绿我涓滴,会它千顷澄碧"。深深扎根于人民群众的丰厚沃土,一个先进政党的执政之树,必定会屹立挺拔、万古长青!

（新华社北京 2014 年 5 月 13 日电 新华社评论员）

榜样
焦裕禄

焦裕禄

1922.8-1964.5

印记·一个县委书记的家风家训

焦裕禄，留给儿女一生回味的家风

2018 年 5 月 14 日，焦裕禄离开已整整 50 年。

5 月的柔风再度吹起，河南兰考的焦家小院里，铺满白色方砖的地面缝隙长出了油油的春草，低低地簇拥着一座红砖红瓦的旧房子。尽管已多年不曾住人，但每年这个时候，焦裕禄的儿女们都分外想念它。

焦家人曾在这里生活了 30 年，父亲的家训一点一滴渗透于子女们的血脉。每次回到这里，大儿子焦国庆都会想起令他羞赧的"看白戏"，为进酱菜厂闹脾气的一幕也如在长女焦守凤眼前，还有收获季节姐弟几个割豆子、拾麦穗的经历，那些都来自值得他们一生回味的父亲。

曾令女儿委屈不满的"家风"如今是她的骄傲

"书记的女儿不能高人一等，只能带头艰苦，不能有任何特殊。"时隔50多年，父亲的话仍回荡在焦守凤耳边，曾令她委屈不满的"家风"如今是她的骄傲。

初中毕业后，焦守凤没能考上高中，兰考几家单位提出为她安排工作，话务员、教师、县委干事……一个个体面的职业让十几岁的姑娘心花怒放，但很快被父亲泼了冷水。

"县里头好地方干部子女不能去，俺爸规定的。"焦守凤清楚记得，父亲把她领到食品厂，还叮嘱厂里不能因为自己的缘故给女儿安排轻便活。秋天里腌咸菜，焦守凤经常要切上一两千斤萝卜，不过她更怵的是辣椒，一天下来手都会烧出泡，晚上疼得睡不着，只能在冷水里冰着。

"那时候我对父亲很有意见，认为对我不公平。"焦守凤生了很长时间的闷气，对父亲的理解从他去世才真正开始。

1964年，当焦裕禄病重不起，5个弟弟妹妹还小，19岁的焦守凤被叫到了病床前。

"他说没为我安排个好工作，死后也没什么留给我的，只有一块伴他多年的手表当作纪念。"让焦守凤更铭记在心的是，父亲要求，有困难不能向组织伸手。

这个嘱托让她的母亲徐俊雅吃了很多苦。在很长一段日子里，一家老小全靠徐俊雅每月50多元的工资和13元补助生活，兰考的焦家小院里常年摆满破布和旧衣裳，浆洗后缝补成保暖的衣装。

身为县委书记，焦裕禄几乎没留下什么遗产。即便活着的时候，有着不算低的工资，可他周济东家贴补西家，也没带给孩子宽裕的物质条件。

"我父亲没有啥财产，从尉氏搬家到兰考时，除了行李和被褥，就是一些炊具，一个大卡车什么都没装。"当年，大儿子焦国庆很少体会到县委书记家属的"风光"，一次看白戏的经历还成为众人皆知的"污点"。

到兰考不久，正上四年级的焦国庆听见与县委一墙之隔的剧院锣鼓叮当响，他好奇地从后门溜进去，告诉工作人员自己是焦裕禄的儿子，于是没有买票。回家后父亲狠狠训了他一顿，那是他记忆中父亲最严厉的一次。

"父亲对我们要求非常严格，凡事不能搞特殊。"焦国庆回忆，小时候调皮，放学后总在县委办公室闲逛，工作人员不敢管，父亲得知后干脆举家从县委家属院搬出去了。

父亲的严律后来成为儿女诚心秉持的人生信条

"带头艰苦，不搞特殊。""工作上向先进看齐，生活条件跟差的比。"焦裕禄的家训，曾为儿女们带来委屈和不满的严律，后

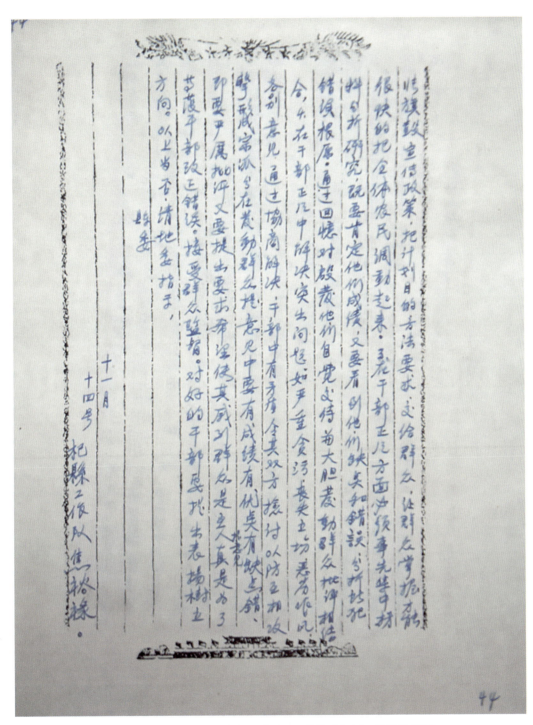

时候政宣传政策，把计划目的方法要求，交给群众，让群众掌握方针，

很快的把全体农民调动起来。老干部正反方面必须事先举材

料分析研究，说要肯定他们成绩，又要看到他们缺点和错误，分析批

错误根原。通过回忆对设意他们自觉交待贪污、丧失立场苦海依恋

合，在干部正反中解决突出问题如严重贪污、丧失立场苦海依恋

参别意见。通过协商解决。干部中有子弟全其双方搬对以防立相攻

幹成宗派。在发动群众提意见中要有成绩有优点有缺点错，

即要威严属批评又要提出要求其成对群众是主人翁是为了

幹要干部政正错误。接受群众监督。对好的干部要扶出表场树立

方向。以上当否，清地委指示，

地委

十一月
十四号
杞县工作队焦裕禄。

★ 这是《杞县一区谢砦乡第一步工作报告》手稿尾页，落款为杞县工作队焦裕禄。

来却成为他们诚心秉持的人生信条。

焦国庆 17 岁参军到山沟里的农场劳动 4 年，转业后进地税局，没有做出多么荣耀的业绩，但几十年来工作勤恳、老实本分。

经过酱菜厂磨炼的焦守凤，面对单位两次分房子，她都态度鲜明说不要。"晚上回来能有张床睡觉，那就是好的，我不要求多高的条件。" 当待业的女儿希望托关系找工作，她像父亲当年一样断然拒绝："老子是老子，你是你，各人的路各人走。"

焦跃进是焦家儿女唯一一个像父亲一样走上政途的，先后做过兰考县东坝头乡党委书记、杞县县委书记等，如今任开封市政协主席。虽然父亲去世时他年纪尚小，但母亲延续了父亲的教导。

"老焦有一句名言，蹲下去才能看到蚂蚁。你得跟你爸爸一样，跟群众打成一片，特别是调查研究，你爸爸做得很突出。"焦跃进经常从母亲口中听到这些话，他把父亲当做榜样，"爸爸既是精神财富，也是一种压力在鞭策我，绝不能给他老人家脸上抹黑。"

悠悠琴声成为子女们对美好家庭生活的长久惦念

在严厉之外，焦裕禄也是充满温情的慈父和鹣鲽情深的丈夫。

焦裕禄最喜欢一家团聚的气氛，尽管因工作繁忙，他在家的时间少之又少，但只要一回家，孩子们就一拥而上。腿上坐一个，背上驮一个，脖子上挂一个，这样的场景，成了儿女们对父亲最温馨的记忆。

"父亲没事的时候就带我们出去转转，在洛阳时我跟他钓过好几次鱼，还钓到一只小乌龟。"想起当年与父亲共度的童年时光，年近七十的焦守凤满心喜悦，仿佛变回了当初的小姑娘。

焦裕禄会拉二胡，爱唱京剧，热衷劳动，他也把这种热爱生活的情趣传给了儿女。"麦收时带我们割麦子，秋收时割豆子，弟弟才三四岁，只要会走路都要参加，大的割，小的拾。"焦国庆回忆，父亲讲勤俭节约爱劳动是老一辈的传统，从小要学会。

与母亲的琴瑟相和，也是焦守凤和弟妹们怀念与敬仰父亲的重要一面。

当年体谅焦裕禄工作忙碌，徐俊雅承担了所有家务，连条手绢都不舍得让焦裕禄洗，寒冬里甚至体贴地把他的衣服放在两层被子中间焐热。而经常不着家的焦裕禄，一有空就拉起徐俊雅喜爱的二胡，悠悠琴声成为子女们对美好家庭生活的长久惦念。

（新华社郑州 2014 年 5 月 13 日电　新华社记者双瑞、张兴军）

焦守凤：父亲的教导使我终身难忘

焦守凤，焦裕禄长女，1945年出生于江苏宿迁县，小名"小梅"。9岁随父亲到河南洛阳生活。1964年在开封市参加工作，现已退休。

采访组：守凤阿姨，您好！您是焦裕禄同志6个子女中的大姐，也和父亲相处的时间最长，相信您对他的了解是比较多的。

焦守凤：我和父亲相处的时间确实比较长，我根据我的记忆和我父亲曾经对我的讲述来谈一谈。

我的父亲自幼生长在山东省淄博市北崮山村的一个贫苦农民家庭。他小时候因为生活困难，仅仅读了几年书就被迫辍学务农。抗日战争时期，我的爷爷被地主逼债，走投无路，被迫上吊自杀了。

我父亲刚满 20 岁的时候，曾经几次被日本人抓去毒打、坐牢，后来又被押送到抚顺煤矿当苦工，他忍受不了这种人间地狱的生活，从矿上逃出来，又流落外乡，给地主家打了两年长工。抗日战争胜利后，我的家乡还没有彻底解放，我父亲就主动加入了民兵，并光荣地加入了中国共产党。在解放战争时期，他带领民兵参加了不少次战斗。

新中国成立以后，我父亲做过农村工作，之后调到洛阳矿山机器厂工作了 9 年。之后就是大家比较熟知的他在兰考县的工作经历，他领导全县人民和历史上遗留下来的风沙、盐碱、内涝"三害"进行了顽强斗争。实际上，我父亲在洛阳的时候就已经得了严重的肝病，在兰考因为超负荷的工作和营养不良，肝病转为了肝癌。我父亲在征服大自然的斗争中，忍受着病痛的折磨，不知疲倦地工作，直到最后献出了自己的生命。我父亲那种全心全意为人民服务的高贵品德，敢于向任何困难做斗争的硬骨头精神，以及他那联系群众艰苦朴素的工作和生活作风都是值得我们学习的。他是一位好干部、好党员，被誉为"毛主席的好学生"，是人民的好儿子，而在我们家里，他是一位慈祥而又严格的好父亲。多少年过去了，现在我一想起他那慈祥的面容、和蔼的声音，以及他对我们的亲切教导，我总觉得他还活着，好像他就站在我的面前望着我似的。

采访组：习近平总书记曾说过："焦裕禄精神孕育形成在洛矿，

弘扬光大在兰考。"您作为家人，和父亲共同经历了在洛阳和兰考的生活，在您记忆中，父亲在两地的生活上有哪些共同点？

焦守凤：从洛阳到兰考，无论工作还是生活，父亲的初心是始终如一的。我印象比较深刻的是，无论工作岗位如何调整，他的很多习惯一直保持着，比如艰苦朴素。

1954 年，我父亲已经调到洛阳矿山机器厂工作，我当时在老家山东省淄博市北崮山村生活。因为奶奶生活简朴惯了，我长好大了，还没有穿过花衣裳，当时我心里老想着，哪一天，等爸爸回来了，我一定要让爸爸给我扯一件花布衫穿穿。

有一天，奶奶忽然对我说："你爸爸快要回来了。"我一听，可高兴了，天天盼呀盼，终于盼到了爸爸回来。他到家那天，我和奶奶高兴极了。

村里的叔叔大爷们都来嘘寒问暖，非常亲热。可是我一看到爸爸穿的那一身破旧的干部制服，就有点儿泄气了，扯花布衫的事也不敢再提了。这时，有位叔叔半开玩笑地说了一句："多年的干部了，怎么连身像样的衣服都没有，还是这么土气！"爸爸笑了笑说："我觉得现在比起过去已经好得太多了，等大家都穿得好了，我自然也就穿得好了。"

后来，我到洛阳，跟父亲住在一起，我见他总是舍不得吃好的，舍不得穿好的，无论单衣还是棉衣，总是大补丁压小补丁。有时候，妈妈劝他说："这些衣服太旧了，也该做件新的了。"父亲却不肯，他说："新三年，旧三年，缝缝补补又三年，先这样穿吧。"

父亲时时刻刻保持着艰苦朴素的作风，而且通过很多小事教育我们。我上小学的时候，用铅笔不知道爱惜，只用大半截就扔掉了，让父亲给我买新的，这样次数多了，父亲就问我："你用过的铅笔头呢？"

我说："扔了。"

父亲就说："以后别扔，你要新的，得拿旧的来换。"从这以后，我就不敢乱扔了，要把铅笔用得很短再去跟父亲要新铅笔。我把铅笔用到只有一寸长，拿到爸爸那里，想着这次总可以换支新的了。谁知父亲拿出一个铅笔套套在铅笔头上，对我说："你看，这不是还能写吗？"我拿回来又用了几天，一直用到只剩花生仁那么大了，才拿到爸爸那里换新的。但是，我噘着嘴很不高兴地说："爸爸，你也太抠搜了吧。"父亲笑了笑，对我说："别看一支小小的铅笔，它也是经过很多工人付出劳动才制造出来的，我们都应该爱惜别人的劳动成果。如果全国的学生都不节约铅笔，那一年要多生产多少铅笔啊！"

我上学以后，班里的同学几乎人人都有文具盒，只有我没有，我要求父亲给我也买一个，父亲说："我给你做一个。"第二天晚上，爸爸下班回来，借了木工工具，用边角料的小木板给我做了个文具盒，做好后还用彩色纸剪了"好好学习，热爱劳动"8个字贴在盒盖上，做工还是挺精致的。

我父亲在大连实习的时候，我也跟他和母亲一起在大连生活。有一个周末正好是六一儿童节，我爸那天没有加班，他就跟我和我弟国庆说："走，给你俩买新衣裳去！"我们欢天喜地地跟着父亲去了百货大楼，父亲给我买了个花衫，还买了个连衣裙，给国庆买了一身海军服。我们还在外头吃了点饭，父亲还带着我们去看大海。那天我和国庆还合了一张影，后来还被放在照相馆的展窗中当过样片，那张照片是国庆收着的，后来也找不到了。

从洛阳到兰考之间，我父亲还在尉氏县工作了半年的时间。那时候我上初三了，那时候初中普遍都住校，但是跟父亲到尉氏以后，我想在家里住，不想住宿舍，我说同学我都不认识，伙食也没有家里好，我还是想在家里住。但是父亲说："不能在家住，你得去过集体生活。学校里规定都得住校，你是书记的孩子，就搞特殊，让老师同学怎么看你呢？"没办法，我就只能住学校宿舍。我父亲还去学校看了我好几次，看看我平时表现的情况，嘱咐我好好学习，团结同学。我星期六、星期天回家以后，父亲在家的情况下，就经常带着我和我弟弟到农场去义务劳动，摘棉花、拾豆子。后来我在学校里表现得还不错，还被评选为班干部。

我父亲在尉氏工作了半年，就调到兰考工作了，父亲是背了一个满是补丁的被子去的。因为被里子上的补丁太多，盖着很不舒服，父亲就反着盖。县委的同志看到他的被子太烂了，就建议他扔掉，买点救灾物资再缝一条被子，可是父亲坚决不同意，他说："救灾物资是给受灾群众准备的，我们怎么能买？我的被子烂了，翻着盖也是一样暖和，不需要做新的。"

在兰考，我们一家9口人平均每天只花3毛钱的菜钱，虽然那时候物价便宜，但3毛钱也太拮据了，所以一家人平时是吃不到肉的，逢年过节才能沾点荤腥。因为父亲身体不好，妈妈给他另外做点好吃的饭菜，他也总是反对说："搞点青菜吃就行了，千万不要浪费。"弟弟妹妹有时也嫌菜不好吃，爸爸就说："能吃饱肚子就行了，灾区还有很多孩子吃不饱饭，你们应该从小养成艰苦朴素的生活习惯。"

★ 2004年4月29日，一位老人走过河南兰考一片麦桐间作的土地。兰考县的麦桐间作成为豫东地区平原绿化的典范。

新华社记者王颂摄

1963 年，我已经是初中三年级的学生了，爸爸除了给我伙食费以外，几乎不给我花一分钱，什么东西也不给我买。我身上穿的还是小学时的大衣，上面有几个大补丁。我看到有的同学穿着新鞋、新衣服就生气。而且，有的同学取笑我说："守凤，你爸爸还是县委书记呢，也不给你做件新衣服穿，看你这一身衣服烂成啥样了！"

听到这些话，我心里难过得不行。我实在受不了了，就对父亲说："爸爸，你非给我做一件新大衣不可。我这书记的女儿还没有人家穿得好，跟谁都比不上，你也不怕丢人！"父亲听了我的话，就指着自己身上的补丁衣服说："你看我这县委书记穿的是啥衣服，这有啥丢人的？"接下来，父亲耐心地说："你知道啥是丢人？好吃懒做，光想享受才是真的丢人呢。穿衣服只要整齐干净就行了。"停了一会儿，父亲又说："书记的女儿并不特殊，你和工农子弟一样，都是革命的后代，不能高人一等。如果说有什么特殊，那就比别人更要好好学习，尊敬老师，团结同学，更要热爱劳动，艰苦朴素。再说，你现在穿的也并不坏，冬有棉，夏有单，虽然破一点，但也没露出肉来，比我小时候穿的强多了。"

采访组：焦裕禄同志无论是在工业战线还是在县域主政一方，都勤勤恳恳、兢兢业业地工作，在生活中，他也经常教育和培养子女对劳动的热爱。请您讲讲这方面的故事。

焦守凤：我父亲在洛阳工作期间，如果工作不是太忙的情况下，经常抽空领我们到农村去劳动。在家里，凡是洗衣服、洗碗、刷锅、扫地、倒垃圾这些家务活，父亲都让我们几个小孩子多做一些。

我的大妹妹守云在农村老家时学会了挖野菜、捡柴火，到洛阳生活以后，她就十分勤快，在家里像扫地、擦桌子、洗碗，只要是力所能及的活儿，父母不用指使她，她看见就干。到了星期天，妈妈要洗衣服了，她就帮妈妈提水，自己也坐在小板凳上帮助妈妈洗衣服。

我的小妹妹玲玲比守云小两岁，从小在城市里长大，性情和守云不一样，她平时不爱干活，但是在爸爸妈妈眼皮底下的活儿，她就抢着干。夏天的时候，爸爸妈妈下班回到家，我小妹妹就端着一盆洗脸水，搀着爸爸妈妈，让他们洗脸。父亲见了一边笑一边摇头。

有一天晚上，父亲把我们几个小孩子叫在一起，他问我们：

"你们知道干家务活是为了啥？"好一会儿，大家都不说话。我的大弟弟国庆平时对玲玲的所作所为有意见，他看了一眼玲玲说："为了讨爸爸妈妈喜欢呗！"我一听就笑了，但是父亲很严肃，没有笑，他表扬守云说："你看，守云能够踏踏实实地帮助姥姥和妈妈干家务活，这就值得大家学习。我们不应该一边干着活，一边想着让别人说自己好。如果有这样的思想，就不是老老实实的态度。"

玲玲听出了是在说自己，她的小脸泛红了。父亲继续说："不要紧，如果认识到自己有什么毛病，只要坚决改掉就是好样的，我们要以守云为榜样，好好向她学习。"从这以后，玲玲干活也勤快了，不用叫她，她也能主动去干各种家务活了。过了一段日子，父亲表扬了玲玲的进步，她的干劲更大了。

在洛阳生活时，我们用水很方便，没有打过井水。到兰考后，我们用的是井水，一开始很不习惯，把水桶下到井里以后，无论怎么左摇右摆也灌不满，好容易打起两桶水，我家离井又远，摇摇晃晃挑到家里，压得我腰都直不起来。我向父亲叫苦说："挑水真是累死人。"人家都是买水吃，为啥咱家偏要自己挑水吃？爸爸没有回答我的问题，反而问我："咱们自己能够挑水吃，为什么偏要买水吃？自己的事要依靠自己动手去做，不要事事都依赖别人。"他还说："以后你们不仅要给自己家里挑水，邻居家有些年老体弱的，你们还应该帮助他们挑水。年轻轻的，要多出点儿力气。"父亲又给我讲，他小时候怎样在几丈深的井里打水，怎样爬几道坡才挑到家里，又教给我桶下了井后，怎样摆绳子就能一次把桶灌满。

1963 年，我初中毕业，父亲要我去农场劳动，让我当一个有文化的农民，我不愿意。后来爸爸又叫我去学理发，我也不愿意。有一次，县委的一位叔叔来我家做客，看见我，就对我父亲说："小梅老在家蹲着也不合适，给他介绍个工作吧，让她到办公室当个打字员。"我父亲不同意，对那位叔叔说："小梅这孩子近来有些嫌脏怕累，再说她长这么大一直上学，参加体力劳动的机会不多，还是给她找一个下力的活儿，让她补补劳动课吧。咱们干部的子女也得按政策办事，可不能特殊化。"

后来，父亲让我去宜丰园艺厂劳动，我一听说是园艺厂，心里挺高兴，想象中的园艺厂一定是个绿树成荫、花果满园的好地方。谁知一到园艺厂，正赶上苹果成熟的时候，我就和同事一起投入了收摘苹果的劳动，一天到晚爬上爬下，扛筐背篓，累得腰酸腿疼。

我实在顶不住，干了一星期就回家了。回到家，爸爸批评了我一顿，随后又把我送到食品加工厂去当临时工。爸爸跟厂里的领导说："不要因为她是我的女儿就照顾她，对她要求得更严些才对。"

本来，领导要分配我去做鸡蛋糕，那个工作没那么累，但是父亲建议厂领导同志：不要分配给我干清闲的活儿，一定要我到劳动强度比较大的酱菜组去，说那里更能锻炼人，就这样，我天天捞酱瓜、洗咸菜，给门市部送酱油，挑着担子走在大街上卖咸菜。父亲为了鼓励我，还教给我如何吆喝叫卖。

有一天，我挑着大木桶去送酱油和醋，那个桶装满以后太沉了，我挑不动，走一会儿就歇一会儿。好容易走到县委门口的时候，我爸骑着车和几位同事从大门出来。我正挑着担子呢，一看见他们，马上一转身就往对面的一个单位大门里走。就听我爸喊我："小梅，你别跑，过来过来。"我一脸不情愿地走到他跟前，我爸问："你弄啥哩，你跑啥哩？"我说："我不想见你。"他问："为啥？"

我说："我天天都得去送酱油醋，送咸菜，累得不行。"我爸说："你锻炼得不错，继续好好干！"县委那几个人都看着我笑，我当时觉得可尴尬了。

做酱菜还有一定的季节性，到了冬天，就没有什么萝卜之类的来腌咸菜了。我就被分去做鸡蛋糕，包装的时候，鸡蛋糕会掉很多渣子，我就用报纸收起来。我弟弟跃进那时候上幼儿园，有时就会跑到食品厂来找我，我就把包好的蛋糕渣子塞给他，催促他："快走！快走！"这个事情我父亲不知道，如果知道了，不知会怎么说我。

采访组：从洛阳到兰考，您父亲始终对自己和家属严格要求，而且他对自己不仅是严格，甚至有些苛刻。最终，也是因为长期的超负荷工作和营养不良，透支了他的健康，导致他英年早逝。

焦守凤：确实，我父亲工作时不怕劳累，在学习上不怕艰难困苦。无论在洛阳还是在兰考，我有时半夜醒来，几乎都会看见他还在看书学习。记得有一次，我们姊妹们已经睡了好长时间，醒来一看，他还在用心地学习，那时候他的病已经不轻了，还用手顶着肝部。

我母亲劝他早点休息，他却说："少睡一会儿没啥。"爸爸不仅自己刻苦学习，也要求我们努力学习。他平时关心我们语文算术等学得好不好，更关心我们思想上有没有进步。

父亲到兰考工作以后，因为工作繁忙，他自己又不注意休息，病情越来越严重，而且发展越来越快，后来实在撑不住了，到郑州住院，被确诊为肝癌晚期。我记得是 1964 年的 5 月初，我接到父亲病危的消息，急急忙忙赶到郑州去看，走进病房，我吃了一惊，只见父亲的脸黄如纸，身上瘦得皮包骨头，几乎认不出来了。

父亲示意我坐在他的身旁，他看着我好一会儿没有说话，好像在想着什么，他很虚弱，小声叫了我一声"小梅"，我就低下头去跟他更靠近一些。父亲拉着我的手说："小梅，爸爸的病治不好了。"

我一听，心都碎了，泪水一下涌了出来，我控制不住自己，放声痛哭起来。父亲闭上眼稍稍歇了一会儿，又睁开眼睛，望着我说："小梅，家里那一套《毛泽东选集》就作为我留给你的纪念品。那里边毛主席会告诉你怎样工作，怎样做人，怎样生活，你要好好学习，严格要求自己，争取早日入党，当一个红色的接班人。"我父亲还从枕头下面掏出一块手表，递给我，说："你现在工作了，要遵守制度，这个表我也用不着了，你用它可以看时间，注意不要迟到。"

谁知道，这些话就是爸爸对我最后的嘱咐。

父亲在弥留之际的时候，对去看望他的县委领导同志说："我知道我是不行了，请转告医生，别再给我用贵重药品了，这些药应该用在更需要的同志身上。"他还继续断断续续地说："我死了，不要多花钱。请组织上把我埋在兰考沙堆上，我活着没有治好沙丘，死了也要看着兰考人民把沙丘治好。"1964 年 5 月 14 日，我们失去了可敬可爱的父亲。如今，几十年已经过去了，我也是 70 多岁的老人了，但是，父亲生前对我们每一次语重心长的教诲和他的一言一行都深深铭记在我们的心里，特别是他在病床上最后留给我的谆谆教导，更使我终身难忘。

焦国庆：父亲教育我，从小就要养成公私分明、为人民服务的好品德

　　焦国庆，山东淄博人，1951年10月1日生。焦裕禄长子。1968年3月参军入伍，历任沈阳军区"董存瑞部队""董存瑞班"班长、排长、连长、营长、副团长。1989年转业，在开封市税务局工作，先后任稽查大队副队长、南关税务局副局长、南关区地税局纪检组长、开封市地税局发票管理所所长、开封市地税局发票管理局局长。2011年退休。周建新，焦国庆妻子，系焦裕禄亲密战友周锡禄的女儿周建新。

采访组：焦国庆叔叔，您好！我们想请您回忆一下，当时您的父亲焦裕禄在生活工作当中，给您留下印象深刻的事情。

焦国庆：我是家里的长子，1951年10月1日出生的，正好赶上国庆节，因此我父亲就给我起名焦国庆。我父亲是1964年去世的，那时候我才13岁，还没上初中。当年生活中的事情有很多，但因为毕竟已经过去50多年了，记忆大多模糊了。但我们长大以后，母亲给我讲过那段时期的经历，那时候我们家庭的生活是幸福的。父亲工作虽忙，常常不能按时回家，但每当晚上吃过晚饭，一家人围坐在一起，我父亲总要给我和弟弟妹妹讲故事，从盘古开天地到新中国成立，各个时期的奇人趣事他总能信手拈来，我们一会儿聚精会神，一会捧腹大笑。后来，我父亲调到兰考县，我们也都跟着他搬到了兰考，当时的兰考黄沙遍地，自然灾害连年不断，百姓生活疾苦，我父亲工作更忙了，他带领群众挖河排涝、封闭沙丘、根治盐碱。

现在流传比较多的，是讲我当年不买票看"白戏"被父亲批评的事情，很多细节不太准确，但是这个事情我记忆还是比较清晰的，今天可以讲一讲。

当时是怎么回事呢？1962年，我随我父亲从尉氏县到兰考县，他到兰考县工作，我们到兰考县上学。我们住在县委大院里，大院的东西两侧分别是宿舍，我们家在西院的一间房子里，一墙之隔就是兰考的剧院，当时都叫大礼堂。

★ 焦裕禄家属合影（1966 年 3 月 23 日整理）。后排自左至右是焦裕禄的大女儿焦守凤、小儿子焦保钢、妻子徐俊雅、儿子焦国庆，前排自左至右是儿子焦跃进、女儿焦守云、女儿焦守军。

新华社发

为了方便县委领导和机关的同志们到大礼堂参加活动、看戏，那堵墙就打通了一个小门。小门平时都锁着不开，钥匙在县委的一位通讯员手里，他当时专门负责跟大礼堂的工作组织安排等。我们县委的这些子弟，一帮小孩子，平时总是黏着他，叫他叔叔。那时候孩子放学回来，也没什么作业，也没有电视看，就无所事事地在院里乱跑，耳朵里听着墙那边大礼堂"叮咣叮咣"敲锣打鼓的声音那么热闹，自然心里也就痒痒了。

礼堂挺大的，每次演出都空着挺多座位。通讯员也知道我们想看戏，有时看我们在院里玩的时候就问："哎，你们看戏不？"他一问，我们就特别高兴，跑到他身边，他就领着我们去打开那个小门，我们蜂拥而入，他把小门一锁。等演完了，他再到大礼堂去把我们领回来。所以看"白戏"这个事并不是偶然的一次，而是很多次；看"白戏"的人也不是我一个，是我们这一帮小孩子。

当然了，这事就发生在县委大院，就在我父亲眼皮底下，用不了多久就会被他发现。正好有一天，大礼堂的戏结束得比较晚，我回到家都已经 10 点多了。

父亲就问我："这么晚才回来。你干啥去了？"

我当时一点儿都没意识到自己错了，就直接说："我看戏去了！"

父亲说："看戏去了？谁给你钱买的票？"

我说："没买票啊，叔叔开门给我放过去的。"

我父亲一听就不高兴了，他说："你咋能这么干呢？演员叔叔阿姨在台上又唱又跳的，这也是劳动。你不买票，看'白戏'，这不是不尊重他们的劳动吗？你还是县委的家属，从小门进去，不是搞特殊化吗？"

我就低着头挨训，不作声。我只知道看了戏，高兴了就得了，父亲说的这个问题，我也确实没想过。

父亲掏出两毛钱交给我，说："国庆，你记住，从小就要养成公私分明、为人民服务的好品德，不要以为爸爸是书记，就要搞特殊。

明天把钱送给检票的叔叔，向他承认错误。"

后来，我父亲了解到看"白戏"的现象还不是个例，就在县委会上特别强调了不允许干部和干部家属搞特殊化，并且推出了"十不准"文件，要求大家遵守。从那以后，围墙上那个小门就彻底关了，再也没打开过。

采访组：我们还了解到一个故事，是有群众给你家里送鱼，请您说说当时是什么情况。

焦国庆：当时的县委机关北面城关镇有一个大水泡子。我父亲去看那一片的时候，就跟城关镇的干部说："这个水是不是可以养鱼？"

干部说："这水可以养，但是没有钱，也联系不到鱼苗，咋办呢。"

我父亲说："我给你们联系。"

不久之后，我父亲联系了几万尾鱼苗，投放在大水泡子里，城关镇就多了一项产业，有了一个在当时来说规模不小的养鱼场。我父亲一直关心鱼苗的生长情况，他时常在休息时间走到鱼塘看看。等这些鱼慢慢长大了，城关镇的社员就开始捕捞，我父亲也经常参加义务劳动，帮着打鱼。社员对这个县委书记印象非常好，后来得知他身体不好，又为养鱼场操了不少心，参加了不少劳动，为了感谢他，也为了给他补补身体，就派一名社员用水桶装了10多条活鱼，送到我家。那天我父母都不在家，就我们几个孩子在家门口玩，社员跟我们说明了来意，放下鱼就走了。我们一见到活蹦乱跳的鱼，喜欢的不得了，蹲在那儿玩了好半天。

我父亲回来后，我们围上去说：“快给我们炖鱼，我们要吃鱼！”

我父亲问清了怎么回事，就对我们说：“这鱼呀，你们吃不成啦。”

我们很失望，说：“为什么？”

父亲说：“这都是养鱼场的叔叔阿姨辛苦养大的鱼，是集体财产，咱家咋能白吃呢？如果大家都占集体的便宜，那集体的事还能办好吗？”

我们平时的家教都是特别严格的。我父亲在党的培养和重用下，从一个穷苦出身的农村娃一直干到县委书记，始终保持着劳动人民的本色，他始终认为手中的权力是为人民掌权，自己的职位是为人民服务的岗位，严于律己，严格要求我们每一位子女。不仅是我父亲要求得严，我母亲要求也是非常严格的。正是童年时代的教育，对我们长大以后形成的人生观、价值观、做人的原则起到了根本性的影响。

采访组：我们想了解一下，您的父亲去世之前和去世以后，家里的生活条件差别有多大？父亲的去世让家里的生活受到了多大影响？后来的生活状况是怎么样的？

焦国庆：实际上，我父亲去世前家里的生活就是很清苦的。我父亲非常疼爱我们，但从不溺爱我们，从小就教育我们热爱劳动、艰苦朴素。我家里人口多，有6个孩子，还有老人，其中3人没有粮食指标，9个人吃6个人的粮食定量，所以生活一直很困难。为贴补家用，父亲经常带着我们去附近采收过的地里捡拾漏失的豆子和花生。

我父亲临终前，用尽最后的力气给我母亲交代后事，他说："我死后，你会很难，但日子再苦再难也不要伸手向组织上要补助、要救济，你要把孩子们教育成为红色的革命接班人。"这句话，我母亲记了一辈子，也践行了一辈子，不断嘱咐我们几个子女也要牢记这个嘱托。我父亲去世那年，我们5个子女中最大的18岁，最小的还不足4岁。但是母亲要强，再难都不愿跟人说。有人看见母亲领着一家人艰难度日，劝她向组织开开口，可她说："打老焦的旗向上级伸手，我咋对得起他呀。"

父亲去世后，我们的生活水平下降，主要是因为工资这一块少了。我父亲去世前一个月能有140多块钱的工资，我母亲当时才40多块钱，不到50。所以工资收入少了很大一块。生活水平虽然下降了，但是说老实话，当时条件都不好，群众当中比我们困难的多得是，所以我们也没什么好抱怨的。

我们那时候放学之后有时候捡那些枯枝拿回家烧柴，有时候捡煤核——煤核就是那些学校、机关，也包括个人家庭烧过的煤，倒出来的残渣里面，还有那些燃烧不充分的，还可以继续烧——我们就捡回家，能省一点儿是一点儿。我们也到物资局等单位参加过劳动，挣一些钱贴补家用。

组织上是很关心我们家的，根据我父亲职务，给我们几个小孩都有抚恤金。抚恤金的金额最早是 9 元，后来涨到每个月 13.5 元，到最后好像涨到 18 元左右。我大姐工作以后，她那份抚恤金就没有了。后来我和我妹妹守云决定参军入伍，这样就算参加工作了，能减轻家里的负担。

采访组：请讲讲您参军入伍的经历。

焦国庆：我是 1968 年 3 月参军入伍的，那时候我初中毕业了，我妹妹焦守云 15 岁了，我们俩是同时入伍的。我被分配到沈阳军区大名鼎鼎的"董存瑞部队"，这支部队驻扎在山沟沟里面，有一句响亮的口号："当兵就当董存瑞"，以此鼓励战士们。

部队知道我是焦裕禄的长子，怕我有优越感，部队领导决定好好磨炼我，就把我分配到农场劳动。我在农场一干就是四年。农场的工作很辛苦，但我从来不偷懒，每天都严格要求自己。我牢记父亲曾经对我的教导："工作上向先进看齐，生活条件跟差的比。"我要求自己一定比别人干得更多，更勤奋。当我感到苦闷的时候，我就会想起父亲对我的教诲，回忆起父亲在世的时候是怎么干的，以他为榜样，激励自己。我是焦裕禄的儿子，我肩上有父亲的荣誉；我是董存瑞部队的战士，肩上也有董存瑞的荣誉，所以我必须要干好。

艰苦的劳动生活锻炼了我的身体，也磨炼了我的意志。之后十几年的时间里，我在董存瑞部队埋头苦干，一点一点进步，历任班长、排长、连长、营长、副团长，中央电视台和《解放军报》还报道过我的情况。我在部队干了 20 多年，直到 1989 年 10 月，我转业到开封市地税局工作。

采访组：脱下军装制服，穿上税务工作人员的制服，您工作上的感受有哪些不同？

焦国庆：工作性质完全不一样了，每一项工作都要从头学起，而且要快速融入角色，但是相比之下，工作还是比部队要轻松多了。尽管如此，我一点儿也不敢放松，从始至终用高标准要求自己，用心为人民、为国家服务。我很感谢几十年的军旅生活对我的磨炼，让我在工作中同样能讲纪律、讲规矩、讲奉献，勇于挑战困难，任劳任怨。组织一直关心我的成长，我先后任稽查大队副队长、南关税务局副局长、南关区地税局纪检组长、开封市地税局发票管理所所长、开封市地税局发票管理局局长，直到 2011 年退休。

我在税务系统也干了 20 多年，其中有 15 年是在发票管理岗位上工作。1996 年，我被组织调到开封市地税局发票管理所。从这天起，我也见证了税收事业发展的点点滴滴，践行着一个共产党员的初心和使命。我印象最深的是 1997 年 1 月 1 日，全国更换使用具有统一防伪标志的新版普通发票。为了宣传好发票换版工作，我联系当地主流媒体，第一时间在报纸上刊登政策公告，做好政策宣传，积极营造良好的舆论氛围。为了保证发票换版能够按时完成，我牵头成立工作小组，紧抓发票印制，加班加点印制各类发票 50 多种，确保每一位纳税人都能及时领到新版发票。刻造发票专用章，全面换发发票领用簿，是发票换版中的一项重要工作。为了争取纳税人的理解和配合，我们积极向纳税人讲政策，说利弊，经常是电话打了一个又一个，上门跑了一趟又一趟。功夫不负有心人，我们提前完成了全市所有应换证户刻章换证工作，确保了开封市发票换版工作顺利完成。

现在，我已退休多年了，但我共产党员的身份始终不会退休，我还一直惦念着我们的部队，心里想着我们国家的税收工作，虽然我现在身体不太好了，但只要党组织有需要，我时刻准备着为党的事业继续发光发热。2016 年 7 月 1 日，河南省委给我颁发了"50 年以上党龄荣誉纪念章"，我时常把这枚纪念章拿出来，看一看，擦一擦。作为一名共产党员，父亲给我们树立了榜样，留下了良好的家风，不管什么时候，我都会牢记他的嘱咐，尽职尽责，全心全意为人民服务，为党奉献。

采访组：可以说，您青年时代的成长经历是传承焦裕禄精神，自我提升，不断进步的过程。那么您对新时代的青年弘扬焦裕禄精神有什么寄语和期望呢？

焦国庆：无论什么时代，焦裕禄这面红旗要一直高高举起。习近平总书记对这个事情也很重视，他在多次讲话中反复论述、强调焦裕禄精神传承的重要性。确实，现在这个时代思想很多元化，年轻人接受各种各样的信息也很多。弘扬老一辈英雄模范的精神也是我们不忘初心、牢记使命的具体体现。

从我们焦家来说，一定要世世代代把我父亲的精神传承下去，假如我们不弘扬,或者说我们做得不到位,那就会给焦裕禄精神抹黑,所以这也是我们生在这个家庭里就具备的一种责任。我的女儿焦楠现在是焦裕禄精神研究会的副会长,她接过了这个接力棒,开始继续弘扬传承焦裕禄精神了。这也是让我们都感到很欣慰的事。

焦守云：父亲对我们的影响，历久弥新

　　焦守云，焦裕禄次女。1966 年 9 月 15 日，年仅 13 岁的焦守云登上天安门城楼，受到了毛泽东、周恩来等党和国家领导人的亲切接见。1973 年，刚满 20 岁的焦守云光荣地出席了党的十大，成为全国年龄最小的党代表，和党和国家领导人一起共商国是。几十年来，焦守云致力于宣传焦裕禄精神，无论是作报告，还是特别策划音乐电视《焦裕禄之歌》，她都把宣传父亲的事迹当成自己的责任和自己工作的一部分。无论是中央领导还是普通党员干部都亲切地称焦守云为"二姐"。焦守云现为焦裕禄干部学院名誉院长。著有《我的父亲焦裕禄》一书。2021 年 7 月 23 日，焦守云担任总监制的电影《我的父亲焦裕禄》在全国上映。

采访组：二姐，您好！您是我们必不可少的采访对象。首先想请您通过您儿时的记忆、您的母亲对您的讲述，以及这么多年您对历史的挖掘，讲一讲您对父亲的理解与认识。

焦守云：我父亲去世的那一年我 11 岁，老五才 5 岁，最小的弟弟才 3 岁。我妹妹排行老四，她对我父亲的印象也仅限于知道什么样，能想得出来。至于说我父亲具体干了什么事情，比如他在洛矿研制提升机、在兰考除"三害"等事，其实包括我在内当时都只是知道一个轮廓。我大哥比我大一岁多，他说有很多事都已经记不清楚了，要仔细想想才能记得起来，我觉得这一方面是年龄的原因；另一方面可能也是因为人与人之间的差异，有的人形象思维不太好，但是逻辑思维会比较强，有的人记事早一点，有的人记事比较晚。至于我的弟弟妹妹，那时年龄更小，印象也不是很深刻了。

如果从我记事起算起，我父亲能给我留下记忆的时光并没有几年，所留下的印象都是一些片段。其实我对父亲的理解更多的是在长大了以后，在为人母以后，特别是进入老年以后，好像对他的理解就越来越深了。人家问我："你觉得你父亲有什么样的性格特点？"我说："他这个人做人讲感情，做事讲担当。忠实、踏实、平实。"

我母亲曾经对我说，我父亲有两个最大的特点：一是聪明，二是刻苦。说他聪明，是因为他只有小学文化水平，却能在极短的时间里突击学习工业知识，成为车间生产工作的行家里手。特别是在哈尔滨工业大学进修以后，进步很大。举个例子，我父亲在兰考工作时，有的沙土地比较适合种花生，我父亲就组织种花生。兰考人说，我们饭都吃不上，上哪儿去弄花生种子？我父亲说，他可以通过各种各样的方式找到种子。后来，好不容易把花生种子买回来了，但是在种植过程中，有人找到我父亲说："焦书记，现在种子有了，但是有一个问题不好解决——我们种花生的时候，发现有人吃花生种子。"我父亲哈哈一笑，说："这还不好办？我教给你们一个办法。你们在种花生的时候，抬一桶水放在地头，弄个瓢搁那儿，种完花生以后让大家都到这里来，完了以后每个人都喝一口水漱漱口，谁吃了花生立马就知道了。"从那之后，就没人敢偷吃花生种子了，从这些小事中就能显现出他的聪明。

说他刻苦，是他在洛阳矿山机器厂工作的时候，他把头拱进工具箱里看图纸、看书，因为工厂里环境太吵了，噪声太大。他为了赶工期，在工厂里加班加点不回家，就在一条长凳上打个盹儿，起来接着工作。

但是，其实我父亲并不是那种"苦行僧"式的人，哪有天生就喜欢吃苦受累的人呢？实际上，我的父亲在日常生活当中有很多爱好。他这个人，性格非常随和、有魅力：他身高有一米七八，在那个年代算是高个子，他相貌也英俊，待人真诚、和善，有幽默感，情商很高。在调到兰考工作之前，我父亲一直在哈尔滨、大连、洛阳这样的大城市工作，接触过很多新潮的东西。我父亲对生活是很热爱的，那个年代虽然物质贫乏，工作特别忙，但他很注重自己的形象，每天都把胡子刮得干干净净，虽然身上的衣服很旧，特别是在工厂里经常会把衣服弄得很脏，但他也会把衣服洗得干干净净。我父亲很有艺术细胞，他热爱文艺，有些文艺"范儿"，他二胡拉得相当不错，跳舞水平也很高。他非常喜欢唱歌，还是个出色的男中音，他学一首歌，非得把歌谱研究透，把发音弄准确。当年他在南下工作队就在文工团里工作过，他们排练的歌剧《血泪仇》由父亲出演男一号。我父亲的文章写得非常好，在大连起重机厂时，他经常给他们的厂报、广播电台写文章，还挣了不少稿费。我母亲用稿费给他买了一件很好的衣服，这也是父亲这辈子最高档的一件衣服。

我父亲在工作中不是一个喜欢蛮干的人，而是十分讲究做事的方法。比如面对兰考的许多问题，他都是到群众中去，通过调研交谈来寻求解决之法。比如，他得知泡桐是兰考特色，但大炼钢铁时被尽数砍伐以致风沙更加肆虐时，便大力推动泡桐树的种植。那些治理盐碱的方法，也是他多次通过座谈，在实验之后找到的。我们现在在艺术作品中看到的"雪夜访贫""百家饭""看白戏""卖酱菜"，这些都是真实发生过的事。所以，我父亲和大家一样，也是有血有肉的人。他热爱工作的同时，也热爱生活，热爱我们这个家庭。

但是，大家对我父亲的印象基本是个"工作狂"，其实，他不

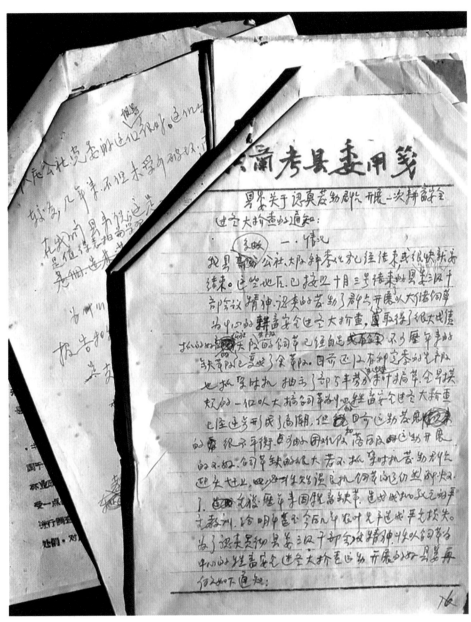

★ 1963年10月17日，焦裕禄同志为县委起草的《关于认真发动群众开展一次耕畜安全过冬大检查的通知》手迹。

新华社发

但苦干，还会巧干，遇到问题他会动脑子想办法，达到事半功倍的效果。

采访组：据您了解，您的家乡和您父亲幼年成长的经历以及家庭的情况是什么样的？

焦守云：我父亲1922年8月16日出生于山东淄博博山县北崮山村。父亲出生两年后的某一天，我的太爷爷在自家院子里的一棵香椿树下抱着他，才正式给这个孙子起了名字。太爷爷和每一位老人一样对子孙后代有着美好的期望，他说："等这孩子长大了，一定会有出息的，到时咱家就能过上富裕的日子了。前几天我见了私塾先生，问他叫'裕禄'怎么样，富裕的裕，厚禄的禄。先生说，这个名字吉利。"太爷爷说出这个名字，我的爷爷奶奶也很喜欢。"裕禄"，象征着好日子。在那个年代，普通的穷苦农民生活朝不保夕，吃了上顿没下顿，谁都想过上富足的生活。可是，在旧社会，底层老百姓要想吃饱穿暖，有时候只能是不切实际的幻想。

太爷爷当年不仅务农，也在村里做一点小生意，日子过得勉强糊口。但是我父亲出生后那些年，世道很乱，天灾人祸又多。山东农村闹了旱灾，禾苗在地里都枯死了，农民无以为生，我太爷爷的小生意也做不下去了。后来没办法，就去邻村给一个姓胡的财主当长工。一年的辛苦工作之后，到了年底算账的时候，管家通知说："你的工钱是十块大洋，按手印吧。"我太爷爷挺高兴，马上就在管家拿过来的账簿上按了手印。之后管家说："你按了手印就行了，现在没钱，过几天能到账，你先回家等着吧。"到了快过年的时候，家里等着钱过年，太爷爷又去胡财主家，跟管家要工钱。没想到对方反而反咬一口，说我太爷爷欠了胡财主十块大洋。我太爷爷急了，跟管家吵了起来。随后，双方就请来学校的赵老师来断公道。赵老师一看欠条，上面明确写着我太爷爷跟胡财主借了十块大洋，还按着太爷爷的手印。这是为什么？因为我太爷爷不识字啊，当初给他的是欠条，而他根本没看懂就按上了手印。于是，我太爷爷痛定思痛，认为光给孙子起个好名字是不够的，人如果没文化一定会被欺负，于是横下一条心，无论家里多困难，也要送孙子读书识字。

我父亲先是在本村读了四年私塾，从小都是念孔孟之道，读上古先贤的教诲。我奶奶从小就教给我父亲：天上一颗星，地上一个人，如果你是个好人，星星就亮，如果你做了坏事，星星就会变得暗淡。一个人的行动都是跟着自己的思想走的。无论家庭的影响，还是传统教育的影响，我父亲的性格里有很多故乡的特点。山东是孔孟之乡，淄博是大孝之乡，虽然有胡财主那样的坏人，但绝大多数老百姓还是淳朴善良的。我父亲有山东人的那种豪气和义气。故乡的传统文化对我父亲影响很深。

淄博既是一个传统的地方，也是一个相对开放的地方。淄博这个地方多矿产，在旧社会属于德国的租借地，1904年就有了张博火车，在八陡设站。这使得当地信息快捷，货运发达，新思维和新式生活被引进。我奶奶的娘家南崮山那时就有了新式学校，父亲八岁的时候转到南崮山小学继续读四年级。父亲自小便受过严格的临摹训练，现在人们看到父亲留下的笔迹，都说他写得一手好字。他自幼也接受新式教育，在当时较为先进的教育理念，也使他的思想比较开放、科学、务实。

我的大爷也是有文化的人，因为那时候家里条件还可以，所以我大爷上了十年私塾，能说能写能算，字写得特别好，就像过去的书法家。后来我父亲去世时，他在花圈上写了四个字：鸟恋失翼。他的意思是说他们家里这两兄弟，就像一只鸟的两只翅膀，现在我父亲去世了，这个翅膀就断了，从此以后他也飞不起来了。他要是没文化，怎么想得出来这样的词？他文化挺高，但却为什么没有像我父亲那样走上革命道路呢？因为他不愿意走出家乡。

到我父亲上学的时候，家里就不行了，所以我父亲就没上过多少学。再往后，家里的条件越来越差，开始吃不饱、穿不暖，逃荒、要饭。我的爷爷在新中国成立前就去世了，是因为交不起租子被逼上吊自杀的，那年他才40多岁。当时山东特别乱，日本人干了好多坏事，无恶不作，还有土匪、恶霸等人压榨老百姓，导致民不聊生。我父亲在那个时候就参加革命了，一是因为书读不下去了，再一个原因是我爷爷不在了之后，家里就没有人支撑了，只能去逃荒要饭，他做过长工、打过短工，还当过挖煤工。他在江苏宿迁那里当长工，干了好几年。后来宿迁那家人还给地方政府反映，说我父亲在他那里时，他们对我父亲很好。

我父亲1945年参加革命，1946年加入中国共产党，1947年随军南下，曾经在河南尉氏县搞过土改，他工作最长的时间是在洛阳矿山机器厂，他在那儿工作了9年。在洛矿，父亲完成了从小学生到大学生的深造。厂里把他作为选干生派到哈尔滨工业大学学习，毕业后他又到大连起重机厂当了2年的实习车间主任。父亲在洛矿担任过车间主任、调度科长等职。1962年年初，他又调到当年参加土改的尉氏县，当了半年的县委副书记。1962年冬天，他调到河南兰考县，任县委第二书记，几个月后任县委书记。父亲在兰考的那段时间，也是大家最熟知的时期。

采访组：大家比较熟悉焦裕禄在兰考的时期，似乎提到焦裕禄就会想到兰考，提到兰考就会想起焦裕禄。但是提到焦裕禄在洛阳矿山机器厂的这段经历，大部分人还是不熟悉的。

焦守云：是的。我父亲在洛阳矿山机器厂工作的时间最长，但是这一段一直没有作为重点内容来宣传，主要宣传的还是在兰考那一段。其实一直以来，我们跟洛矿——也就是现在的中信重工一直联系得比较多，他们对弘扬焦裕禄精神一直非常重视。一个企业一定要有企业文化，有的企业没有历史，找都找不出来，只能生搬硬套一些企业文化的概念，搞得很虚。但是中信重工不一样，他们前身是洛矿，有着得天独厚的优势。就像铁人王进喜在大庆，不仅带动的是企业，也是一个城市、一个地区，甚至成为一个时代的精神文明建设的重要内容。

我觉得确实应该注重挖掘父亲干工业这一段历史。我父亲全部的工作经历加起来，搞工业和搞农业的时间是一样长的。真正开始整理和宣传洛矿这一段历史的，是中信重工纪委书记、工会主席何淳同志。这项工作何淳书记抓得特别紧，也抓得特别有成效。事实上，在洛矿工作的这段时间，为我父亲的成长打下了很好的基础。所以习近平总书记说："焦裕禄精神孕育形成在洛矿，弘扬光大在兰考。"

我父亲在洛矿的经历，还要从新中国成立之初的社会主义建设说起。中国经历了100年的积贫积弱，从清末时候开始，有一个重要的目标就是要追赶世界先进国家，实现工业化。新中国成立后，我们党研究借鉴了工业革命以来包括苏联在内的世界多国的国家经济发展经验，认为国家要想富强，人民要想富裕，发展工业是必不可少的。我们50年代出生的人，对这段历史都是很熟悉的。那个时候，毛泽东讲过一段话，至今我们仍然记忆犹新："现在我们能造什么？能造桌子椅子，能造茶碗茶壶，能种粮食，还能磨成面粉，还能造纸。但是，一辆汽车、一架飞机、一辆坦克、一辆拖拉机都不能造。"这段话，确实反映了当时新中国的社会现实。在那个充满了创业激情的伟大时代，整个中国都充满了力量，凝聚起了一种奋发图强、奋起直追的精神。我国在第一个五年计划中，确定了156项苏联援建重点工程建设项目，洛阳矿山机器厂其中的一个项目，也属于当时中国工业建设的重要核心内容。

第一个五年计划的重点工程确定以后，派党的干部去主持好这些项目，参与到这些项目当中，使它们又好又快地顺利运行，就成了决定性因素。所以那个时候，我们国家最急需的就是工业化建设的人才，从中央到地方，人才都是最急需、最抢手的。1953 年全国组织会议提出：必须抽调大批优秀干部到工业战线上去，派他们去掌握新建和改建的工厂和矿山，把他们锻炼成为胜任工业建设方面的领导骨干。要解决今后五年内所需要的 20 万技术干部的问题，必须以最大努力和最快速度从工人和知识分子中大量培养新的技术人才。在这个精神的指导下，很多地方干部被抽调到工业一线，担负起艰巨的建设任务。

当时，我们国家有 100 多个厂矿企业属于重点项目，全国从地方抽调到工业部门工作的干部超过了 16 万人。这其中，包括我父亲在内的 3000 多名干部被选调到了苏联援建的重点厂矿。我父亲当时是被选调到了洛阳矿山机器厂。洛矿从建立之日起，就英才辈出。第一任厂长是纪登奎同志，工人同志们都称他为"毛主席的老朋友"，可见他的能力和地位有多高。后来，纪登奎同志还调到中央工作，曾任国务院副总理。

我父亲到洛阳矿山机器厂报到的时候，纪登奎同志任厂长。父亲刚到洛矿，厂房、办公楼还不存在，这个地方还是一片荒野。他要和同志们一起把工厂建设起来，他的第一个职务就是洛矿筹建处资料办公室秘书组副组长。

我为了追溯这段历史，了解洛矿建设初期的情况，曾经查阅过《洛

阳矿山机器厂厂史》。其中有记载："根据中苏两国 1953 年 9 月
4 日签订的第 102293 号合同及国家计划委员会于 1954 年 3 月 6 日
批准的设计计划任务书的规定，苏联乌克兰煤矿设计院编制的总体
进度是：一、1954 年至 1955 年交付设计文件。二、1956 年至 1957
年陆续交付施工图纸。三、按照两国设备分交清单，属于苏联供应
的机器设备，于 1958 年交付结束。四、工厂于 1959 年建成。五、
1960 年正式投产。"

在 1956 年 4 月 20 日，纪登奎厂长为了加快进度，曾给中央写
报告："当我们面对这个新的工作还没有摸着规律的时候，谁也没
有把握。经过 1954 年一年多的工作，对设计文件、国内外、场内外
各方面的条件有了初步了解之后，才敢提出这样一个问题，这个工
厂的建设不需要四年，三年就行了。"

第一机械工业部和苏联方面同意了纪登奎厂长的建议，建厂的
进度更改为"1958 年建成，1959 年投产"。全厂上下以六项措施确
保实现这个目标：洛矿建设整体时间要提速，第一项就是要加快土
建的速度。无论那时还是现在，土建的速度都是建立在施工环境的
建设，以及施工材料到位的速度上的。你要想快点把工厂建起来，
必须具备施工环境，而且材料必须齐备。首先，要想在这样一个荒
野上建立起一个大规模的工厂，必须要有一条路通到火车站，所以
这条公路是洛矿厂房建设的基础工程，所有的物料都要从这里运过
去。我父亲就负责建设这条临时公路，被任命为筑路指挥部的总指

挥。在那个时候，我们国家的经济实力、市场成熟的程度和现在是没法比的，修筑这么一条好几公里的路，在当时一穷二白的条件下，是非常难的。我父亲接到命令以后，立即回到筹建处，把自己的铺盖卷儿用草绳一捆，扛起来，搬到了筑路指挥部住。当时的指挥部住着好几百名枕戈待旦的干部和职工，席棚是临时搭建的，我父亲没地方了，就带头把自己的铺盖卷从席棚里搬出来，要求几名干部一起在露天睡，把席棚留给工人住。父亲还跟几名干部开玩笑说："同志们！天底下哪里能找到这样的房，这样大的床啊！"父亲的率先垂范，让工人们很受感动，他的革命乐观主义精神，也让同志们感到无比振奋。

我查阅的厂史当中，有对临时公路建设的一些记载："当时的涧西还是一片麦地，既无可利用的建筑，也无水电设施，横贯涧西中部的洛潼公路是一条黄土公路。晴天尘土飞扬，雨天泥浆没脚，车辆通行甚为困难。这样的公路是不能担负艰巨的运输任务的。经过第一拖拉机厂、轴承厂、矿山厂三方商定，修建一条临时公路的任务，由洛矿负责从火车编组站开始，经小屯跨涧西建一座临时桥，再向西南和洛铜公路连接，直至洛矿厂区，全程七千米，同时开始了相应的临时性供水供电设施。临时公路路基是由河南省公路局设计，由河南省第二建筑公司第二施工处承包，路面也是省公路局设计的，采用了经天然砾石配合和土和水搅拌夯实的级配路面。由于找不到施工单位，在农民支援下采用自营方式，克服重重困难后按时完成施工通车。有了公路，建筑材料就可以直接运进工地现场。"

作为指挥长，我父亲为了完成施工任务承受了巨大的压力，克服了难以想象的困难。比如有一次，在修路工程进展到一半的时候发了大水，临时搭建的浮桥被冲垮，眼看国家财产要受到损失，我父亲毫不犹豫地跳进水里捞木板，大家见状也纷纷帮助打捞、传递木板，把损失降到了最小。

在新中国成立初期那个火热的年代，刚刚当家作主的劳动人民干劲十足，激情澎湃。父亲不仅经常向有施工经验的工人请教、学习，还制度性地召集技术人员、老工人和民工队长等骨干力量开"诸葛亮会"。大家一起研究、攻关，建言献策，着力解决了很多施工当中遇到的难题。大家就这样，在大工地上，提前完成了任务。

因为出色地完成了工作任务，父亲在不久之后被厂里任命为工程管理科第二副科长。到1954年8月的时候，修路的任务顺利完成，工厂开始建设，这期间，组织决定派上百名年轻干部和技术人员到全国各地的著名高校进一步深造，这样在工厂建好之后，这些人就能立即走上工作岗位。那时候选定的高校有上海交通大学、沈阳财经学院等名校。我父亲等5人被选派到了哈尔滨工业大学。

在经过突击补习达到高中文化程度后，学校即将安排父亲和同事们转入本科学习。这个时候，厂里调整了计划，要求他们中断学习，进工厂实习。1955年3月，洛阳矿山机器厂安排我父亲到大连起重机厂实习，分配他在第二金工车间任实习车间主任。那是父亲第一次见到现代化的大工厂，对他来说，工厂里的一切都很陌生。工厂里开生产会，我父亲基本听不懂大家谈论的工业术语，更谈不上发表自己的见解了。在车间里工作，我父亲看着那么多高大的机器在运转轰鸣，他都说不出机器的名字，制造的是什么零件。我父亲向一位老工人打听："熟悉工厂的这些业务需要多长时间？"老工人说："一般情况下，用两年时间就可以摸到门路了。"父亲很吃惊，竟然用两年的时间才只能摸到门路。但其实老工人认为这样就已经很快了。父亲很忧虑：洛矿马上就要投产，我们哪有那么多时间呢？

在生产过程中，车床、钢花、钢的型号等，父亲全都不懂，完全是个门外汉。有一次，父亲让一起来实习的同事核对一台机器的型号，同事向技术人员问了图纸的编号，技术员在一张纸上给他写下了俄文代号"6o-4"。但是那位同事缺乏专业知识，取图纸的时候就读成了604，结果被大家笑话了一番。这事对父亲产生了很大的震动。后来，起重机厂的工人纷纷议论说："洛阳来的这些工农干部还来学什么管理？如果谁都能干活的话，还要大学生干什么？拉牛尾巴的人还能管工业？"我母亲当时和父亲一起在大连，工人的这些议论传到了母亲耳朵里，她就学给父亲听，父亲很不服气，说："拉牛尾巴的怎么了？不是我们这些工人、农民在共产党、毛主席的领导下把天下都打下来了吗？还有什么困难能挡着我们？"

父亲从此更加奋发图强，他就把自己当成一个小图工，做最基础的工作，潜心研究零部件的工艺线路构造。为了搞清楚知识要点，他会跟着一个部件走过数十台各种型号的机床，从白班跟到夜班，天天就在厂房里度过。他白天仔细琢磨机器和零件，回到家以后还要看图纸到很晚。

有一位老工人教给我父亲一个"绝招"：只要用砂轮打一块钢材，看看打出来的钢花是什么样的，就能据此判断出钢的型号和材质。为了练习好这个本领，我父亲每天都在衣兜里揣上大大小小很多钢块，一旦老师傅有时间，他就找他去学习。老师傅每次看到他从口袋里掏出一块块各种各样的钢块，就笑着说："你这哪是衣兜啊，简直是个百宝囊。"

前面提到我父亲在大连起重机厂当实习车间主任时经常写文章，此外他还给厂党委写过一些经营管理和政治思想工作等方面的建议，每次都能引起厂领导班子的重视，有些建议还形成了厂党委的工作决议。曾经有一次，父亲向车间主任主动请缨，要求编排生产计划，车间主任当时还比较犹豫。毕竟作一个完备的计划，不仅需要对全车间上百台机器都非常熟悉，而且需要对相关车间的情况也很了解，才能把控好流程，作出符合产品生产要求的计划。但是父亲非常自信，表示自己一定能做好。于是，车间主任就抱着试试看的态度把任务交给了他。结果，让车间主任没想到的是，父亲还真的制订了一个严谨的计划，严丝合缝，滴水不漏，非常合理且高效。这样一来，车间主任对他的看法完全改变了。不久之后，车间主任要到党校去学习，他就向厂里推荐父亲接替他任车间主任的职务，厂里很快就批准了。父亲干了一段时间后，因为作风民主和工人们打成一片，因为业务精湛把生产任务保质保量地完成了，不仅得到了厂领导班子的认可，也得到了工人的一致好评，称他为"最棒的车间主任"。我父亲实习期满就要回到洛阳了，但是厂领导班子认为他是个优秀人才，想把他留在大连工作。从原则上讲，无论在大连，还是在洛阳，都是干工业，都是为祖国作贡献，本质上没有什么差别。但是父亲没有接受这个邀请，他认为洛矿派他去哈尔滨工业大学深造，到大连起重机厂实习，就是希望他练好本领，回去建设洛矿。哪有不回去的道理呢？而且大连起重机厂已经相对成熟了，而洛矿刚刚起步，更需要他。后来，我父亲不仅拒绝了留在大连，而且还反复向大连起重机厂做工作，希望他们能派两个技术人才支援洛矿。大连起重机厂答应了他的请求，派了两个技术人员和他一起回洛阳。

母亲对我们讲，我父亲一辈子没享过几天福，但是在大连的那段时间，是他一生中最快乐的日子。那个时候，我的姥姥跟着他们一起在大连生活。我的奶奶有时候也带我去大连看望父母，住一段时间。母亲还用父亲的稿费给他买了一套黑呢子干部装，这也是他穿过的最好的衣服。父亲还跟苏联专家学会了跳舞，他是个瘦高个，跳起舞来风度翩翩。苏联专家还半开玩笑地夸他："你一个拉牛尾巴的，舞也能跳得这么好！"母亲那时候也打扮得很时尚，她烫了头发，还穿上了那时候最时髦、最流行的"布拉吉"。他们那时候手里还比较宽裕，经常叫上工友聚餐。大连是可以吃到海鲜的，大家有吃有喝，有说有笑，非常开心。母亲每次回忆起这段生活经历，总是非常陶醉。

父亲是 1956 年底回到洛矿的，他已经有了车间主任的工作经验，一回厂就担任一金工车间主任。这个车间在当时也是洛矿规模最大的车间。当时一金工车间的基建工程刚完工，厂里为了加快速度，提出了要在设计的同时安装。在那个年代，洛矿是苏联援建的大型厂矿，所以使用的图纸、符号等，用的都是俄文。父亲为了看懂俄语，就拜精通俄语的技术员赵广宜为师，向他学习俄语中的工业名词等。

经过不断努力，父亲在很短的时间内掌握了大量俄语，对字母的发音也熟悉了。他为了弄清机器零件的构造和工作原理，经常钻到机床下，对应着每一个设备、每一个环节查找图纸来认证学习，经常搞得满身油污。有位技术员劝他："这些零件的标号图纸上都有，一查就能查到，没必要下这个笨功夫。"父亲说："那不是一回事儿，别管设备多么复杂，总会有个规律，如果你亲自找，找到一个核心部件，其他的也就能找到了，如果单单看图纸。那就是吃别人嚼过的馍，没味道。"现在，在中信重工的厂区道路旁，陈列着一台老式双筒提升机，也叫卷扬机。这个提升机是用在大型矿山的设备，是洛矿生产的第一台双筒提升机，也是咱们国家生产的第一台双筒提升机，它就是父亲当年带着人制造出来的。

这台提升机曾经一度离开洛矿，直到 2007 年才由中信重工费尽周折从观音堂煤矿买回来。买回来之前，它还在运转，那时它已经

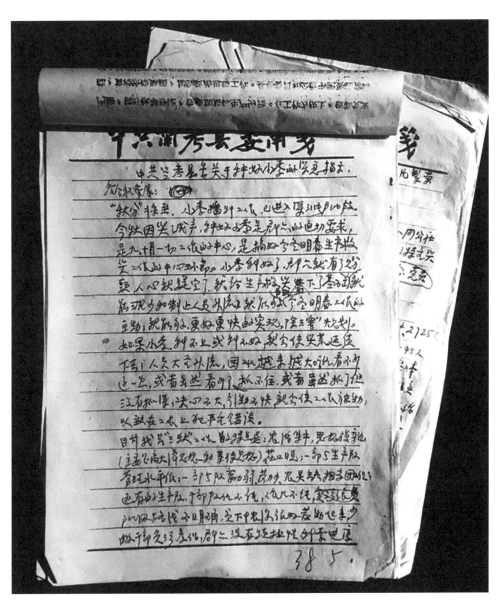

★　这是焦裕禄同志 1963 年 9 月 12 日亲自起草的《中共兰考县委关于种好小麦的紧急指示》
　　手稿。

新华社发

整整运转了 49 年，相信如果继续用，还能工作很多年。当年，父亲和同事们制造提升机的过程中，还遇到过很大的困难。因为提升机是按照苏联的图纸制造的，但由于材质不过关，机器的瓦衬和瓦壳不能有效地黏为一体，用工具敲一敲，能听出是两层皮的声音，这就属于不合格产品，得把它挑出来报废。为了解决这个总是困扰大家的问题，我父亲就组织干部、技术人员还有工人组成"三结合"小组，进行分析、研究，最终决定用离心浇铸的方式进行试验。试验达到了预期的效果，轴瓦竟然达到了 100% 的合格率。这个过程中，父亲和同志们自制离心浇铸机，给瓦轴提供了浇筑轴承合金。

当时还遇到了一个困难，是 3.2 米立车上的车刀有严重的质量问题，在加工提升机大尺圈的时候，车刀总是卡壳，严重影响工作进度，为此，大家都很着急。这个车刀是苏联专家茹拉廖夫设计的，父亲去他的办公室和他商量，希望他重新改进车刀，帮助解决这个问题。可是，茹拉廖夫并不配合，他说："我都看过了，加工很正常，有卡壳现象也是正常范围内。你们中国人刚开始搞工业，能干成这样已经很不错了。这个工艺是载入我们国家百科全书的，不可能有问题。"我父亲还是坚持要求他去看一下，并帮助改进。但是，茹拉廖夫拒绝了，他说："你们造不出提升机。这么短的时间内研制出提升机，在苏联都不是件容易的事，何况在中国？你们刚建厂，就别异想天开了。"苏联专家的这番话让父亲很反感。他从来不认为中国人比别人笨，虽然暂时落后一点，但中国人只要努力，什么都能做好，什么都能追上。

父亲憋了一口气，他当即回到车间，和同事们商量："咱们中国人要用自己的力量改造车刀工艺。"大家集思广益，在一位牛师傅的技术创新的基础上，他们改进了断屑槽，又相应地加宽了副切削刃，这使车刀的工作效率再次提升，加工一个大齿圈只需要六个小时，大大缩短了加工时间。后来，大家为了能让苏联专家认可工人们研制出来的新刀具，一金工车间还组织了一次刀具加工表演，其实这就是一场比赛。比赛过程中，中国工人们设计出来的车刀钢屑流畅，转速非常快，但茹拉廖夫的刀具连续坏了几次。

在兰考的焦裕禄纪念馆里，有一个展柜的后面放着一条长凳，这条长凳的说明上写了，我父亲在制造这台提升机的时候，连续50多天就睡在工厂的这条长凳上。当时，工人们真的是拼了，他们晚上十二点下班，回到家打个盹儿，早上四点多就赶到工厂，继续工作。每天我父亲深夜下班以后，还主持召开半个多小时的生产例会，总结一下当天的生产情况，并部署第二天的生产任务。大家散去后，他就在一条长条板凳上躺着，盖上棉衣眯一觉儿。王友谊当时是提升机的主要设计者之一，在最紧要的赶工的日日夜夜，他一直和我父亲在一金工车间，白天黑夜连轴转，到了晚上，王友谊也找不到睡觉的地方，父亲就让他躺在自己平时睡觉的板凳上，父亲对于睡板凳已经有经验了，告诉他，侧着躺会睡得舒服一点。我父亲和同事们制造提升机的那段日子里，一金工车间是昼夜灯火通明，每天都是热火朝天的景象。那段时间，父亲经常熬得两眼血红，身体也被掏空了，两腮深陷，整个人非常憔悴，又黄又瘦。但是，这样的付出是值得的——2.5米双筒提升机终于在预定的时间内生产出来了，引起了全国轰动，成为中国机械制造史上的奇迹。

在《洛阳矿山机器厂厂史》中，有一段对我父亲这一时期的情况介绍："三年时间完成两米以上大型提升机460台，为我国矿山采掘提供了提升矿石、煤炭的能力，解决了当时矿山的急需。为了实现高产，在组织生产提升机方面采取三项措施：一、组织产品批量生产，缩短生产周期。之后，生产调度科科长焦裕禄同志进一步发展，将不同型号提升机同类零件和各种型号桥式起重机通过通用零件组织一起生产，功效成倍提高。二、大型提升机减速器、机盖、法兰盘（关键件）一模多铸，效率提高2—3倍。三、节假日不休息，延长工作时间。"这是该厂史对我父亲为洛矿作出贡献的记载。

回想这段岁月，在洛矿期间，我父亲时时刻刻都在争分夺秒地为党和国家工作。我对父亲有一个特别深刻的记忆，就是他走路很快，这是他的一个鲜明特点。洛矿的老工人都说，焦主任每天厂里走一圈，他不抓紧时间走，整个厂走不完，所以他养成了走路像一阵风的习惯。这也是他个人作风的一种体现，要是拖拖拉拉，肯定做不好那么多事。

我父亲为洛矿作出了突出贡献，但从根本上来说，也是洛矿培养了我父亲。洛矿派父亲去学习、实习，让他完成了从小学生到大学生再到成熟的工业干部的深造。父亲在洛矿担任过车间主任、调度科科长等职，也培养了工业战线的领导才能。

习近平总书记把焦裕禄精神概括为"亲民爱民、艰苦奋斗、科学求实、迎难而上、无私奉献"。我个人体会，在洛阳这段时期，我父亲身上最突出的是科学求实的精神，这是非常重要的一点。有了这个基础，后来他去兰考治理"三害"时，就有了更多的科学态度。我父亲的文化程度并不高，小学都没有毕业，但他为什么干什么都能干得很好？就是因为他在洛矿大工业时代锤炼出来的科学求实精神，这使他以后无论做什么事都能实事求是。

采访组：我们了解到，焦裕禄无论在洛矿还是在兰考，始终都是非常关心同志的，而且经常把自己应得的东西、待遇让给同事。

焦守云：是的。在洛矿，父亲与同事们相处得特别好。父亲在业务上和生活中关心同事，这得益于优良的家风以及他旧社会受苦受难的劳动人民家庭的出身，所以他对别人总是深怀同情。

洛矿当年盖了一栋科级干部的家属楼，厂长纪登奎同志亲自给我父亲打电话，通知他，我家分了一套50平方米的房子。父亲考虑了再三，又和我母亲商量，决定把房子让给跟他一起从大连来的郝师傅。多年以后，郝师傅讲到这件事都会非常感动。

洛矿有一位姓吴的同事，老婆生了第五个孩子，但是他家里没有老人帮忙照顾。有一次，为了照顾孩子，吴师傅请了四天假。父亲知道后就想，吴师傅家里孩子多，收入也不高，生活肯定有不少困难。当时他有工作脱不开身，就委托一位同事去老吴家里看望他，并替他捎去了十元钱。那时候我父亲的工资也不高，而且还要养活七八口人，他还能想到拿出钱来帮助别人，确实不是一件容易的事。

1959年，我家的邻居张全生的爱人临产在即，但是张叔叔却很发愁，因为他爱人不会做针线活儿，这样一来，小孩儿的衣服没人做。张叔叔想把布料寄到上海去，但服装店却要三个月才能做好，时间来不及。父亲知道了这件事，就请我妈妈和姥姥当天晚上给张叔叔的小孩儿做了衣服。现在，这件衣服还陈列在焦裕禄纪念馆中。

我父亲对知识分子特别能够理解和支持。一金工车间有个青年技术员陈继光，是大连工学院机械系机械制造工业专业的高材生。陈继光学习时就很优秀，参加工作后还不断地钻研学习，业务非常好，对齿轮啮合理论及加工制造称得上是个专家，对机械加工工艺非常擅长，在工作中对车间作出很大的贡献。但是，在国家1957年的反右运动中，陈继光因为家庭成分不好，受到了排挤，被打入另册。陈继光一直闷闷不乐。我父亲非常理解知识分子，也特别体贴他们。他说："咱们国家正在进行大规模经济建设，很多知识分子真正的委屈不是生活待遇，而是报国无门。他们最需要的是大家的理解和组织的信任。"后来，我父亲力排众议，让陈继光加入了设备安装突击队。在当时，这可不是一件小事，整个洛矿都传得沸沸扬扬。在厂党委会上，大家对这件事情争论得不可开交。为了了解情况，厂长纪登奎找我父亲谈过一次话，父亲说："现代化的机械产品制造，离开专家和技术人员是不行的，他的家庭成分并不说明他自己有问题，更不能认为他干不好工作。"后来，纪登奎同志支持了我父亲的决定。

我父亲还帮助工人的家属安排工作，有的两地分居的，他帮人家想办法、做工作，把家属给调到洛阳来，让他们家庭团聚。但是，自己家的亲属，他却从来不帮忙。据我了解，家里来找我父亲"走后门"的亲属很多，可是我父亲都没给安排。

到兰考之后，还有亲戚来找我父亲安排工作。比如，我大爷的大儿子——也就是我的堂哥，有一次去兰考找我父亲，就想让我父亲给他安排个工作。我父亲好言相劝说："你在老家多好，你是初中毕业，在农村是个秀才，你干吗要到兰考这里来呀？我们这里也不是谁来都能安排的，那都是有政策的、有规矩的。我可以给你安排，但是我给你安排了，我怎么去说人家呢？"堂兄临走的时候，我父亲送了他一支钢笔，他说："你在农村是个秀才，回去好好干，好好学习，一样大有作为！"后来，我堂兄在农村干了一辈子，一家人都在农村，一直到了第三代，我堂兄的孩子考上了大学，到淄博工作了。

采访组：焦裕禄是在兰考因病去世的，实际上他在洛矿期间身体就已经出现了严重问题，具体是什么时候得病的呢？

焦守云：我父亲的身体早就有隐患了，但真正发现他生病是在担任了洛矿调度科科长以后。1959 年，父亲已经是一个成熟的领导干部了。当时不止我父亲一个人辛苦，大家都辛苦，也不止我父亲一个人得了营养不良型肝炎，还有人也得了这个病。那个时候，洛矿工人每天的工作时间均超过 8 个小时，一般为 10 小时以上，也有工作 12 个小时的，每逢月末突击加班经常达到 16 个小时以上，节假日很多人不休息，照样来厂里赶工作进度。洛矿的人讲奉献，讲拼搏，加班都是自愿的。即使是现在，虽然加班强度没有那么大了，但一旦有急活儿，工人们也是随时加班，即使已经下班回家了，甚至半夜睡觉呢，也是随叫随到。

我父亲最后病倒，主要是因为连续的工作，再加上严重营养不良。之前发现身体有问题，他也一直拖着，等到病情严重的时候到医院一检查，已经到了必须立即住院治疗的地步了。这个时候已经是 1960 年底了。在临住院前，当时的厂长江枫拍着我父亲的肩膀说："老焦啊！这次住院，党委对你有三个要求：第一是安心治疗，第二是安心治疗，第三还是安心治疗！"我父亲口头上答应了，但心里还是惦记着工作，他在医院治疗的那段时间里，经常偷偷地从医院溜出来，到车间和同志们一起工作，解决问题。后来，同事们也经常到他住院的病房里商量工作。厂党委发现这个情况后，认为这样不利于他的康复，于是切断了他的电话，禁止除亲属以外的任何人进入他的病房。

可是有一天，在病房里经常听到的厂房里传来锻锤的声音突然没有了，父亲就怀疑是不是什么地方出问题了。他跑到医院办公室，给厂里打电话问怎么回事。接电话的是调度科主持工作的老刘，因为党委有指示：在焦裕禄同志住院治疗期间，不准用工作问题打扰他，所以老刘只好告诉父亲说："一切正常，请你放心！"父亲不相信，他说："老刘，你不要骗我，是不是五吨锻锤出什么问题了？"老刘心里犯嘀咕，刚刚发生的事情，怎么就传到焦科长耳朵里去了？既然他已经猜到了，老刘也只好坦言相告："我刚刚接到齿轮箱的轴扭断一根的报告。可是，你是怎么知道的？"我父亲半开玩笑地说："哈哈，我有顺风耳，我在医院听出来的。"就这样，即便在病中，父亲仍然时刻牵挂着他所从事的工作。

采访组：您刚才讲大连的生活是幸福的，洛阳也不算差，但是到了兰考，你们一家的生活质量是不是下降很多？

焦守云：确实下降很多。我父亲去兰考，是从一个相对生活比较好的地方，调到了生活特别不好的地方，对我们家里的生活影响非常大。

我对于在洛矿的生活还有很多印象。我从两岁就跟着奶奶在老家淄博住，但是每年我都会跟着奶奶到洛阳，在我爸爸妈妈那里住两个月。一直到父亲去世前的那一年的春节，我父亲才把我接到兰考去读书。

原来在洛矿，虽然工作很忙，但我们生活条件还是挺好的。我们家在洛矿的时候还有收音机，那时候收音机可是不得了的东西。我们住的房子还有暖气，那时候洛矿职工住的房子家家户户都有暖气。虽然吃的、穿的不足，日子过得比较苦，但城市里的生活还是

★ 2017 年 9 月 4 日拍摄的河南省兰
考县成片的泡桐树。
新华社记者冯大鹏摄

过得去的。我在老家的时候，我父亲母亲从洛阳给我寄的衣服、鞋子，都是城里孩子的衣服，都是工厂做出来的，我爸爸妈妈给我买的。但农村孩子的衣服、鞋子都是自己家做的，款式、花色，都差很多。

但是，父亲离开洛阳以后，我们的生活变化很大，可以说是一天不如一天。但是我父亲对党组织的安排完全服从，党叫干啥他干啥，完全不计较个人的利益、得失，这种精神是很多人不容易做到的。我父亲从洛阳到了尉氏，尉氏的生活条件就比洛阳差了很多，但是还是比兰考要好一些的，结果他又从尉氏到了兰考。有人说，老焦就是傻！越走越艰苦，越过越不好！尉氏是我妈妈的老家，生活虽然苦，但是我妈妈能在老家生活，心情还是好的。有一天回家，我妈妈挺难过的，跟我说："你爸爸对我说，咱们还得走呀，要去兰考。"那时候我父亲到尉氏才半年。我们一家，坐在一个敞篷的货车车斗里，连人带包袱就被拉到兰考了。我们是越走越穷，越走越艰苦，越走工作越不好做。

但是我父亲去了兰考，带去了共产党的干部对老百姓的大爱，这对兰考人民来说，是一个历史性的转折。我父亲出身于贫苦百姓家庭，他当初参加革命就是因为共产党为老百姓打天下，所以他对老百姓的那种感情，不是每个人都能够做到的。他不管走到哪里任职，在和他母亲年纪相仿的大娘说话时，都会喊一声"娘"。这样为人民服务，能服务不好吗？

兰考你们去过吗？现在是一年一个样，特别干净、特别漂亮。

很多洒水车天天在街上转。兰考干部学院建得也特别好。泡桐开花的时候特别美，兰考的旅游现在也很火。你们去的话，一定要赶在泡桐开花的时候去，每天都很多人，跟赶集一样。我现在每去一次兰考都很感慨，连农村都那么干净，谁能想到呀。

1964 年 5 月 14 日，我父亲才 42 岁就去世了。父亲临终前对组织唯一的要求，就是死后能把他安葬在兰考，埋在沙堆上。他说："活着我没有治好沙丘，死了也要看着你们把沙丘治好。"

父亲死后，我奶奶在葬礼上一直憋着不哭，她说："我是家里的老人，我得照顾着俊雅。"我妈妈那一年才 33 岁，我奶奶怕我妈妈承受不住这个打击。等我父亲安葬下来，她回到老家以后，憋不住了，往地上一坐，号啕大哭，一边哭一边喊："儿啊！儿啊！"她那个时候才把情绪释放出来。

采访组：多年以来，特别是退休以后，您承担起了很多焦裕禄精神的宣传工作，到现在为止您有哪些成果可以更详细地向我们介绍一下，同时您有哪些感受？

焦守云：可以说我从十几岁就开始参与宣传我父亲事迹的工作了。我觉得无论从我们党的事业的角度来说，还是从我们个人的情感来说，我都有这个责任参与这件事。

这些经历是从什么时候开始的呢？根源还是中央领导接见我的母亲开始。我妈妈是尉氏人，尉氏话口音比较重，中央领导同志和她见面的时候，对这种方言不是很好理解，这中间就需要我翻译，再加上我妈妈本身就不善言辞，也需要我做一些补充。

我们都是实事求是地说父亲的生前身后事，以前有个电视台做节目，找到我妈妈，把台词都给我妈妈说好了、弄好了，让她按照那个讲。我妈妈说："你们这是干啥呢？你们都弄好了，让我说瞎话，我不会说。"我妈妈有文化，有水平，当过兰考县的副县长，就是不说假话。

我父亲去世的时候，我母亲才33岁，她要把6个孩子拉扯大呀，很辛苦！我妈妈的性格比较内向，有个记者问她说："你跟老焦怎么谈恋爱的？"她听了以后，很长时间都不说一句话，她心里不好受，那段日子，永远藏在她心底的最深处。

从那时开始，关于我父亲的事，我们家基本都让我来讲。我这个人呢，性格还算比较外向，话比较多，表达能力还可以，所以有人说我是我家的"形象大使"。但我觉得也谈不上什么大使，既然事情总要有人去做，那我就把事情做好。

我13岁时登上天安门城楼见到毛主席，是周恩来总理亲自批准的，当时也是王光美引见的，那对我来说是一个非常宝贵的经历。作为毛主席请来的客人，我们兰考代表团在北京受到了最好的礼遇：一下火车，就被军用卡车接走，住楼房，睡军用被褥的地铺，吃白菜炒肉和大米饭，出门坐公交车靠一张代表证全部免票。2008年，临近北京奥运会，我得到了一个不平凡的荣誉，我成为开封市的一名奥运火炬手，担任传递圣火的任务。当家中的兄弟姐妹纷纷向我祝贺时，我说："这是我们全家的荣誉，我一定能代表我们全家完成这项最光荣的任务。"

我们在宣传工作上有很多成果，我们参与了李雪健老师主演的《焦裕禄》，后来还参与创作了电视连续剧《焦裕禄》、歌剧《盼你归来》、音乐剧《焦裕禄》、电影纪录片《永远的焦裕禄》、微电影《焦裕禄在洛矿》，我还写了书——《我的父亲焦裕禄》，同名电影《我的父亲焦裕禄》也在 2021 年上映了，得到了 2021 年电影评分最高分，96 分。2022 年 1 月，为纪念我父亲诞辰 100 周年，中共中央党校出版社还出版了《焦裕禄的九年洛阳岁月》。

我写的书——《我的父亲焦裕禄》2016 年 5 月由人民日报出版社出版发行，新版《我的父亲焦裕禄》2022 年 8 月由中共中央党校出版社出版发行，是一本纪念焦裕禄的作品。写这本书的缘起是，多年来，我不断受邀在全国各地做讲座，父亲的高尚品格和经历总让我动情落泪。我做一场哭一场，我流泪是因为我心里在流泪，每次讲座，听众们也都以热泪、以唏嘘、以掌声回馈。他们的感动反过来又感动着我。所以，总有人建议我把父亲的故事写出来，这就是写这本书的初衷。这本书我写了两年，为了写好，我特地重走了一遍父亲经过的道路：在淄博寻访他推过的独轮车，在洛矿走进他工作过的车间，在兰考踏遍黄河两岸、重访大风口、再挖盐碱地……甚至在兰考焦裕禄纪念馆的帮助下，又一页一页、一字一句地辨识了父亲的档案材料。在这个过程中，我对父亲的认识更深了一层。

看着他亲手写下的万言自传，受地主剥削、被日本人奴役、遭遇土匪的横行霸道，更加觉得，他后来成为优秀的共产党员，成为与人民群众同甘共苦的县委书记，与时代的深刻变革和党的领导是分不开的。这本书共6个章节12万字70多张照片，我以女儿的视角回望了父亲的一生：被日军抓走挖煤，被土匪骗去，被汉奸胁迫，被逼远走他乡逃荒要饭；支前运粮、智斗土匪；从"泥腿子"到操作现代化机器的工人和厂领导；带领人民除"三害"；面对上级准备拆分兰考的动议，力保兰考县制的完整；等等。书中，我父亲不仅是一个优秀的县委书记、人民的好公仆，也是从旧社会走出来的贫困山村青年、多才多艺勤奋好学的企业员工，更是一位热爱生活、严肃而可亲可敬的父亲。可以说，这本书完整地再现了父亲的一生。

我们根据这本书拍摄了电影《我的父亲焦裕禄》。编剧对我父亲在洛阳矿山机器厂那一段的经历特别感兴趣，所以他的剧本一开始就要把故事从洛矿讲起，他觉得洛矿的事和老家的事更重要。但是我跟他说，兰考的事情虽然之前大家已经很熟悉，但这次它肯定还是重点，兰考才是焦裕禄精神发扬光大的地方。后来，编剧把剧本写得特别清楚。字数差不多有小十万了。他要考虑电影的热闹场面，所以还要去老家拍那些社火呀、老家的那些戏呀。有一次，他跟我说，他写着写着写不下去了，他把头包到被窝里哭了一场，再继续写。我当时就想，他这是入戏了，编剧一入戏，容易出精品。人物本身就感人，编剧再有这么深的感情，就能创作出好作品。

但是选演员的过程中，我们又遇到了难题。现在谁还能演焦裕禄？年龄不能太大，我父亲去世时才42岁。但如果太年轻了吧，他们没有那个生活经历，也没那个年代的干部既朴实又有干劲的"范儿"。而且，这些年轻演员还不想被焦裕禄的形象把他们以后的戏路给限制住，否则会影响他们未来的发展。他们更愿意去演青春偶像剧之类的，所以他们也觉得自己演不了。找了很久也没有合适的，这让我们很发愁。经过反复甄选，最后由我们山东的演员郭晓东饰演我的父亲。

我父亲的好嗓子也遗传给了我们家人，我们兄弟姐妹几个都能唱几句，我的儿子余音是中国音乐学院毕业的，就是学唱歌的，他现在在中国歌舞剧院工作。现在关于我父亲的一些歌，比如总书记写的《念奴娇·追思焦裕禄》，是我儿子在唱。

采访组：我们知道，良好的家风家教是影响子女最重要的因素之一，也是构建良好社会风气的基础。最后想请您谈谈家风家教的问题，尽管在您兄弟姐妹几人很小的时候，父亲就离你们而去了，但一定留下了很多家庭生活的印象，以及优良传统的传承。还有，您兄弟姐妹几人后来的情况也请您简要介绍一下。

焦守云：美好的回忆还是很多的。父亲工作之余喜欢带着孩子们玩儿，世人都知道焦裕禄有六个子女，并且名字也为大家所知晓。其实我们的名字还有另外的故事。大姐叫焦守凤，她是在新中国成立前出生的。而大哥叫国庆，一听名字就带着浓厚的时代色彩，不用说，他是在国庆节那天出生的。大家都喊我二姐，以为我排行老二，其实我在家排行老三。我原名并不叫焦守云，而是叫焦迎建，就是迎接国家第一个五年计划的意思。我还有一个妹妹，因为她出生的时候哭得特别厉害，声音像铃铛一样，所以就叫玲玲。后来她参军，嫌名字太娇气，为了紧跟时代，就给自己改名为"守军"，这一点她也的确做到了，最终是在部队退休的。我的大弟弟出生于1958年，正赶上"大跃进"，所以取名跃进。我最小的弟弟也是在洛矿出生的，1960年的口号是保钢保粮，所以叫保钢。

对父亲来说，哪个孩子他都爱，没有远近之分。他带着我们看儿童剧《马兰花》，还教我们唱《马兰花》："马兰花，风吹雨打都不怕。勤劳的人在说话，请你马上就开花……"父亲还带我们看电影《红孩子》，和我们一起唱主题曲："我们是共产主义接班人……"父亲教育我们爱惜粮食，经常带我们一起唱："我是一粒米，我是一粒米呀，长在田间里，农民伯伯种下我多么不容易……"他趁着我们的假期，带我们下乡参加劳动，捡红薯，拾麦穗，然后颗粒归公。在我的记忆中，这段时光是最美好的。此后漫长的日子里，或者在深夜，或者出差途中，或者散步时，这段场景总是不由自主地浮现在脑海。

父亲特别喜欢孩子。在洛矿母亲怀上保钢的时候，因为身体虚弱，她不想要这个孩子，准备去医院做掉。父亲不舍得，但也劝阻不住，只得陪着母亲去医院。哪知道一检查，医生说我母亲贫血，不适合做手术。这下可把父亲乐坏了，他大手一挥说："咱这就走！"带着我母亲高高兴兴地回家了。保钢出生的时候，正是困难时期，我父亲那时候的身体已经出现了问题，母亲就把应该保钢喝的牛奶分出一份给父亲喝，重点保护他们两人。

在洛矿的时候，我还出过一次事故，由于粮食不够吃，我就跟着母亲去厂里背茄子，她背一大包，我背一小包，公交车来的时候，我没挤上去就掉下来了，公交车已经启动，车外的人大声喊，幸好旁边有人反应快，一把就把我拉了回来。司机师傅很机警，迅速踩住了刹车。当时的石子路把我的腿划伤了，即使是今天，这些疤痕还在。

我父亲不仅严格要求自己不搞特殊，不贪不占，同时，也严格要求我们。

我父亲在兰考工作的那段时间，我的大哥焦国庆年纪还小，不懂事。有天晚上，父亲见哥哥高高兴兴回来了，就问哥哥做什么去了，哥哥说去看戏了，父亲问他谁给的钱买票，哥哥说没买票，售票员知道他是焦裕禄的儿子，就让他进去了。父亲当时就批评了哥哥："你不能这样做，演员叔叔阿姨在台上又唱又演的，满头大汗，不买票就去看'白戏'，你现在会占小便宜，长大了就会占大便宜。"第二天，父亲领哥哥补上了2角钱一张的票，又给售票员承认了错误。

父亲身体不好以后，组织照顾他的东西，即使是正当的可以要的，他也都不要。有一次父亲下班回到家，母亲端出一碗米饭给父亲吃。

那时候米饭很金贵，我们几个都眼巴巴地看着父亲的碗，父亲就往每个孩子碗里拨一筷子米饭，拨完后自己也没剩多少了。他问母亲："这米是从哪里来的？"母亲说："是县委考虑你身体不好，就照顾了几斤。"父亲听了后说："这可使不得，这些大米你赶快给研究泡桐的南方大学生送去，他们吃面食吐酸水，我们不老不少的，吃这个干什么。"

1963年夏天，我大姐焦守凤初中毕业，许多好单位都给她送来招工表。姐姐拿着这些表去给父亲，请他当参谋，当时父亲就问姐姐的同学是否都有这些好工作。姐姐说没有，还撒娇说是沾了爸爸的光。父亲当时就脸色一变："这些单位你都不能去，走出学校门，你就进了机关门，你缺了劳动这门课。"后来，父亲给姐姐想了三份工作，一是留在县委大院打扫卫生，包括打扫厕所；二是去学理发，因为当时那是一门技术活；三就是当工人。母亲一听说让姐姐去扫厕所，就不同意；让一个16岁的大姑娘去给人家剃头，她也不同意。那时当工人光荣，社会地位也高，姐姐和妈妈都觉得这份工作好，可一问父亲到哪儿当工人，才知是让姐姐到县食品加工厂工作。那里其实就是个手工作坊，主要干两种活：腌咸菜和酿酱油。姐姐尽管不愿意，但还是去了。食品加工厂劳动强度大，厂里味道不好，更糟的是，需要两只手伸到咸菜缸里捞咸菜。姐姐的手被磨出许多口子，伤口再被盐水一浸，整个手都是肿的。更让姐姐不能忍受的是，要走街串巷挑着担子去卖酱油和咸菜。一个不大的县，县委书记的女儿很多人都认识，特别是姐姐的同学，因为大家都觉得姐姐该有很好的工作。姐姐哭过闹过罢工过。有一天，父亲和姐姐说："爸爸今天事情不多，陪你卖酱油吧。我爷爷开过油坊，我小的时候，也走街串巷卖过油，我来告诉你怎么喊能把酱油更快卖出去，怎么挑担子更省劲。"姐姐一听可高兴了。刚开始，姐姐跟着父亲走街串巷，可后来，她觉得不对，父亲是县委书记，怎么能让父亲也干这样的活儿，就对父亲说："爸爸你回去吧，以后我再也不闹了。"那段时间对姐姐一生都有很大的影响，她时刻以父亲为榜样，严格要求自己，勤勤恳恳，踏踏实实，做好本职工作。后来我大姐因为工作优异，被调到了开封总工会工作。再后来，她的子女下岗了，希望她找组织帮忙，但是她选择跟父亲焦裕禄一样不搞特殊化，不给组织添麻烦。姐姐现在在开封生活，经济情况不太好，她孩子多，下岗、待业的都有。如果姐姐去找领导，请他们给孩子安排工作，也不是件难事，但我们姐妹之间约定，一定要守卫好父亲这面旗帜，虽然不能为父亲争光，但也绝不能给他抹黑。

我大哥焦国庆初中毕业后，参军入伍，成为一名光荣的人民子弟兵。随后，他被分配到沈阳军区的"董存瑞部队"。他这一干就是21年，历任班长、排长、连长、营长、副团长等职。1989年，他从部队转业，在开封市地税局工作。2004年，他从开封地税局退休。

说到我自己，应该是"最沾光"的。1966年9月15日，我13岁，那一年毛主席第三次检阅红卫兵，当时我就在天安门广场上站着，没过多久，周恩来总理就将我带上天安门城楼。下午三点的时候，周总理和王光美将我介绍给毛主席，毛主席跟我握了握手，并在天安门城楼上合了个影。1968年，我15岁的时候参了军，后来被分配在了一个军区的通信连里。因为表现优异，在1971年被组织安排去护士学校学习。毕业之后我在广州458医院当护士。1973年，我刚20岁，出席了党的十大，成为当时全国年龄最小的党代表。2008年北京奥运会，我又成为开封市的一名奥运火炬手，担任传递圣火的任务。几十年来，有人说我是焦家的"外交官"，一直致力于宣传焦裕禄精神，我也确实把宣传父亲焦裕禄的事迹当成自己的责任和自己工作的一部分。不管是生活还是学习，我始终都铭记着父亲的教诲。

我的妹妹焦守军在高中毕业后入伍参军，成为一名光荣的人民解放军战士。1979年，她参加了对越自卫反击战，在战斗中，她巾帼不让须眉，与敌人顽强作战，荣立三等功。她是全国三八红旗手，后来，她与丈夫在成都军区工作。如今已经退休。

我大弟弟焦跃进像父亲一样从基层做起，下过乡，做过插队知青，也在学校做过老师。他追随着父亲的脚印，踏踏实实，一心一意服务于人民。他当过生产队长、乡长、副县长、县委书记、开封市委常委、开封市统战部部长，他还担任政协第十二届开封市委员会主席、党组书记。现如今以退休。

我的小弟弟焦保钢，18岁到兰考县公安局刑警队工作。他办案骁勇且干练，不法分子闻焦保钢的名字就胆寒。在工作期间，他多次立功，是河南公安系统的优秀代表。后来，他被调到了河南省公安厅督察处工作。不幸的是，2013年他因脑溢血去世，年仅53岁。

我记得小时候，姐姐跟我说过一句："守云，你知道吗，咱爸是兰考最大的官！"印象里我们也就知道这点，但是具体他是干什么的、是个什么官、多大的官，我们其实都不清楚。我们家里根本就没有滋生我们虚荣心的土壤，因为我们根本啥也不知道，就算知道爸爸是县委书记，也不知道县委书记到底是多大的官。这么多年过去了，我们每个人从这个家里走出来，也都组建了自己的家庭。如果说父亲对我们的要求，随着时间的推移，记忆不那么深了，那么后来，是我的母亲一直以来对我们严格要求，甚至可以称为严厉，决不允许我们借着父亲的影响力占哪怕一点点便宜。我参加工作后，每次回去看望母亲，她总会给我讲一些父亲生前的事迹，也告诫我要做一个像父亲那样无私的人，母亲说："你们在外边一定要时刻记住，不能打着父亲的名号来为自己谋私，不然那丢的不是你们的脸，而是父亲一世英名！"母亲的话，我们都牢记在心间。

我父亲一生贫穷，但他给子孙留下了精神金矿，祖祖辈辈取之不尽、用之不竭。父亲离开我们几十年了，我们兄弟姐妹六人无论在什么工作岗位上，都勤勤恳恳，老老实实做人。直到今天，父亲对我们的影响仍然历久弥新。

张继焦：焦裕禄精神已经化身为一种伟大的精神！

张继焦（原名张徐州），1962 年 5 月出生于兰考县，中共党员，系焦裕禄 1963 年救下的病危儿童。1979 年 11 月参加工作，在兰考县发改委当打字员、档案管理员。1982 年 12 月在兰考县委招待所工作，当过服务员、保卫科长、办公室主任、招待所党支部副书记、副所长。2000 年 8 月至今在兰考焦裕禄纪念园管理处工作，任管理处副主任。

采访组：继焦舅舅，您好！您原名叫张徐州对吧？请您讲述一下，您为什么改名叫张继焦，而且被焦家的兄弟姐妹看作是"老七"？

张继焦：这个事情还要从我出生时讲起。我父母是兰考县葡萄架公社的社员。1962年，这一年正处于三年困难时期，也是豫东地区，特别是兰考这里风沙、盐碱、内涝特别严重的一年。上半年，兰考遭受168天大旱，风沙打死了20万亩春苗；下半年，暴雨成灾，淹没了30万亩秋粮，给兰考人民带来了巨大的灾难，这也是兰考人民最穷、最苦、最难的一年。

那时，我母亲已经怀了我，但我家已经没有粮食了，生活不下去了，我父母就带着一家老小离开兰考，逃荒到了江苏省徐州市。5月，我父母在徐州的一个村庄找到了一个废弃的棚子，这个地方刚刚下过暴雨，棚子里面的稻草又湿又潮，我母亲走不动了，就在这个棚子里把我生了下来。因为脐带还连着呢，我父亲就想跟当地老百姓借一把剪刀，但是没有借到。我和我母亲就在那个废弃的棚子里面躺着，我父亲实在没有办法，不知从哪儿找了一把割草的镰刀，把脐带割断了。

因为我是出生在江苏省徐州市，所以取名叫张徐州。到1963年的春天，我父母亲又回到了灾难中的故乡兰考县。那时我快满周岁了，不幸又得了一次严重的疾病，在缺医少药的农村，老百姓当时连吃饭都成问题，哪有钱给孩子看病？只好到处问那些土方、偏方，但是根本不管用，我病得越来越重，眼看就要断气了。灾荒年间，兰考流传着这样一句顺口溜：穷娃穷病，干草包腔；箩筐一背，村外一横。眼看我越病越重，呼吸已经微弱了，我父亲抹了一把眼泪，在村里转了一圈，找了一把谷穗，按照当地的风俗，用绳子往我身上一系，把我放到筐里，就准备把我拎到村外扔掉。我母亲见状，在旁边痛哭，搂着我父亲的腿，哀求说："孩他爹，孩子还有口气，你先别把他扔了！"

就在这个时候，焦书记正和几位同志在葡萄架公社访贫问苦，了解受灾情况，他听到我家里传出哭声，看到这个情景，就向村干部询问是怎么回事，村干部告诉说："他们的孩子得了重病，快不行了！"看到我母亲正在痛哭流泪，焦书记就问："大嫂，你哭什么？发生什么事情了？"说着，伸手去抱我。我母亲哭着说："别抱了，娃快断气了，他爹要把他扔掉哩！"

之后，焦书记就把我抱起来，把我身上系的麻绳解开，用手指放在我鼻子前面，发现我还有呼吸。据我父亲跟我回忆说，这个时候焦书记哭了，掉泪了。但是，当时我父亲也不知道这就是兰考36万人的县委书记。

我父亲为难地说："娃子不行了，到县医院怕是也救不活了。"

焦裕禄对我父亲说："这孩子还有气，不能扔。他是咱贫下中农的后代，是革命的接班人。咱要想法把他救活。"

说着，焦书记从衣兜里掏出一个笔记本，在笔记本上给县人民医院的高院长写了一封短信，撕下来以后递给了我父母，他跟我父母说："大哥大嫂啊，你们拿着我这封信，赶紧到县人民医院，救孩子的命要紧。"

　　我父母都是旧社会过来的农民，一个字也不认识。他们犹犹豫豫的，也不知道这个人是谁，有什么把握就能让医院给孩子看病。这时候村里人就跟他们说："这是咱们县委书记焦裕禄，你还有什么不放心的？赶紧把孩子送到医院去吧！"

　　我父母这时候才恍然大悟，赶紧去找车。当时村里面很穷，连一个架子车都找不到，我父亲就到村里找了一个独轮车，又找了一个抬粪、抬土的筐，里面垫一块褥子，把我往里面一放，推着我、带着我母亲就往县医院赶去了。我父母走后，焦书记不放心，又亲自跑到旁边一个有电话的大队部，给县人民医院打了电话。

　　我们的村离兰考有45华里。据我父亲回忆，路好一点的时候，我父亲要连我母亲一起推着，因为她是旧社会过来的，还裹着小脚，不能长时间走路。我父亲走了一半，天就黑了，我父亲到了一个叫红庙的地方，还买了几盒火柴，走一段路，就划一根火柴看看我，看还活着没有。

　　大概到夜里12点的时候，我父母赶到了县人民医院，医生和护士早就等着了，医生跟我父亲说："你怎么才来啊，焦书记已经打了两次电话了。"医生对我进行抢救时，要先给我输液，但我当时已经瘦得皮包骨头了，护士打针打不进去，干着急。有一个老护士从我的大脚指头找了一个血管，把针打进去了。

　　就这样，我当天晚上得到了及时的救治。凌晨时，焦书记赶回县城，专门到医院了解我的病情。当他看到我已有所好转，才放下心来，嘱咐医生："这是农民的后代，你们要尽最大的努力把他治好。"之后，又通过 20 多天的治疗，我的病逐渐好转了。在我住院期间，焦书记曾经三次到医院去看望我。到我出院那一天，他又在忙碌的工作当中抽出时间到医院看我。看到我完全康复了，经过这 20 多天又喂养得白白胖胖的，焦书记把我抱起来，笑得特别开心，高兴得好像是救活了自己的孩子。我出院的时候，一大群医护人员一直送我们到大门外。回到村里，乡亲们都跑来探望。父亲把我举得高高的，激动地说："这娃子是焦书记救活的呀！"

焦书记还给我支付了所有的医疗费，当时他家里也不富裕，上有母亲、岳母两位老人，下有 6 个孩子，当时一个月工资 120 块钱，平时经常接济困难群众，现在又拿钱给我看病。我父母非常感动，逢人就说共产党好、毛主席好、毛主席教育出来的好干部焦裕禄同志好。

1964 年 5 月 14 日，焦书记在郑州去世，当时葬在郑州烈士陵园。后来，根据焦书记的生前遗愿和兰考人民的强烈愿望，河南省委决定将焦书记迁葬兰考。1966 年 2 月 26 日这天，兰考人民倾城而出，各界群众十万人参加了追悼会，哭声震天。我父母抱着三岁的我赶到焦书记的墓前，哭着说："焦书记，您睁眼看看吧！这就是您救活的小徐州呀！焦书记，您放心，等娃长大了，俺一定教他像您一样去做人！"他去世以后，我父母为了让我一辈子记住焦书记，为了让我继承他的遗志，给我改了名，把我原来的名字张徐州改成了张继焦。从我开始记事时起，我父母就反复讲述焦书记救治我的经过，经常告诫我要知恩图报。所以直到现在，当年的细节还深存我的脑海，记忆犹新。我从很小的时候就知道，我这条命是共产党给的，是毛主席教育出的焦书记这样的好干部，给我一条命。在我成年以后，我也把自己看成焦裕禄和徐俊雅的儿子，徐妈妈和焦家的几位哥哥姐姐也接受了我，把我看作焦家的"老七"。

采访组：请讲讲您和徐妈妈还有几位哥哥姐姐的故事吧。

张继焦：焦书记去世后，父母年年带我给焦书记上坟扫墓，还时常去家里看望焦书记的遗孀徐俊雅。徐妈妈对我非常疼爱，焦家的三个姐姐和三个哥哥也跟我很亲近。一来二往，我就成了焦书记家的常客。

随着感情的不断加深，我一直想喊徐妈妈一声"妈"，但总怕她老人家不高兴。终于在我上小学之后的一天，又去焦书记家时，看到徐妈妈，我情不自禁喊了一声"妈"。徐妈妈很高兴，慈爱地代表焦书记认下了我这个"儿子"。

我父母去世早，徐妈妈对我的学习、工作、生活都特别关心，伟大无私的母爱一直伴随着我成长的岁月。

徐妈妈在经济收入并不宽裕的情况下，除了赡养两位老人和抚养自己的6个子女外，还节衣缩食，经常给我送吃添穿、买本买笔，鼓励我刻苦学习政治理论和科学文化知识。

1979年，我高中毕业后，我在兰考县委招待所上班。到了谈对象的年龄，徐妈妈十分关心我的婚事，逢人就说："给俺家'老七'介绍个女朋友呗。"当时徐妈妈任计委主任，不仅教育我怎样做人、怎样工作，而且在生活上给予我无微不至的体贴和温暖。她从自己家里挤出一床铺盖送给我，还给我买了锅、碗、瓢、盆，教我做饭炒菜，料理自己的日常生活。我的衣服破了，她给我缝补；有个头疼脑热，她给我拿药；逢年过节，她叫我到自己家里来过。徐妈妈经常教育我的几个哥哥姐姐，对待我要像亲弟弟一样，关爱和谐，几个哥哥姐姐对我特别好，从来没和我拌过一次嘴，红过一回脸。一次，我病了，一天没有吃饭，徐妈妈听说后，做了一碗荷包蛋，亲手送到我跟前。有时家里改善生活，她也不忘叫我一起去吃饭。

后来我结婚时，徐妈妈像对待亲儿子一样，为我操办婚礼。姐姐哥哥们有的寄来了贺信，有的亲自赶回家中参加婚礼，让我深深感受到了暖融融的亲情。

1989年，徐妈妈从兰考县人大常委会副主任岗位上退休。此后，她仍然将兰考视为老家，整天都在为宣传焦裕禄精神、为兰考的发展、为兰考的下一代健康成长而忙碌着。因为姐姐、哥哥们当时在外地，工作都很忙，作为焦家的"老七"，我就和妻子及两个女儿承担起照料老人家日常生活的责任。

有一次，徐妈妈病了，需要挂吊针，我和妻子每天上班前将她送到医院，安顿好再去上班，晚上下班后再到医院接回家，一直坚持到老人家的病痊愈。徐妈妈逢人便夸："多亏老焦当年救下了继焦，这孩子就跟兰考的土地一样，都重情重义。"

徐妈妈去世前，留下了遗嘱，她把我像我的 6 个哥哥姐姐一样看待。虽然她所剩的退休金不多，但还是给我分了一份，是 7000 块钱。我把这个钱捐给了当时民政局的一位困难职工。

采访组：在您参加工作到退休的几十年工作经历中，您是如何从思想上行动上继承和发扬焦裕禄精神的？

张继焦：在我长大成人、入党、参加工作以后，我始终有这样一个想法：每个人的能力不一样，大部分人是平凡的，做不了太大的贡献，但是一定要在自己的岗位上兢兢业业。如果说我们的党是一座大山，咱就先从一粒沙土做起，给大山添一点力；如果说我们的党是大海，咱就用自己辛勤的汗水，给大海添一点水；如果说党是母亲，咱就像爱自己的父母一样，去爱这个党。现在我参加工作也有几十年了，经历了很多种不同的岗位，我觉得无论是什么时期，无论自己能力大小，只要把握住这个初心，工作就一定能干好。

特别是，我这一辈子都要记住一条：焦书记当年救我的时候是怎么说的？他对我父亲说："这孩子还有气，不能扔。他是咱贫下中农的后代，是革命的接班人。咱要想法把他救活。"如果我没有成为合格的革命接班人，如果我没把工作做好甚至犯了错误，我就辜负了焦书记，就给焦裕禄精神蒙上了灰尘。

1994 年 5 月，焦裕禄纪念馆新馆开馆，我被调任纪念馆副馆长。党组织安排我到焦裕禄纪念馆工作，这为我传播焦裕禄精神提供了一个广阔的舞台。除了为参观者讲解焦裕禄事迹，我还先后到全国各地为各级党政机关、部队、高校、厂矿企事业等单位，作焦裕禄先进事迹报告 1000 余场次。现在，人民呼唤焦裕禄，党的事业需要千千万万个焦裕禄式的好干部。因此，来兰考焦裕禄纪念馆参观学习的人越来越多。2005 年有 32 万多人，2009 年突破 100 万人，党的十八大以后，每年有 150 万人以上，党的十九大后，每年有 300 万人以上，2019 年猛增到 380 多万人。

2015 年到 2017 年，我作为扶贫干部，到离兰考县城 50 公里的许河乡赵楼村驻村近三年。我在驻村期间帮助许多贫困户"摘了帽"。我做到了不喝群众一口水，不拿群众一针一线。我不但在工作中严格要求自己，还拿出我两年多的工资给老百姓修路、打井、修桥、安太阳能。我觉得这都是我应该做的，我只学到了焦书记的凤毛麟角。我小的时候也受过罪，我就看不得老百姓受苦、掉眼泪，我愿意尽我所能给他们做点事。

多年以来，我对焦裕禄精神的认识越来越深刻，其中有很多感悟是在焦裕禄陵园祭奠他的群众当中获得的。有一次，有个老太太到焦裕禄陵园来祭奠。据她讲：她因为腿脚不太好，已经好几年没来了。她和焦裕禄当年是见过的，她见到焦裕禄那年自己才 18 岁，一晃 50 多年过去了，现在已经 70 多岁了。她对我说："焦书记是 1963 年夏天的时候去的俺们村，到我家吃'派饭'，吃的是红薯汤、咸菜和豆笋。那时我家人口多，大家都吃不饱。焦书记也就没好意思多吃，喝了一碗汤，吃了一个小窝窝头，就没再吃了。还留下了不少钱和粮票。"

说着，老太太从她带来的布兜里掏出几个又大又白的馍，放在焦裕禄墓碑前，就开始倾诉了："焦书记，你当年到我家来吃一顿饭，都没吃饱。我昨天蒸了几个馍，我想着现在生活好了，我得给你补上，请你尝尝。现在咱老百姓日子好过了，我家的生活条件也不错。焦书记你现在应该放心了。别的也没啥，我就是想告诉你，老百姓都挺想你的。"老太太说着说着就流眼泪了，用手背擦了擦眼泪，我当时站在旁边陪着老太太，心里也酸酸的，眼泪就在眼眶里打转。

还有的时候，有些当老人的跟儿媳妇闹别扭，也来焦书记墓前找他诉苦：焦书记呀，我儿媳妇不听我话，还跟我闹别扭，你得好好教育教育她！

从这些经历当中，我意识到，焦裕禄在人民群众心目中，已经超越了一个县委书记、领导干部、英雄劳模的地位，他已经化身为一种伟大的精神，化身为人民群众的寄托。

我觉得，如果我们每一位共产党员都能像焦裕禄同志那样，我们的党章会更加鲜活；如果我们每一位县委书记都能像焦裕禄同志那样，我们的党旗会更加鲜艳；如果我们每一位公仆都能像焦裕禄同志那样，我们的人民会更加安康；如果我们人人都能像焦裕禄同志那样，我们伟大的祖国一定会更加美丽富强。

焦楠：当好焦裕禄精神的传承者

焦楠，焦裕禄长子焦国庆之女，1978年生，中共党员。现为开封市城乡一体化示范区基层社会治理服务保障中心主任。2022年当选为焦裕禄精神研究会副会长。

采访组：焦楠同志，您好！您的爷爷焦裕禄留下了良好的家风和家训，在加上他在党员和人民群众心中始终享有着崇高的声誉，那么在您从小到大的成长过程中，一定也受到焦裕禄精神深刻的影响。

焦楠：确实如此。我作为焦裕禄的孙女，从懂事起，无论是看电视、听新闻，还是学校组织的集体活动，都经常会听到"县委书记的榜样——焦裕禄""焦裕禄精神"这样的报道。有时我也会和同学交流家庭的教育，讲爷爷的故事，我的内心充满骄傲和自豪。

但是，随着年龄的增长，我意识到爷爷留给我的绝不仅仅是骄傲和自豪。我越来越感到，爷爷的为民精神高山仰止，自己也更加明晰了心中的责任。从20世纪60年代开始，全国人民都在学习爷爷，每天有那么多人到焦陵瞻仰他，作为他的后代，我们更应该时时践行爷爷的精神，并将爷爷留下来的好家风一代一代传承下去。

每到清明节和爷爷的祭日，我都会和家人一起回到焦陵为爷爷扫墓，围着焦桐思念爷爷，回到老宅回忆过去，全家人围坐在一起，听听上辈人的"家训"，有时会听叔叔姑姑讲一些爷爷的故事，他们也会给我们提出一些要求，讲讲解决问题的方法，让我们时时警醒自己的言行举止。

采访组：焦裕禄同志去世的时候，他的6个子女年纪还小，你们第三代更是多年以后才出生。所以家风的传承，您的父辈想必发挥了关键的作用。

焦楠：是这样的。焦家第二代，我的父亲、叔叔、姑姑，都在传承家风上起到了关键的作用。比如我父亲最常对我说的一句话是：千万不能搞特殊。我从小就了解他看"白戏"的故事。有一次，他没有买票进戏院看戏被我爷爷知道了，我爷爷非常生气，把我父亲批评了一顿，命令他立即把票钱如数送还给戏院。接着，我爷爷又建议县委起草了《干部十不准》的文件，不准任何干部特殊化，不准任何干部和他们的子女看"白戏"。

我父亲后来跟我解释这件事，他说："这件事肯定是我错了，你爷爷批评我批评得对。但当时也有具体情况——当时看'白戏'的何止我一个啊。县里领导的孩子就那几个，礼堂把门的全认识，每次都是等有票的人进完了，他就把我们这些没票的放进去。大家都去看，可是你爷爷就是抓住我当了典型。"

我那时就笑着说："爸，我爷爷肯定要抓你当典型，不会抓别人的。"

我父亲也笑了，说："对呀，我早就理解了。"

我父亲看"白戏"的故事，不仅经常讲给我听，教育我绝对不能搞特殊，不能向组织伸手，有时他还讲给我的女儿听。我女儿那时候年纪还小，瞪着眼睛听着爷爷讲这个故事，也不知道她能不能理解。

在优良家风的教育下，我父亲从不搞特殊，也要求我们家所有人严禁搞特殊，我也严格按照这个要求去做。我曾是开封税务系统的一名协税员，在转正的问题上，我没有向组织提出任何要求。后来，我因为各种原因没能转正留在税务岗位。虽然有些遗憾，但是我从没有后悔，父亲从小就教导我们，不能做的绝对不做，不能让爷爷失望。

父亲教育我们，要谨记爷爷传承下来的家风家训，现在焦家有了第三代、第四代，我们也教育自己的子女，在任何时候都不搞特殊。

我父亲退休后，在身体允许的情况下，积极参与社会宣传和公益事业，先后被聘为"全国少年队辅导员实验基地"顾问、开封市关心下一代委员会成员，为践行和弘扬焦裕禄精神发挥余热。

采访组：您在工作当中是如何传承焦裕禄精神的？

焦楠：焦裕禄精神是党的一笔宝贵精神财富，激励着共产党员和全国各族人民在社会主义现代化建设道路上奋勇前进。焦裕禄精神同井冈山精神、延安精神、雷锋精神等革命传统和伟大精神一样，过去是、现在是、将来仍然是我们党的宝贵精神财富，是我们努力工作的动力源泉。这些年，我始终秉持着爷爷"三股劲"干工作、谋发展、为人民。

我的爷爷"做人讲感情、做事讲担当""任何时候都不搞特殊化"。他的亲民爱民情怀，艰苦奋斗精神，一直是我追求的目标和工作的动力，生在这样的家庭中，既是一种荣耀，也是一份责任，有时更是一种压力，在工作当中，我不管干任何事都要努力做到做好，生怕给这个家庭抹黑，给爷爷抹黑。

我在工作中兢兢业业，时刻高标准要求自己。2021年9月份，我从示范区审计局调至示范区基层社会治理服务保障中心任主任。来到新岗位，我迅速转变身份，在攻坚克难中迎难而上、在社会治理中科学创新、在班子建设上严格要求，按照上级指示部署，着力打造提升示范区综合治理能力，带领和推动本中心高质量发展并取得优异成绩。

工作就要实实在在，以绣花功夫做好基层社会治理服务工作，真正让基层治理发挥推动社会发展的大作用。2021 年以来，示范区基层社会治理服务保障中心通过"一中心四平台"累计处理基层问题事件 148 万余件，为群众解决热点、难点问题 3 万余个，打通了解决群众身边"操心事""烦心事""揪心事"的"最后一米"。

面对肆虐的新冠肺炎疫情，我和同志们一道，充分发挥主观能动性，创新建立了"大数据 + 网格化 + 铁脚板"工作机制，充分发挥基层社会治理在疫情防控工作中的重要作用。

疫情期间，我多次前往辖区各网格，结合实际，组织、指导全体网格工作者在网格内积极开展各项防疫工作，始终当好疫情防控的"宣传员""守门员""信息员"，始终战斗在疫情防控第一线。

采访组：去年 2021 年是中国共产党的百年华诞，今年 2022 年是焦裕禄同志诞辰 100 周年，在这个重大的时间节点，您有哪些感触？

焦楠：去年 7 月 1 日，我收听收看过习近平总书记在庆祝中国共产党成立 100 周年大会上发表的重要讲话后，在单位组织开展的党支部"5+N"主题党日活动中分享了自己的心得感悟，我发言说："喜迎党的百年华诞，我由衷地感到自豪与骄傲，将持续传承弘扬好焦裕禄精神，始终牢记爷爷的谆谆教诲，发挥模范带头作用，冲锋在前、永远奋斗，这是爷爷留下的最宝贵财富。"

　　"七一"勋章颁授仪式上，我看到张桂梅被搀扶着进入人民大会堂，满手的膏药让人心疼，不禁想起了爷爷去世前因为肝病痛得站不起来的样子……我下班回到家中，迫不及待地把所感所想与孩子们分享。在我心中，这些勋章获得者都是和爷爷焦裕禄一样，是可歌可敬、勇于奋斗的英雄人物。

　　2022年，是焦裕禄诞辰100周年。作为焦裕禄的后人，爷爷留给我的，既是血脉，更是精神，我将以先辈先烈为镜，不断筑牢信仰之基、补足精神之钙，以坚定的理想信念，自觉加强政治历练，接受严格的党内政治生活淬炼，不断提高政治判断力、政治领悟力、政治执行力，使自己的政治能力与工作职责相匹配，立志为党分忧、为国尽责、为民奉献，当好焦裕禄精神的传承者。

焦力：以脚踏实地的行动，
当好爷爷的精神传人

焦力，女，1992年生，山东淄博人，焦裕禄的孙女，焦保钢的女儿。2013年9月入伍，2015年7月入党。入伍以来，受邀担任河南省"征兵形象大使"，个人军旅奋斗历程先后被全军政工网嘉宾访谈直播间、央视七套《军事报道》《军旅人生》、湖南卫视《平民英雄》等栏目报道，2018年被选为中国妇女第十二届全国代表大会代表、驻香港部队第五届党代会代表和合成旅第一届党代会代表，2019年所带的女子仪仗排被评为"三等功排"，先后两次荣立个人三等功。

采访组：焦力同志，您好！您作为焦家的第三代人，从小一定听到过很多爷爷的先进事迹，接受到来自父亲的言传身教。那么在你成长的过程中，对这些是怎么理解的？

焦力：小的时候，应该说是似懂非懂。我自小由奶奶带大，

焦裕禄纪念馆就在我家对面。小时候，奶奶经常讲爷爷的故事，她说，你爷爷心里装着人民，唯独没有他自己；一定要严于律己，因为针大的窟窿也会透过斗大的风；你爷爷生前立下规矩，不要给组织提要求添麻烦，凡事要靠自己的努力。2005年，奶奶患重病去世，在弥留之际，她跟我们说的也是这一番话。

小时候，爸爸只要有空，就带我到附近的泡桐林玩耍，给我讲爷爷的故事。为了治理内涝、风沙、盐碱"三害"，在爷爷当县委书记的470天里，他不顾重病缠身，跑了120多个大队，行程2500多公里，带领群众栽种泡桐、翻淤治碱。身为县委书记，爷爷常教育子女"任何时候都不能搞特殊化"。爸爸讲的爷爷的那些事，我似懂非懂，只是感觉爷爷挺严厉的。

对于我的爸爸，我曾经也是似懂非懂。爷爷去世时爸爸才3岁，爷爷给他的印象只有那张站在泡桐树旁的老照片。我的父亲参加工作以后，曾长期在河南省公安部门工作，由于办案骁勇干练，多次立功受奖。

爸爸年轻时是名刑警，每天围着各种案件奔波在一线。有一年，爸爸参加一次追捕行动，两名犯罪嫌疑人逃进一座深山，爸爸和另外一名刑警紧紧地追到山里，成功抓捕一名嫌疑人后，由那名刑警

负责押回，爸爸只身一人继续进山搜捕。爸爸凭借丰富的侦查经验，很快就追到了嫌疑人，然而就在押送他出山的时候，疲劳的爸爸再也支撑不住，昏倒在山脚下的村子旁。好在恰巧赶来的同事及时控制住了嫌疑人，并用警车把爸爸紧急送往医院。爸爸因为此次任务表现英勇受到单位嘉奖，但他怕家人担心，一直没跟我们提起过这件事儿。

2013 年 3 月 12 日早晨，雨雾蒙蒙，爸爸用尽了与病魔抗争的最后一丝力气，带着对我们的牵挂离开了……

爸爸去世那天是植树节，在我心里，爸爸是那棵枝繁叶茂、荫护大地的泡桐树，一直默默无闻地为我们遮风挡雨。入夜，梦回泡桐林，风儿吹得泡桐叶沙沙作响，爸爸牵着我的手说："宝贝，想吃什么爸爸给你买。""妞妞，什么时候都要学会包容、学会感恩。"

我醒来的时候，眼泪已经打湿了枕巾。很多时候，我不理解爷爷，也不理解爸爸，为什么为了工作可以舍身、舍命？他们身上有很多我读不懂的东西。

采访组：你是在什么时候能够完全明白和理解的？

焦力：是入伍以后。爸爸去世半年后，我大学毕业参军入伍。正对营区主干道的荣誉墙上，有这样一句话：任务重于生命，事业重于家庭，使命高于一切。看着荣誉墙上，一场场战斗经过、一桩桩英模事迹，我瞬间明白：他们和爸爸一样，把事业看得那样崇高，这是他们的追求，也是他们的信念！

新兵训练时，3000米跑步是我最难过的关，因为上中学时，一次不小心摔倒在电梯上，膝盖有旧伤，跑步跑多了，膝盖会痛。那时候，我对爸爸在工作上的付出和坚持，有了更深的理解：爸爸当年所有的成绩，也一定饱含着许多汗水和伤痛吧。每次训练，我都能感觉到爸爸在背后给我鼓励，他让我面对困难不害怕，面对陌生不胆怯，面对失败不气馁。3个月后，我所有课目全部达标、训练成绩优异，还被团评为"十佳新兵"，我也是获得这项荣誉的唯一女兵。我在心里暗暗地说：老爸，女儿没有给您丢脸！

入伍第二年，我就当上班长，并成为业务骨干。在驻地，我始终保持着良好的习惯：口袋里随时揣着一张面巾纸，每次路过连队军容镜、宣传栏，只要有污点就随手把它擦干净；每天晚上就寝前，我总要把走廊、卫生间转一遍，确保把灯都熄掉、水都关掉。

2015年，我参加大学生士兵提干考试，虽然我没日没夜地边训练边学习，但最终还是以6分之差与军校失之交臂。所有的汗水和艰辛、所有的期许和赞美，都伴随这次失败化成酸楚的泪，滑过脸颊，流进心里……那时，我多想逃进爸爸的怀抱，躲避一时。但我忽然想起上大学后爸爸发给我的短信："妞妞，在外面要学会坚强，你不努力，没人能帮得了你；你不坚强，也没有人能替你成长。但你要记住，爸爸永远是你的肩膀，相信你能成功，你也要相信自己！"

是啊，一次失败就被打倒，怎么有资格说"梦想"？2016年，我重振旗鼓，决心再战，带着爸爸给我的信念，也带着自己的梦。

经过 3 个多月的复习冲刺，我以集团军女大学生提干考试第一名的成绩过了分数线，也是唯一一名被提档的女大学生。

有一次，为准备野外驻训，十几个专业器材箱被放在连队门前。谁知突然乌云滚滚，而此时男兵全在弹药库。我冒雨跑出营门，喊道："大家一起来，先挑精密元件搬！"我先搬起半米高的器材箱，女兵们则随即跟进。结果，器材完好无损，我们却被淋成了落汤鸡，我的手臂还被划了一道血口子。

在部队，我积极申请入党。从很小的时候起，我的脑海里经常会出现爷爷当年叉着腰挥手号召兰考县人民与风斗、与沙斗、与水斗的情景，真切地感受到他当年治"三害"时"拼了老命大干一场"的壮志。爷爷让我觉得，"共产党员"是一个了不起的称号。2015年 7 月建党节之际，连队党支部通过了我的入党转正申请，我是一名共产党员了！那天，我仰望天空，心里默默地对爸爸说："我一定会像您和爷爷一样，做一名优秀的共产党员！"2015 年 7 月，在成为预备党员的那天晚上，我在日记本上写下了这样的话："当年，爷爷对兰考的一草一木都有深厚的感情，忘我工作、牺牲奉献，我也要像爷爷那样把连队当家建，把战友当亲人。"

我的爷爷焦裕禄说过，当群众最困难的时候，共产党员要出现。我一直牢记这句话。连队一位老班长的孩子患有先天性心脏病，家里背着债务。我很想帮帮他，当听说老班长的家属在销售洗衣液，就动员战友们购买，当然自己也一下子买了两大箱，用了一年多都没用完。2021 年年初，刚退伍的一名湖南籍老兵的母亲身患重病，可家里橘园的橘子滞销，没钱看病。我又跟她购买了两箱橘子，并发动身边战友和亲戚朋友去买。不到一个月时间，那名老兵家就销售了近千斤橘子，解了燃眉之急……

采访组：请回顾一下，你最初为什么参军？军旅生涯给你带来了哪些进步和收获？

焦力：我的姑姑、伯伯中有三人参过军，他们经常会讲一些部队的故事以及自己入伍后的成长经历，耳濡目染让我从小就对绿色军营充满向往。每次在电视上看到国庆阅兵时部队威武的方阵、军人抗洪抢险的镜头……总是心潮澎湃、热血沸腾，希望成为其中的一员。

2013 年，我从大学毕业后参军，总算圆了从军梦。之后我又考入解放军重庆通讯学院。入校不久，我就上台和全校同学分享了爷爷的故事。因为被大家认识了，压力也格外大，更加注意自己的一言一行，不能给爷爷的名字抹黑。

军校里优秀的人太多了，我发现自己还有很多欠缺，因此始终有一种紧迫感。每次学习、训练累了想歇歇的时候，这种紧迫感就不断提醒自己不能放松，要坚持！

我先后担任了模拟团机关教育组组长、模拟连指导员，负责安排教育内容，为同学服务，也积极组织各种活动。我和同学们合作参加学院第五届先锋杯科技创新比赛，获得了一等奖。"三八"妇女节，我被学院评为"先进妇女"。2017年毕业时获得"优秀学员"和嘉奖。

"焦裕禄的孙女"，这个身份是一种荣耀，也是一种激励。为广泛深入地学习宣讲焦裕禄精神，新兵时团里决定借助"人人上讲台、个个当教员"群众性教育平台选拔一批小教员，我知道后，第一时间报了名。2014年看到习近平主席到兰考考察调研、参观焦裕禄纪念馆的新闻后，我很振奋，留意收集媒体的报道，还整理了厚厚一沓资料认真学习。

爷爷离开已经快60年了，他的精神却从未离开。从小到大，他一直是我的偶像。我不仅是爷爷的血脉传人，更要以脚踏实地的行动，当好他的精神传人。

20世纪60年代，我的爷爷焦裕禄带领群众在河南省兰考县种下的那片泡桐树，如今已碧叶连天。他的功绩长存，他的精神不朽！作为他的血脉传人，我也渐渐懂得，要像泡桐一样，把根深扎于土地，让花绽放在春天。

余音：坚守家风，肩负责任

　　余音，中国内地演员，焦裕禄的外孙，焦守云之子。2004 年毕业于中国音乐学院，同年考入中国歌剧舞剧院歌剧团，现任中国歌剧舞剧院考级委员会、中国歌剧舞剧院艺术培训中心主任。2014 年，参与音乐剧《焦裕禄》策划，饰演焦裕禄。2016 年，担任中央国家机关庆祝建党 95 周年暨纪念红军长征胜利 80 周年大型晚会《不忘初心》总导演。2017 年，担任音乐剧《侠影》策划。2018 年，担任民族歌剧《盼你归来》策划，饰演焦裕禄。2019 年，担任中央党校（国家行政学院）《纪念改革开放四十周年》文艺汇演总导演。2020 年，担任电影《我的父亲焦裕禄》总制片人。

　　采访组：余音老师，您好！焦裕禄同志是我们党员干部和人民

群众心中的偶像，焦裕禄精神也是我们党精神谱系的重要组成部分之一，半个多世纪以来，我们党始终如一地号召大家向焦裕禄同志学习，弘扬焦裕禄精神。从您的角度来说，焦裕禄既是您的外公，也是全国人民崇敬的英雄模范人物，在您内心深处又多了一层情感，两种情感交织在一起，您一定有不同的感受。

余音：是的。就从我小的时候说起吧。因为我是双职工家庭，所以一到放寒暑假的时候，父母就把我送到兰考去，在我姥姥身边待着。我姥姥很爱我，对我很好，但是她是个性格很内向的人，再加上我姥爷去世早，所以提到我姥爷就更少，因为这对她来说毕竟是一个伤疤，她不愿意提起。我姥爷去世以后，我姥姥只会跟子女讲我姥爷的事，很多记者来采访我姥姥，她是不愿意说的。她不喜欢对外界谈起我姥爷，因为每谈一次就揭一次伤疤，她就伤心一次。

但是组织需要我家里人配合做一些宣传工作，我姥姥不愿意说话的情况下，组织就找我母亲。我母亲做这件事是积极的。一是因为她性格外向，愿意谈内心的感受；二是她也很愿意配合组织做宣传工作，这对社会是有益的。我对姥爷的了解，也大部分是从我母亲那里得到的。

我小的时候，对我姥爷的名字"焦裕禄"这三个字其实是有一些抵触的。为什么呢？因为我上小学以后，有个很幼稚的想法，就是觉得我姥爷是焦裕禄，我很光荣。到了学校里，我发现这种虚荣是没有用的，学习还是要本本分分，必须和别人一样该做什么做什么。而且，我可千万别做错什么事。我小时候淘气，贪玩，不爱学习，考试还粗心大意，有时候成绩不好，老师就批评我说："你下回再考这个成绩，你都对不起'焦裕禄'三个字！"我听了心里就很难受，我也没有干什么坏事，就是没考好而已，怎么就对不起"焦裕禄"三个字了。

我是伴着改革开放成长起来的，那个时代的人们观念开始多元化，不一定都认为艰苦朴素就是美德，大家的认知也在变化。有的人抱着一种猎奇的心态在看我。比如，我上中学的时候，开始流行骑山地自行车，但那时候我骑的是父母淘汰下来的旧自行车，人家背地里就议论说："这个孩子是焦裕禄的外孙。你看，他骑个破车，他家混成啥样了。"这些话传到我耳朵里，我心里很不是滋味。

所以，对那个时候的我来说，尽管我的姥爷是一个英雄模范人物，但是这个概念对我个人来说有的时候反而是一种负担。不过，现在回想起来，这样的负担，这样的生活，在客观上迫使我更加严格地要求自己，这又是一件好事。

采访组：在您从小到大的成长过程中，随着您逐渐了解了姥爷的事迹，您对于他作出的巨大牺牲能理解吗？这种理解经历了怎样的一个过程？

余音：我上小学的时候是朦胧的，只知道我姥爷是英雄模范，但因为前面提到的那些外界压力，所以其实内心深处也充斥着很多的不理解。我不明白，我姥爷到底是为什么呀？吃点好的，喝点好的，少干点活儿不行吗？非要那么拼命，把身体搞坏了，年纪轻轻的就没了，把这一家人就给抛下了，让我姥姥这么辛苦，到底是为什么呢？我对此很困惑。尽管我经常听母亲还有家里人讲起我姥爷，但毕竟都是些碎片化的印象，形不成整体的概念。

到了小学升初中的时候，1990年版的《焦裕禄》电影就出来了，我看了电影，李雪健老师表演得很传神，同时我也看了很多书籍，综合这些信息对我姥爷的刻画，我姥爷的形象和事迹就越来越清晰了，我对他的认识也就越来越完整。

上大学以后，学的知识多了，阅历也丰富了，脑子里能稍微想多一点东西的时候，我对姥爷又产生了一种不理解。我在想，兰考被"三害"困扰了几百上千年，凭什么焦裕禄就认为自己能改变？我就问家里的老人："凭什么我姥爷就认定他能行？"我就想搞清楚这一段历史，到底是为什么？兰考当时36万人当中有20万人在逃荒要饭，亩产40斤，基本是绝收状态，这种状态下，我姥爷那种豪情壮志让我很难理解。人在自然环境如此恶劣的条件下，吃不上，喝不上，精神上很大程度被绝望侵蚀的情况下，焦裕禄是凭什么信念支撑下来的？咬着牙把一个不可能的事变成可能的事，而且只在短短的475天里实现这个转变。

我上了大学以后，开始参与音乐剧《焦裕禄》的创作，那一次我扎根比较深，比较认真地思考了这个问题。我觉得既然搞这个作品，就不能带着困惑去搞，我一定要把这件事情研究清楚——焦裕禄那种精神是从哪里来的。我问母亲："我们搞戏剧，戏剧理论当中要有冲突的存在。正面人物和反面人物的冲突在当时兰考是没有的。那么应该体现哪两者的冲突？"我母亲说："那个年代，兰考最大的敌人就是恶劣的自然环境，戏剧应该展现的是焦裕禄带领兰考人民和恶劣自然环境的斗争。"我说："这个冲突我也想到了，但觉得戏剧性不够。可不可以体现人与人之间的冲突？"我母亲说："在那个年代的兰考，人与人的区别只有能力高下、认识的远近，人与人之间的冲突不应该作为主流。那时候人还是比较纯洁的，尤其他们县委领导班子还是相对比较纯洁的。"后来我就在想，当时的戏剧冲突可能就要落实到人心的转变上来，焦裕禄怎么拯救陷入绝望的人心，怎么能继续把大家团结起来拧成一股绳，这应该是个重要的冲突。在这个基础上，再体现人与恶劣的自然环境之间的斗争，展现戏剧的冲突。

我在创作过程中，重新审视自己之前对姥爷产生的那种不理解，就是焦裕禄凭什么觉得自己能改变困扰了兰考几百年的"三害"？在戏剧冲突的设置当中，我觉得他那时候最大的敌人可能就是他自己内心的犹疑和软弱。今天我们理解这个事情，简而言之就是一个信仰是否坚定的问题，焦裕禄就百分之百相信人定胜天，相信共产党就能带领人民群众干成想干的事。我觉得正是那个年代的人有这种雄心壮志，才有了抗美援朝的胜利和"两弹一星"的成功。水是有源的，树是有根的，焦裕禄这种必胜的信念不是凭空从天上掉下来的，起源在哪里呢？我认为是在洛阳矿山机器厂。

采访组：是的，习近平总书记曾说过："焦裕禄精神孕育形成在洛矿，弘扬光大在兰考。"

余音：习近平总书记把焦裕禄精神概括为"亲民爱民、艰苦奋斗、科学求实、迎难而上、无私奉献"。我特别注意到其中的"科学求实"，如果这个评价出现在一个科研工作者或者工业干部身上，我觉得是可以理解的，但我姥爷去世的时候是农业干部，而且那个年代的农业干部有点像"冷兵器时代"，毕竟那个时候兰考连拖拉机都没有。那么他的"科学求实"是从何而来的呢？我认为就是在洛阳矿山机器厂形成的，这其中也包括了他在哈尔滨工业大学学习和在大连起重机厂实习的时间。这个时期，他在我国当时最先进、规模最大的工厂里磨炼，参与工厂最初的基础建设，攻关最艰巨的任务，设计制造大型机械，总结了一套科学的方法。我们从近代史可以知道，工业社会对农业社会是碾压式的存在，基于工业社会而产生的新知识和新思维方式都有一个质的提升。焦裕禄本身是农业干部，在党的培养下当了九年工业干部，又转型到农业干部的时候，他不仅不会捉襟见肘，反而还能够得心应手，信心百倍。

同时，焦裕禄做思想工作也很有能力，他是农民的儿子，在了解老百姓、了解农村的基础上，又有一套在大工业当中锻炼出来的科学思维方式，再加上他对我们党的道路有坚定的信念，这几个因素综合在一起，我觉得就基本能搞清楚我当初的那个困惑了——在兰考那种近乎绝望的环境中，他凭什么认为自己就能做到？凭的就是对党的坚定信仰，对道路的高度自信，对中国社会的了解，对科学求实的掌握，基于这几点，他能做成事，就有了必然性。

焦裕禄在兰考的时候，吃不上饭的农民要出去逃荒要饭。那个时候河南农民出去要饭都跨省，到山东、安徽等地。一说要饭的是哪里的？河南的。河南哪里的？兰考的。焦裕禄作为县委书记为什么不阻拦他们？其实不阻拦是对的。农民出去逃荒要饭可能会影响兰考的形象，但是拦住他们就会让他们饿死在老家，这是愚不可及的。就像治水一样，堵不如疏，出去要饭还有一条活路，那肯定应该同意他们出去。那个时候，焦裕禄同时做了两件事。

第一件事，他对父老乡亲说：你们要出去要饭，是因为你们要生存，是没有办法的事。老百姓饿肚子，作为县委书记，我很惭愧。确实我现在没有那么多粮食，没办法让你们在这里生存。那么你们先出去，我不拦着。但是我干什么呢？我用仅有的粮食保证这些没走的老百姓能活下来，保证这边的正常运转。同时我积极想办法，申请援助，同时研究策略，搞清楚兰考的"三害"到底怎么治，你们回来以后我怎么安置。

第二件事，焦裕禄找省里、找国家要救济。比如要农业生产工具，要粮食。甚至他有点像打仗的思维方式，把这些必要的物资都准备停当以后，他就等着那些出去逃荒要饭的主力军回来。大部队回来的时候，我有粮草了，也有武器了，更重要的是有了对敌斗争的策略，我有了一系列立得住的、让你们大家能有信心跟着我把兰考建设好的一个宏伟蓝图。这是基于什么得到的？是基于他跑遍了兰考进行调查研究的成果，兰考他整个摸透了，找到怎么干的路径了。

焦裕禄有一个很厉害的地方，用我们今天的语言来解读就是，他能在兰考抓"模块建设"，寻求和树立工作当中最精益化的样板。这实际上是把工业的思维应用到农业建设当中。比如"四面红旗""护林小英雄""石老汉"，通过树立这些标杆，来带动普遍的工作对标。

在方法科学的前提下，焦裕禄还能充分地把人文关怀运用在工作当中。当逃荒要饭的农民回到家乡，衣衫褴褛，狼狈不堪，他就给他发两把铁锹，发一个板车，给他讲几句暖心的、鼓励的话语。在那个年代、那个时候、那种情境下，这是对一个常年在外要饭的人最大的尊重。这对这个人的心灵的改变，可能远超强制命令，用这种方式把他们的心留住了。

从这段历史来看，我觉得我更能明白习近平总书记为什么在对焦裕禄精神的评价当中加上"科学求实"这四个字。他把信仰、路径、策略等能够促成变化的因素综合到了一起。所以，在我们的音乐剧里，我有感而发写了一句台词：焦裕禄给我们兰考人指明了一条能活下去的路，把人心找回来了。

采访组：焦裕禄从大连到洛矿，再到兰考，可以说他每走一步，客观条件就越差，任务也越艰巨，身体也越来越不好。但他还是坚决服从组织安排。您对这段历史有所了解吗？

余音：我姥姥曾经跟我母亲讲过，在大连的时候，是他们一生当中最幸福最美好的时候。因为之前在洛阳负责修公路、盖厂房、运设备等事情，还是非常累心的。但是在大连的时候，他是实习车间主任，做管理层，相对没有那么累。而且大连起重机厂又是相对比较成熟的企业，已经开始稳定生产了，整个生活和工作都是按部就班的，有规律的，工资也比较高。从我姥姥和姥爷在大连的合影就能看出来，两个人穿着当时很高级的呢子衣服。而且从照片中能看到，我姥姥烫了头发，这在当时也是很时尚的。不仅如此，他们在大连还跟苏联专家学会了跳交谊舞。每天早晨，我姥爷走到厂门口，从煮螃蟹的小摊上花一毛钱买一个很大很肥的海蟹，从厂门口走到车间这一路上就掰着吃完了，这就是他的一顿早餐。可见当时的生活是有滋有味的。

我姥爷在大连起重机厂实习期满后，大连那边不想放他回洛阳，积极挽留他。我姥爷当时也考虑了，但是他觉得洛矿刚刚建成投产，有很多工作要做，更需要他。后来我姥爷不仅回到了洛矿，还跟大连厂方协调，把几位大连的技术人员带到洛阳，支持洛矿的发展。回来以后，虽然生活降低了一个档次，但吃穿住基本能保障。我姥姥跟我讲，回到洛阳以后，她吃的最好的饭是什么呢？是大连的工友寄过来的"大金钩"——晒干的大虾。用这个大虾炖白菜特别香，我姥姥炖上一大锅，看着一家老小吃得狼吞虎咽，觉得那是世界上最幸福的事。

洛矿投产以后，2.5 米双筒提升机研制成功了，我姥爷的工资也比较高了。那个时候，组织上为了加强农村工作，调他回尉氏县任职。尉氏是我姥姥的家乡，在尉氏工作半年后，省里派当时的开封地委书记张申同志找我姥爷谈话，通知他，组织要调他去兰考工作。我姥爷说，服从组织安排，带着一家老小，收拾行李，立即就开拔了，这也是他人生的最后一段旅程。

几年前，张申书记 90 多岁的时候，在一次活动上见到了我母亲，他叫我母亲"宝宝"，他对我母亲说："宝宝呀，我跟你说句心里话——我觉得我这辈子干了一件好事，就是把你父亲派到了兰考，为党培养了一个好干部，给兰考的老百姓派去了一个好干部。可是我这辈子干的一件坏事，也是把你爸爸派到了兰考。我不知道你爸爸有病，他也不跟我讲。如果我知道他有病，我肯定不会让他去兰考。如果我不让他去兰考，他肯定会多活几年，也可能会跟我一样活到现在。"张书记说到这里就流下了眼泪。

我觉得张书记讲这些，是出于对我姥爷的关心，他懊悔当时不了解他的身体情况，派他去了兰考。但我能理解我姥爷当时的心情，他就像战场上的战士一样，派他到哪里去冲锋，去战斗，他就到哪里去，不惜牺牲，愿意为了党的事业和老百姓的生活奉献自己的一切，对于个人的得失和安危，他是完全没有任何考虑的。

采访组：您在艺术作品中重现着焦裕禄的一生，在创作过程中，不仅要了解历史，还要理解人物，剖析人物的心理，深入挖掘这个人物的各种特点。您在舞台上扮演自己的外公时，又通过表演刻画人物，展现给观众。在这个过程中，您有哪些探索和实践？您的内心又有一种什么样的感受？

余音：我们舞台上的戏剧表演，存在有一定的程式化的东西。无论莎士比亚也好，还是梅兰芳也好，再高明的艺术大师也脱离不了程式化。因为程式化本身就是为更充分的表现而存在的。但是好的艺术，一定要在程式化的基础之上，展现创作者和表演者对人物的理解。所以这就是为什么从做音乐剧，到歌剧，到电影，我始终在一步一步地去更多地了解我所刻画的人物。我扮演焦裕禄是这样做的，我扮演其他人也是这样做的。

首先，我要了解他所处的那个时代，以及时代留在人物身上的烙印。我姥爷这一生短暂，只活了42岁，但是我感觉他一生的经历浓缩了一个时代的变迁，就好像很多电视剧里边的情节都在他的人生中演绎过。你看，他从11岁被迫退学，除了在家种地外，农闲时还要做点小生意维持生活，主要是卖菜卖油，在古山桥卖锅饼，跟随穷乡亲推着独轮小车，运煤卖煤，还到煤窑做工。家乡遭受旱灾，他的父亲因被催债，被逼悬梁自尽。后来他被日本人抓走，押送到抚顺煤矿当特殊劳工。逃离矿区，返回家乡，又遭旱灾，带着我姥姥外出逃荒，流落至江苏宿迁当长工。之后参加革命，加入中国共产党，被调到渤海地区集训，后随军南下。他打过土匪，兰考的焦裕禄纪念馆里还有他签署的枪毙土匪的文件。他还搞过土改，做过南下工作队宣传队长，之后又搞工业，又搞农业。可以说他 42 岁就浓缩了这么多的人生经历。

人们歌颂焦裕禄，说他是英雄也好，模范也好，但我觉得最根本的，是他做了一个男人应该做的事。他的老家在山东淄博，齐鲁大地，忠孝传家，他生长在这块土地上，泥土里边都渗透着文化的芬芳。不知你们去过淄博没有，虽然淄博现在不是经济特别发达的地方，但是真的民风淳朴，文化底蕴非常深厚。所以那样一个地方，不难生长出一个焦裕禄这样的人，而且以后还会养育出这样的人。所以我饰演我姥爷的时候，我首先理解他是一个身上包裹着很浓重的传统文化的人，这个文化倒不见得是他有多博学，就是他从家乡的泥土里边带出来的传统。

除了传统文化之外，我觉得还应该更深入地表现他作为共产党员的革命乐观主义精神和山东人骨子里的豪爽。我为啥一定要强调乐观这个事儿呢？我们现在回头想一想，兰考那个日子其实是没法过的，工作是没法做的。饥饿、劳累，还有心理上的那种绝望：焦裕禄作为一个县委书记，治下的县有几十万人饿肚子，男女老幼，眼看着就要饿死，可能每分钟都有人饿死，作为一个爱民如子的人，那是一种什么样的心理折磨，什么样的压力？哪怕没有饿死，烦也要烦死，愁也要愁死了。按现在的话说，如果没有强大的心理建设，是顶不住这种压力的，而这种心理建设，和他的革命乐观主义精神与豪爽的性格是分不开的。

★ 2009年5月14日，几位兰考群众骑着自行车路过"焦桐纪念碑"。

新华社记者王颂摄

　　了解到这些，我们创作人物就有据可依。但我觉得最重要的，还是要把他还原为一个有血有肉的人，而不是一个高高在上的"圣人"。在剧本创作的过程中，我母亲参与的意见比较多，我大量参考了我母亲在全国做报告的教案。我母亲的教案很朴实，因为她不是搞理论出身的，她就是通过回忆来回顾历史，刻画人物，跟咱们今天聊天的这种形式是相似的，都是口语，家长里短，柴米油盐，从她记事开始一步一步的讲述，比较生动，也没有上纲上线的内容。我觉得这样挺好，原汁原味，感人而且真实。那么，我的剧本就从教案的核心内容拓展开，这是一个很宝贵的起点。

　　这样做的好处是什么呢？我就可以从一个男人的担当的角度去刻画人物、解决问题，让人回归到人本身，避免了树立一个过于"高大全"的形象，因为"高大全"毕竟距离我们普通人太远了。我学习过你们做的《习近平的七年知青岁月》这部采访实录，你们基于采访挖掘总书记的成长历程，再现了一段宝贵的历史，让我们对总书记的成长经历，以及他经历过的挫折、磨难，甚至他内心曾经的彷徨都有所了解。看了这本书，读者更了解总书记，更喜爱总书记。我觉得这么做非常好。没有一个了不起的人物是天生就很伟大的，他的伟大一定是从成长过程中孕育出来的。我们把一个人拉到你的身边来，让你看到这个人是有温度的，是鲜活的。他是人，不是神。他如果是神，超出了一般人能理解的范围，那大家是不是就会想："我就供着你好了，反正我也学不了。"因此，这种人物刻画会让观众产生一种疏离感。

　　在扮演焦裕禄的时候，我甚至不会刻意去宣扬他是一个党员，一个领导干部，因为这些是他后天的身份。在兰考，他能把所有的大队都走一遍，他能跟农民老汉在牛棚里抽一袋烟，聊一聊天，通过深入交流来了解实际情况，他一定不是以一个共产党员或者县委书记的角色来做这个事的。他就觉得，这个老汉是我大伯，我大哥，这个县里边的日子不好过，我也是初来乍到，我到大哥家里边跟他唠唠。他一定是这种心理状态。所以我在演音乐剧和歌剧《焦裕禄》的时候，总是有我自己的理解，我不太认可那些旧有的塑造英雄人物的手法。导演一再跟我说："你得拎起来！"可是我就怎么也拎不起来，我一拎起来就觉得错了，觉得内心的感触是违和的。虽然艺术源于生活但是要高于生活，但不是"拎起来"的问题。我了解那个年代的县委书记，真的是和老百姓没有什么区别的：他们骑个破自行车走村串巷，访贫问苦；和老百姓一起干活儿，称兄道弟，情同手足；和老百姓意见不和的时候还会吵架，争得脸红脖子粗。真正的历史是这样的。

采访组：谈到艺术创作与人物刻画，我们想请您谈谈您主创的《我的父亲焦裕禄》这部电影。我们知道，洛矿对焦裕禄精神的形成提供了重要的基础，但是一直以来的宣传比较侧重他在兰考工作的时期。近些年的宣传开始逐渐重视挖掘焦裕禄在洛矿工作的历史，您在制作这部电影的时候也做了很多努力，有很大的篇幅讲述了他在洛矿工作的历史。

余音：是的。关于洛矿我本身了解得也不多，因为我是在郑州生的，没有在洛阳生活过。但我母亲对洛矿的印象比较深。多年以来，对焦裕禄事迹的宣传主要集中在兰考那一段，但是毕竟他在兰考工作仅有一年半的时间，而他在洛矿有九年的时间。近些年的电视剧、纪录片，还有我们制作的电影对洛矿那一段提得比较多，都是我母亲在牵头。我们在拍的电影，洛矿的情节占了很大的比重，我们在洛矿一金工车间的原址拍摄了很多情节，里边的大部分群众演员都是一金工车间的工人师傅，我们把地面重新改造了一下，而厂房里的机器，大部分都是 50 年代留下来的，所以不需要做很大的改变，直接就可以还原当时的场景。

我们在洛阳拍电影的时候，带着剧组进到中信重工，一金工车间里拉着大条幅，上面写着：欢迎二姐回家。"二姐"就是洛矿的工人师傅们对我母亲的爱称，那天我母亲很感动，我也很感动，我觉得工人师傅的感情真的是很纯粹，很质朴。

另外我想讲一讲这部电影当中被剪掉的一些细节。我们家在老家村里的辈分特别小，比如我一回去，要跟很多小孩子叫叔叔叫爷爷，到过年的时候还要挨家挨户去串门去磕头，这是山东的一个传统。我们电影里有一个关于磕头的情节，后来被删掉了，我觉得很遗憾。这个情节是真实存在的。我姥爷在兰考工作任职后，回老家过年，大年初一，他要带着妻儿给家里的长辈磕头。我姥爷的母亲——也就是我的外曾祖母，是个小脚老太太，大字不识一个，但是她很通情达理，在我姥爷要给她磕头的时候，她拦住了，说："禄子是公家的人，磕头就免了，鞠个躬吧。"我姥爷就给她鞠了个躬，没有磕头。因为焦裕禄是县委书记，是我们党的干部，在老太太的理解当中，他是公家的人，代表着共产党，不应该给自己跪下磕头。这是我外曾祖母特别通情达理、顾全大局的地方。我姥爷走的时候，已经知道自己身体不行了，就像上了战场会战死一样的心情，或许一去不返了。他走到村口的小桥上时，回头看到母亲站在村口的一个门楼里面送他，远远地望着他，他对着母亲跪下磕头了。这个时候，他的身份不是共产党员，也不是国家干部，就是老母亲最疼爱的儿子。他是个孝子，但是他认为，兰考人民也是我的父母，我现在要选择兰考36万人民这个更大的孝，那我跟老母亲拜别的时候，还要回到儿子的身份，跪下来磕一个大长头。这一刻，他在他的身份和自然的属性之间找到了一个平衡。但是，前面那段老母亲不让他磕头那段被删掉了，和后面这个磕头就失去了呼应，这是一件很遗憾的事情。

还有一个删掉的情节。我姥爷在癌症晚期，肝部剧痛，实在忍受不住。那个时候用茶杯盖顶腹部已经不管事了，而杜冷丁在当时是很紧缺的药，他也知道自己患的是绝症，没有治愈的希望，因此也不愿意浪费国家的物资。医生很着急，说："你这么疼，怎么办？我得给你打杜冷丁呀！"他说："我不打杜冷丁。"医生说："那你怎么止痛呢？"我姥爷当时就发明了一个"疼痛转移法"，他对医生说："我有办法，你给我买盒烟吧。"医生当时就以为他抽支烟或许能缓解一下，就给他买了一盒烟。我姥爷拿到烟，点燃以后，就用烟头往自己身上烫，这边一疼，肝部剧痛的注意力就多少被分散掉一点。他就管这个叫"疼痛转移法"。但是这个也被删掉了，这个情节被认为太残忍。

还有一段删除的内容是关于他在洛矿工作的情节。当时有一个技术员，因为成分不好，被分配到猪圈喂猪。焦裕禄要重新起用他，但是厂里不允许，他就和厂里据理力争，他说："国家花那么大代价培养他成才，现在该用他的时候，你们让他去喂猪。这不就是社会主义败家子吗？"这段确实是真实的历史，被删掉了，那么这段历史的表现就不够完整，不够充分，也是很遗憾的。

采访组：您长期致力于主旋律艺术和电影的创作，您对这个领域未来的发展怎么看？

余音：我先说说舞台剧场。不仅限于主旋律，目前应该说所有的舞台剧在商业上是基本没有独立的生存能力的，这也是一个比较残酷的事。它不像电影一样，面向广大观众，它属于艺术成果类的存在，就是靠国家的力量把它养起来。这个不仅是中国的现实，在世界各国也一样，比如美国百老汇，它也是一部分靠市场，一部分靠一些基金会来维持。中国也是靠国家艺术基金这样的机构来扶持。如果真的把歌剧、音乐剧、话剧等放到市场上去，都无法生存。我曾经算过一笔账，如果歌剧商演，远了不说，就从北京去济南，一个剧组至少两三百人的队伍，还有道具灯光等设备托运的费用，加上所有人的吃住行费用就是一笔庞大的开销。到了目的地以后要租剧场，剧场一天至少五六万元。演一场，要租三天：安装调试设备一天、彩排一天、演一天。这个成本就很高了。一场歌剧如果跨地区演出的话，至少是百万起步。1000人的剧场要坐满，每位观众要花1000元买票，刚刚够成本。这在任何地区是不可能达到的。所以，剧场艺术只能是作为一个国家的文化实力来存在，它不能以市场为导向去生存，也无法生存。包括主旋律舞台艺术在内，舞台艺术都是同样的境况。

再来说说主旋律的电影，也是同样的处境。主旋律电影为什么搞不过娱乐片？因为方向不一样，初始的目标就不一样。主旋律的目标是文化建设，是意识形态工作，而娱乐片的目标是在规则允许的框架内尽可能多地赚取利润。目前很多有责任感的企业家投资主旋律电影，也是投一部赔一部。这跟过去的情况不一样。1990年版的《焦裕禄》为什么创造了影视奇迹？平均票价0.38元，卖了1.2个亿，今天的任何商业片和它相比都是弟弟，差得太远。但是，没必要宣扬1990年版《焦裕禄》在商业上的成功，这不是重点，这部电影真正的贡献是它为我们党、为国家、为社会服务了30年，这是一笔政治账，不能按票价来估算它的价值。那么，我们再过30年，是不是还要观众看1990年版的《焦裕禄》？正是基于这种考虑，我们做了《我的父亲焦裕禄》这部电影。

但是现在的市场环境变了，现在是资本主导艺术的年代，资本是要赚钱的，资本会先问你，有流量明星吗？演焦裕禄的是小鲜肉吗？这就出现问题了。电影公映之后，我们想在某知名高校做一场电影放映，让大家看一看，讨论讨论。但是高校的电影院也是要盈利的，是要卖票的，他们的场地是专业公司承办的。人家的意见非常明确：明码标价。

我讲这些，没有任何褒或贬的意思，就是陈述我们社会的现实情况。由此可以想见未来我们的主旋律艺术将会怎么发展，会是一个什么情况。我们未来所能看到的，很可能是包裹着主旋律外壳的商业化产品。这是需要警惕的。

采访组：在您成长的过程中，作为焦裕禄的后代，是否存在着很多与生俱来的机遇？您是否抓住了这些机遇？

余音：这个是我要谈的另一方面。我能从事今天的工作，从事这份事业，沾了我姥爷很大的光。正因为我是焦裕禄的后代，著名音乐家吴雁泽老师收我做了他的关门弟子。那是 1997 年，吴雁泽老师到兰考演出，我母亲对我说："你最崇拜的吴雁泽老师到兰考演出了，你要不要去看看？"我说："太好了！"于是我们就去了兰考，而且费了很大的周折拜访了吴老师。吴老师对我说："小伙子，你条件还不错，个头也可以，你有没有想过以后考音乐学院？"我说："吴老师，我当然想了，但我毕竟是小地方人，也不敢想太远。"吴老师说："这样，我给你留个地址，你可以给我写信，咱们再谈。"后来，我就抱着试试看的态度，给吴老师写了一封信，诚恳地表达了我想从事艺术事业的愿望。吴老师不久之后就给我回信了，让我到北京去找他。我和母亲从河南到北京去拜访了吴老师，他听了我的演唱，之后又跟我妈妈聊了聊，收了我做他的学生。

那时有很多人要拜在吴老师门下，但他已经不收学生了。吴老师为什么破例收我？我很明白他的本心就是为了帮助焦家。他考虑，既然我愿意唱歌，就培养培养我。我们家没给过吴老师一分钱，吴老师也从来不对外宣扬自己的学生是焦裕禄的后代。我去吴老师家，他亲自给我授课，师母林西琳老师是钢琴家，她教我乐理知识。老两口集中培训了我两个月，后来就把我送到他的同门师妹邹文琴老师那里继续学习。邹老师是民族声乐大家，她的很多学生都是明星。我母亲在欣喜之余，一再告诫我："你千万要努力学，你实实在在是沾了姥爷的光。因为你是焦家的后人，人家那么大的艺术家才给你这么宝贵的机会。"

我在邹文琴老师那里学了两年，每周跑北京。那时候从郑州到北京还没有高铁，只有 K 字头列车，K180、K179，路程是 10 个小时。我每个周五的晚上 9 点下晚自习，匆忙赶到郑州站，10 点 38 分坐上火车。我那时都是坐硬座，因为到北京一是很难买到卧铺，二是我也舍不得买卧铺。第二天早上 6 点 38 分到北京以后，我到我妈的一个战友家吃顿早饭，之后在他家温习一下功课，下午到邹文琴老师家去上一个小时专业课。上完课以后，我再听一听她给别人上课。之后跟邹文琴老师告辞，在她家门口吃碗面，然后跑到北京西站，再坐周六晚 10 点 38 分的车。周日早上 6 点 38 分到达郑州，下了火车回到家，把行李一放，8 点 30 分继续上课。那时候我上高中，周日还要补课。

就这样，我一周一趟，跑了两年，攒了厚厚的一摞火车票，全是硬座。考上大学以后，我一下子把火车票全给扔了，如释重负。我母亲和我大姨一起把我送到中国音乐学院，当面向吴雁泽老师和邹文琴老师表示了感谢。

中国音乐学院当时的学费是一年 1 万块钱，在那个年代是很贵的。我家那时候还有外债，欠了不少钱，而且还要买钢琴，家里支付不起了。后来文化部了解到焦家的孩子考进了中国音乐学院，也了解到我的家庭条件不好，就给我补了 5000 块钱助学金。我 2004 年毕业以后，就考到剧院里工作，然后从合唱的小角色，再到驻场、团长助理、副团长，后来调到艺术培训中心做主任。我在单位的这些年，工作还算比较顺利。文艺演出单位肯定要看业务能力，家世再怎么样，如果业务不行，那肯定是无法进步的。在我成长的过程当中，我觉得一方面是我姥爷的余荫庇护，还有社会各界关心我的人帮了我，我自己也付出了努力，算是中规中矩，没有辜负大家的期望。包括我在内，我的兄弟姐妹们——也就是焦家的第三代发展还都是比较顺利的。我们第三代从出生到长大，其实对我姥姥是一个很大的慰藉。我们小的时候聚在姥姥家调皮嬉戏的时候，让我姥姥孤僻的性格有了一些改观。我们的吵吵闹闹，似乎在不断提醒我姥姥，让她意识到，时代已经变迁了，她应该从怀念我姥爷的情绪中解脱出来了。但是，我姥姥看着我们第三代一个一个地降生、长大，有一块心病也越来越重。

采访组：是什么心病？

余音：就是没有孙子。我姥姥生了三男三女，我妈和我两个姨生的都是男孩，但我的三个舅舅生的都是女孩。又赶上计划生育，每个家庭只能要一个。所以我姥姥只有外孙子、孙女，没有孙子。这对有着传统观念的老人来说，心理上是个很大的负担。这个事情的转机出现在我最小的舅舅——就是我三舅这里，我三舅的第一个孩子是女孩，后来申请下来了二胎指标。终于，二胎生出来是个男孩。我这个弟弟诞生以后，我姥姥大哭了一场，一边哭一边对着我姥爷的遗像说："老焦啊，焦家总算有后了！"

我这个弟弟小名叫虎子。他性格比较内向，不爱说话，像我姥姥；他干工作有股拼命三郎的劲头，像我姥爷。他从小学习很努力，高考考上了公安大学。毕业以后，我姥姥不想让他当一线警察，怕他发生危险。但我这个弟弟非要到一线去工作，还非要当刑警。他当刑警的时候，拿过一个三等功，他从二楼跳下去追击一个犯罪嫌疑人，结果把腿摔断了。这次我家里人都吓得不轻，我大姨和我妈都反复劝他，让他不要在一线干了。但是虎子这个人非常执着，坚决要在一线。之后，他又调到反恐战线工作，干了一段时间，他又调到打黑战线，始终在最危险的岗位上工作。因为他的工作性质特殊，我也就不提他的真名了，他自己也是一向拒绝媒体的采访，在网上是搜不到他的。虎子现在也结婚了，也有孩子了，是个男孩儿。

采访组：余音老师，您的年龄是40岁左右，这个年龄正是干事、做事、成事的一个年龄，您对很多社会问题也有着比较深入的思考。从您的角度来说，您对和自己年龄相当的这一代中国年轻人继续践行和弘扬焦裕禄精神有什么建议？

余音：我的朋友、同学也差不多都是这个年龄段的人。所以身边也经常有人问我："你感觉在今天这个时代怎么学习和弘扬焦裕禄精神？"

为什么会提出这个问题呢？因为毕竟时代不一样了。我姥爷是生活在 20 世纪五六十年代的人。今天这个时代，咱们吃不了那么多的苦，也遭不了那么多的罪。但是我觉得，一个人最朴素的追求，应该是起码做个好人，做好自己该做的事。我觉得，我们不能忘了今天的好日子是怎么来的。虽然这个社会可能还会有一些不如意，但是我们自己就不要再做让人不如意的人，也不要做那些让人不如意的事了。每个人都做好自己的本分，别给这个社会添堵，其实就可以了，这个社会就会一天比一天好。

今天这些年轻人，包括我自己在内，其实压力蛮大的，这些压力，或者说困难、挑战，实际上就是换了一个时间和空间，就跟当年焦裕禄在洛阳在兰考的时候是一样的。怎样践行或者弘扬焦裕禄精神，我觉得就是尽自己所能，做一个好人，做一个有益于社会的人，在这个基础上，对这个社会多做点有意义的事。

如果说寄希望于我们每个人都能做到"先天下之忧而忧，后天下之乐而乐"，我想这也许无法实现。但我们可以重温一下 2009 年 4 月，时任国家副主席的习近平同志在河南调研时的讲话："焦裕禄精神跨越时空，历久弥新。无论过去、现在还是将来，都永远是亿万人民心中的一座永不磨灭的丰碑，永远是鼓舞我们艰苦奋斗，执政为民的强大思想动力。"

我始终觉得，习近平总书记跟焦裕禄的心是相通的。习近平同志上初中的时候，老师讲到焦裕禄的事迹时，他被深深感动，我相信这对他一生的价值观都有深刻的影响。习近平同志从政以后，也干过县委书记的岗位，他的拼搏奋进、扎实有效的工作深刻改变了地区的贫穷面貌。他和焦裕禄一样，都有一种迫切的让老百姓过上好日子的心情，这是他们干事创业的动力源泉。1990年，时任福州市委书记的习近平同志深情写下《念奴娇·追思焦裕禄》。习近平总书记还讲过，"以人民为中心"，"江山就是人民，人民就是江山"，这是因为他了解老百姓，知道老百姓心里最需要的是什么。2021年2月25日，习近平总书记在全国脱贫攻坚总结表彰大会上发表重要讲话，庄严宣告："经过全党全国各族人民共同努力，在迎来中国共产党成立一百周年的重要时刻，我国脱贫攻坚战取得了全面胜利，现行标准下9899万农村贫困人口全部脱贫，832个贫困县全部摘帽，12.8万个贫困村全部出列，区域性整体贫困得到解决，完成了消除绝对贫困的艰巨任务，创造了又一个彪炳史册的人间奇迹！这是中国人民的伟大光荣，是中国共产党的伟大光荣，是中华民族的伟大光荣！"那个时候，我在震撼的同时，也有一种感慨。我想，如果我姥爷能活到今天，他就能看到这个历史性的时刻，能看到自己为之献身的理想实现了。

焦裕禄

1922.8-1964.5

四

丰碑·一个不朽英魂的

精神传承

焦裕禄精神是我们党精神谱系的重要组成部分

韩庆祥

2021 年 9 月 29 日，党中央批准了中央宣传部梳理的第一批纳入中国共产党人精神谱系的伟大精神，在中华人民共和国成立 72 周年之际予以发布。在我们党的社会主义革命和建设时期这个范围当中，"焦裕禄精神"同"抗美援朝精神""两弹一星精神""雷锋精神"一起位列其中，可见其重要性。

一、如何学习和理解习近平总书记关于焦裕禄精神重要论述

我们学习习近平总书记关于焦裕禄精神的重要论述，会发现其中有一条直接提出了焦裕禄精神孕育形成的历史过程。2009 年 3 月

31日，时任国家副主席的习近平同志视察中信重工（原洛阳矿山机器厂）时曾指出："焦裕禄精神孕育形成在洛矿，弘扬光大在兰考。我们这一代人都深受焦裕禄精神的影响，是在焦裕禄事迹教育下成长的。"现在，我国党史界、理论界对焦裕禄精神的研究和宣传，主要集中在焦裕禄在兰考工作的475天当中，焦裕禄在大家心目中的形象主要是一名优秀县委书记。针对焦裕禄同志在洛矿工作的9年，相对来说研究得不是很多，虽然有了一些成果，但社会各界的重视程度还有提升的空间。这个时期实际上是非常重要的，具有重大研究价值。正如习近平同志所指出的，这段时间是焦裕禄精神孕育形成的重要时期。

1953年6月，31岁的焦裕禄在组织的安排下来到洛阳矿山机器厂工作，最初他任洛矿筹建处资料办公室秘书组的副组长，负责在洛阳收集地质、水文、气象等资料，为选择厂址提供科学依据。一年以后的1954年8月，焦裕禄在洛矿的安排下，到哈尔滨工业大学进修，学成后又到大连起重机厂的机械加工车间进修。1956年年底，焦裕禄回到洛阳矿山机器厂，担任一金工车间主任，后又担任厂调度科长等职。这一时期，因工作繁忙、营养不良，焦裕禄患上了肝病。直到1962年6月组织调焦裕禄回尉氏县任县委书记处书记。焦裕禄在洛阳一干就是9年时间，尽管中间有两年在东北学习，但这也是洛矿派他去的，而且在大连想要把他留下时，他还是选择回到了洛阳。

裕禄同志42岁英年早逝，洛阳的9年在他的工作经历中大约占有一半的时间，在他短暂的人生里占有重要的分量。9年当中，焦裕禄在洛矿留下了很多感人的事迹。他没有文化基础，就刻苦攻读工业知识；他没有技术，就勤学苦练生产技术；他没有管理经验，就探索实践管理方法。他鞠躬尽瘁，夙夜奉公，逐渐锻炼成长为一名优秀的工业干部，用拼搏和奋斗彰显了新中国成立初期工业战线优秀领导干部的杰出风范。这9年在工业战线的工作经历，也为焦裕禄后来在兰考的工作筑牢了基础，所以习近平总书记说："焦裕禄精神孕育形成在洛矿，弘扬光大在兰考。"

2009年，时任国家副主席的习近平同志专程到兰考，祭奠焦裕禄同志的忠魂。在与干部群众一起召开的座谈会上，习近平同志把焦裕禄精神概括为"亲民爱民、艰苦奋斗、科学求实、迎难而上、无私奉献"。焦裕禄精神是我们党的宝贵精神财富，其内涵与本质同习近平新时代中国特色社会主义思想有着高度的契合。我们党的十九大报告指出，全党要"不忘初心，牢记使命"，中国共产党人的初心和使命是什么？就是为中国人民谋幸福，为中华民族谋复兴。"心中装着全体人民，唯独没有他自己"的为民情怀，正是焦裕禄精神的重要内容。焦裕禄的一生就是共产党员践行初心使命的一生，尽管那个时候的提法不同，但本质上是相同的。焦裕禄打游击、参加土改、在洛矿当工业干部、到兰考当县委书记，他始终心系百姓，为党分忧，始终政治立场坚定，对党忠诚。

半个多世纪以来，焦裕禄精神的影响越来越广泛，越来越深远，焦裕禄精神已经成为中国人民心中的一座丰碑，感染了一代又一代共产党人不忘初心、砥砺奋进；激励了一代又一代共产党人牢记使命、开拓进取。

首先，焦裕禄是县委书记的好榜样，同时也为包括县委书记在内的各级领导干部作出了表率。1966年2月7日，长篇通讯《县委书记的榜样——焦裕禄》在《人民日报》发表，在全国范围内引发了强烈反响。从那时起，全国范围内不断掀起学习焦裕禄精神的热潮，社会各界特别是学界对焦裕禄精神的研究也不断深化，大量的历史、理论、文艺成果面世，为我们国家的精神文明建设提供了宝贵而丰富的内容。

焦裕禄精神也成为中国共产党精神谱系的重要组成部分。早在2014年3月18日，习近平总书记在河南省兰考县调研时就明确指出："焦裕禄精神，同井冈山精神、延安精神、雷锋精神、红旗渠精神等都是共存的。任何一个民族都需要有这样的精神构成其强大精神力量，这样的精神无论时代发展到哪一步都不会过时。"2021年是中国共产党成立100周年，党中央批准中央宣传部梳理第一批纳入中国共产党人精神谱系的伟大精神，并在中华人民共和国成立72周年之际予以发布。焦裕禄精神同雷锋精神、大庆精神（铁人精神）、老西藏精神（孔繁森精神）、王杰精神等一起，被第一批纳入了党的精神谱系，成为我们党的精神谱系的重要组成部分。

焦裕禄精神既是共产党人优秀品质的体现，也是中华民族优秀传统的体现，为我们的民族精神注入丰富和强大的精神力量。焦裕禄精神体现了中华民族自强不息、刚健有为的精神品格，体现了修己笃行、知行合一的道德自觉，体现了勇于进取、努力拼搏的人生态度。它是中华优秀文化的集中体现。中国古人所说的"先天下之忧而忧，后天下之乐而乐"的政治抱负，"位卑未敢忘忧国""苟利国家生死以，岂因祸福避趋之"的报国情怀，"富贵不能淫，贫贱不能移，威武不能屈"的浩然正气，"人生自古谁无死，留取丹心照汗青""鞠躬尽瘁，死而后已"的献身精神等，都体现了中华优秀传统文化和中华民族精神，这些是中华民族五千年来生生不息，赖以生存和发展的精神纽带、支撑和动力，是创新社会主义先进文化的民族灵魂。正因为焦裕禄精神既是中华民族精神的体现，又在新时代为民族精神注入丰富和强大的精神力量，所以焦裕禄精神就更富有渗透力、吸引力，从而获得广大人民群众的认同和追求，成为实现中国梦的精神动力。

虽然焦裕禄同志离开我们50多年了，尽管社会在不停地发展，时代在不断变迁，但焦裕禄精神是永恒的，永远都是激励我们求真务实、开拓进取的宝贵精神财富，因此永远不会过时，永远要发扬光大。

二、新时代的共产党员和领导干部如何深学细照笃行焦裕禄精神

新时代，共产党员和领导干部要深学细照笃行焦裕禄精神。

习近平总书记在同中央党校第一期县委书记研修班学员进行座谈时指出，"县级政权所承担的责任越来越大，尤其是在全面建成小康社会、全面深化改革、全面依法治国、全面从严治党进程中起着重要作用。焦裕禄同志以自己的实际行动塑造了一个优秀共产党员和优秀县委书记的光辉形象。做县委书记就要做焦裕禄式的县委书记，始终做到心中有党、心中有民、心中有责、心中有戒"。

心中有党。共产党员和领导干部要向焦裕禄学习坚定的理想信念，学习他牢固的党性意识，始终对党忠诚。这也是党员领导干部安身立命之本。在新时代，我们要牢固树立"四个意识"、坚定"四个自信"、坚决做到"两个维护"，深入学习贯彻习近平新时代中国特色社会主义思想；要坚定政治自觉，在思想上政治上行动上同以习近平同志为核心的党中央保持高度一致。

心中有民。共产党员和领导干部要把百姓冷暖记在心间，关心群众、真诚为民，心中有民。焦裕禄在兰考工作期间曾说："党把这个县 36 万群众交给我们，我们不能领导他们战胜灾荒，应该感到耻辱。"群众有困难的时候，他总是第一个出现，群众劳动的时候，他和群众并肩作战。在那个物质匮乏、条件简陋的年代，他克服种种困难，想的就是如何让人民吃饱穿暖，过上幸福的生活。他心中有百姓，百姓也把他挂在心上。焦裕禄病逝两年后，他的棺木回到了兰考，数十万百姓前来参加这场迁葬。在这场葬礼上，孩童的脸上挂着泪，年届八旬的老人哭的站不住身子，中年妇人也悲伤得披头散发。直到今天，焦裕禄仍活在广大人民群众的心中。

心中有责。焦裕禄在洛阳的9年，和他在兰考的475天，都充分诠释了共产党员心中有责、勇于担当与开拓进取的优良品质。中国共产党人眼中的担当精神，其内涵既包括本职担当、责任担当、大局担当、难题担当、风险担当、使命担当，也包括为民族担当、为人民担当、为党担当。其特质就是咬定目标、迎难而上、越挫越勇、越险越进、勇于斗争、久久为功。担当精神能使我们破解矛盾难题、克服障碍阻力、应对风险挑战，能"爬坡过坎闯关"，进而实现既定的伟大目标。向焦裕禄同志学习，要像他那样勤勉敬业、忘我工作，始终保持无私奉献、实干拼闯的工作激情。

心中有戒。学习焦裕禄精神，就要学习他的廉洁奉公、严于律己，共产党员和领导干部在工作和生活中，始终要牢记纪律和规矩。"心中有戒"始终贯穿焦裕禄的人生始终，无论是"不让儿子看白戏"，还是"拒绝自己家的救济粮"等事迹，都充分彰显了焦裕禄同志的严以律己，正确运用自己手里的权力，决不占公家便宜，既"管住自己"，也"管住家人"。

三、伟大建党精神、中国共产党人精神谱系、焦裕禄精神三者之间的关系及内在联系

建党精神和精神谱系是"源"和"流"的关系、本体和具体的关系。伟大建党精神是"源"，是"根"，精神谱系是"流"，是"干"；

伟大建党精神是本体精神，是精神谱系的共同基因，精神谱系以建党精神为基础，是建党精神在不同历史时期的具体彰显和体现。焦裕禄精神，则是精神谱系中的重要内容，是"枝"。

先来说建党精神这个"源"，这个"根"。2021 年 7 月 1 日，习近平总书记在庆祝中国共产党成立 100 周年大会上发表重要讲话时指出："一百年来，中国共产党弘扬伟大建党精神，在长期奋斗中构建起中国共产党人的精神谱系，锤炼出鲜明的政治品格。历史川流不息，精神代代相传。我们要继续弘扬光荣传统、赓续红色血脉，永远把伟大建党精神继承下去、发扬光大！"这次重要讲话，是我们党首次提炼出的伟大建党精神及其基本内涵。为什么中国共产党一直注重精神建设？这就涉及到中国共产党注重精神建设的根基问题。中国共产党注重精神建设的根基，植根于中国共产党远大目标、宏大使命与道路曲折坎坷的矛盾，其远大目标、宏大使命可以概括为为人民谋幸福、为民族谋复兴、为世界谋大同、为政党谋强大、为共产主义而奋斗，但实现远大目标和宏大使命的道路是艰辛曲折坎坷的，在艰辛曲折坎坷的道路上实现远大目标和宏大使命，就必须发扬中国共产党人的伟大精神。这些精神蕴含着中国共产党人的理想信念、对党忠诚、家国情怀、社会奉献、为民奋斗、本领提升。在中国共产党百年奋斗史中，逐渐形成了中国共产党人的精神谱系。

再来说说精神谱系这个"流"，这个"干"。贯穿中国共产党人精神谱系的本体基因究竟是什么？中国共产党的精神建设有两个层次，可概括为精神谱系与精神基因。这是有哲学基础的，即从特殊到一般。从特殊，看到是由各个时期各种独特的精神构成的精神谱系。在新民主主义革命时期，我们党的精神建设相对注重战胜敌人、强大自己；在社会主义革命和建设时期，我们党的精神建设相对注重战胜艰难困苦、完成创业任务；在改革开放和社会主义现代化新时期，我们党的精神建设相对注重锐意进取、攻坚克难；在中国特色社会主义新时代，我们党的精神建设相对强调自信自强、守正创新。这些精神建设都关乎我们党的执政基础、国家命运、社会风气。从一般上，我们看到的是精神基因（本体精神），这就是伟大建党精神，即坚持真理、坚守理想，践行初心、担当使命，不怕牺牲、英勇斗争，对党忠诚、不负人民。这是中国共产党的精神之源。伟大建党精神是紧紧围绕"不忘初心、牢记使命"，从四个逻辑层次展开，即认知层次（坚持真理、坚守理想）——目标层次（践行初心、担当使命）——意志层次（不怕牺牲、英勇斗争）——情怀层次（对党忠诚、不负人民）。

那么今天我们谈到的焦裕禄精神，就是共产党人精神谱系中的重要内容，是"枝"。基于伟大建党精神，中国共产党人在不同历史时期形成了具有不同历史特征的精神，这些精神构成中国共产党人的精神谱系。各个历史时期形成的精神是有规律可循的，那就是体现并反映了各个历史时期的时代品质、实践品格及其本质特征。在新民主主义革命时期，主要是围绕"浴血奋战、百折不挠"与战胜敌人、强大自我而形成的精神。在这一历史时期，革命问题是首要问题。而革命的首要问题，就是"谁是我们的敌人、谁是我们的朋友"。伟大长征精神，就是新民主主义革命时期形成的精神谱系的典型样本。在社会主义革命和建设时期，主要是基于"自力更生、发愤图强"与战胜艰难困苦、完成创业大任而形成的精神。这一历史时期的整体景象，就是一穷二白、百废待兴。由此，特别需要自力更生、发愤图强、艰苦创业、立国兴国。"两弹一星"精神，就是这一历史时期形成的精神谱系的典型样本。在改革开放和社会主义现代化建设新时期，主要是针对"解放思想、锐意进取"与披荆斩棘、攻坚克难而形成的精神。改革开放是我国的第二次革命，社会主义现代化建设是一项开创性的伟大事业。然而，当时各种庞杂的思想观念与僵化的体制机制阻碍着改革开放和社会主义现代化建设。这就要求中国共产党人必须解放思想、锐意进取、披荆斩棘、攻坚克难。伟大改革开放精神，就是这一历史时期形成的精神谱系的核心，也是分析这一历史时期精神谱系的典型样本。在中国特色社会主义新时代，主要是需要"自信自强、守正创新"与应对风险、自我革命而形成的精神。在新时代，中国共产党人打的"铁"相当坚硬，它不仅要解决人民生活"好不好"、国家"强不强"、政党"硬不硬"、世界"太平不太平"的根本问题，而且要应对来自各方面的矛盾问题、障碍阻力、风险挑战。为此，就必须进行伟大斗争、勇于自我革命，就必须自信自强、守正创新。伟大抗疫精神，可以作为这一历史时期形成的精神谱系的典型样本。焦裕禄精神，具有社会主义革命和建设时期"战胜艰难困苦、完成创业大任"的特点，同时也体现了社会主义现代化建设新时期"解放思想、锐意进取"精神和中国特色社会主义新时代"自信自强、守正创新"等精神，所以焦裕禄精神才如此具有强大的生命力。

四、对习近平总书记"亲民爱民、艰苦奋斗、科学求实、迎难而上、无私奉献"重要论述的解读

2009年，时任国家副主席的习近平同志把焦裕禄精神概括为"亲民爱民、艰苦奋斗、科学求实、迎难而上、无私奉献"。我们可以一项一项来解读。

亲民爱民，重点在"民"。"为人民服务"是党的根本宗旨。党之所以能够带领全国人民取得革命胜利、之所以能够取得社会主义建设的伟大成就、在一穷二白的基础上建设了崭新的社会主义国家，就是因为党代表了人民的利益和愿望，得到了人民的拥护和支持。习近平总书记指出，"我们党来自人民、扎根人民、造福人民，全心全意为人民服务是党的根本宗旨，必须以最广大人民根本利益为我们一切工作的根本出发点和落脚点，坚持把人民拥护不拥护、赞成不赞成、高兴不高兴作为制定政策的依据，顺应民心、尊重民意、关注民情、致力民生"。我们解读焦裕禄精神中的"亲民爱民"，重点要学习他牢记宗旨、心系群众，"心里装着全体人民、唯独没

有他自己"的公仆精神。

艰苦奋斗，重点在"奋斗"。艰苦奋斗是中华民族的光荣传统，是我们党的立业之本、取胜之道、传家之宝。党的历代中央领导集体都十分重视继承和发扬艰苦奋斗的精神，并将其作为一贯的治党、治国、治军的重要原则贯穿始终。在新的历史条件下，追寻党大力弘扬艰苦奋斗精神的思想发展轨迹，永远高扬艰苦奋斗的旗帜不动摇，对于全党、全社会自觉抵御各种腐朽思想侵蚀、保持党和国家政权永不变质、全面推进社会主义现代化建设事业，无疑具有十分重大的意义。艰苦奋斗同样也焦裕禄精神的精髓。在新的伟大斗争中赢得胜利、实现伟大梦想，就要顽强拼搏、不懈奋斗，勇于战胜一切风险挑战，奋力夺取全面建成社会主义现代化强国、实现中华民族伟大复兴的新胜利。

科学求实，重点在"实"。求实，是原指根据实证，求索真知；按照实际情况办事，不夸大不缩小。焦裕禄同志所倡导和实践的根本工作方法就是科学求实，求真务实，坚持一切从实际出发。正是这种探索规律、把握规律的科学精神，让焦裕禄在短时间内抓住了改变兰考落后面貌的"牛鼻子"。科学求实是焦裕禄精神的灵魂，是务实发展之基。

迎难而上，重点在"上"。焦裕禄同志不怕困难、不惧风险。他说："革命者要在困难面前逞英雄。"这鲜明体现了共产党员的大无畏精神。当然，迎难而上不是一味蛮干，而是在遵循客观规律进而科学合理行动的同时，也要敢闯、敢试、敢拼搏、敢奋斗、敢担当，遇到困难不低头，面对困难敢挑战。知难而进、迎难而上是中国共产党人的宝贵品格，也是焦裕禄精神的重要内容。

无私奉献，重点在"奉献"。共产党员不仅是一种荣誉，更是无私的奉献。百年党史当中，无论是战争年代还是和平年代，都有千千万万的共产党员用无私奉献推动了中华民族伟大复兴的历史进程，点燃自己的生命之火。习近平总书记指出，忠于党、忠于人民、无私奉献，是共产党人的优秀品质。党的事业，人民的事业，是靠千千万万党员的忠诚奉献铸就的。焦裕禄同志廉洁奉公、勤政为民，为党和人民事业鞠躬尽瘁、死而后已的奉献精神，是共产党人先进性的重要体现，也是焦裕禄精神的鲜明特点。

五、焦裕禄精神在当今和未来的时代价值

国无精神不立，人无精神不强，党无精神不兴。从我们党百年奋斗历程中可以揭示出一条规律，即一个政党的精神是其强大的一种内在基因。有了精神，一个政党就会从无到有、从小到大、从弱到强；有了精神，一个政党就会自觉主动地加强思想建设、制度建设、组织建设、作风建设、能力建设、队伍建设，这就是所谓的"助推"作用。习近平总书记2013年3月17日在全国人大会议上说："实现中国梦必须弘扬中国精神。这就是以爱国主义为核心的民族精神，以改革创新为核心的时代精神。这种精神是凝心聚力的兴国之魂、

强国之魂。"前面也讲到，焦裕禄精神既是共产党人优秀品质的体现，也是中华民族优秀传统的体现，也为我们的民族精神注入丰富和强大的精神力量，奏响了中国精神的时代强音。那么在未来，我们继续建设现代化强国，仍然需要大力弘扬焦裕禄精神，要在改革发展实践中学习弘扬焦裕禄精神。

习近平总书记强调，要结合时代特点大力学习弘扬焦裕禄精神。改革与发展是我们这个时代的鲜明特点：改革开放是决定当代中国命运的关键抉择，发展是解决我国所有问题的关键。20世纪60年代，焦裕禄同志在极其艰苦的条件下带领群众同严重的自然灾害作斗争，努力让兰考人民吃饱穿暖，用实际行动谱写了一曲干事创业、一心为民的赞歌。当前，我们正在为实现中华民族伟大复兴的中国梦而努力奋斗。广大党员干部要大力学习弘扬焦裕禄精神，敢负责能负责、勇担当善担当，带领人民群众奋力推进改革发展。

在全面深化改革中大力学习弘扬焦裕禄精神。精神的力量是无穷的，也是弥足珍贵的。精神是人的"精气神"，是人的实践活动的灵魂，是文化层面的立国之本、强国之魂。"精神"一旦被广大人民群众所掌握，就能变成强大的物质力量。目前，我国改革已进入攻坚期和深水区，凝聚改革共识与合力难度加大，统筹兼顾各方利益任务艰巨。新形势新任务要求我们进一步振奋精神、增强勇气，敢于啃硬骨头，敢于涉险滩，以更大决心冲破陈旧思想观念的束缚，突破利益固化的藩篱，消除各方面体制机制的弊端。"在困难面前逞英雄"的焦裕禄精神，为我们凝聚力量、攻坚克难、全面深化改革提供了强大精神动力。为此，必须大力学习弘扬焦裕禄精神，以重大问题为导向，抓住重点问题、难点问题、关键问题进一步研究思考、寻找答案，提高改革的针对性和实效性。我们要按照中央统一部署和要求，落实好本地区本部门具有标志性、关键性、引领性作用的重大改革举措；围绕稳增长、调结构、惠民生、防风险，把握好改革的重点和力度，妥善处理好改革发展稳定的关系，不失时机地推进重要领域和关键环节的改革。

在推动科学发展中大力学习弘扬焦裕禄精神。发展是硬道理。我国的现实国情，决定了发展仍是解决所有问题的关键。因此，我们仍然必须坚持以经济建设为中心，推动经济社会持续健康发展。目前，我国发展中不平衡、不协调、不可持续的问题依然突出，经济发展方式不转变不行，经济发展不适度也不行。只有不断推进经济提质增效、转型升级，才能保持我国经济中高速增长，推动我国经济发展向中高端水平迈进，为全面建成小康社会打下坚实基础。科学求实的焦裕禄精神，为我们推动经济转型升级、科学发展提供了重要精神动力。为此，必须大力学习弘扬焦裕禄精神，老老实实地从客观实际出发，妥善应对和有效解决前进道路上的各种挑战、困难和矛盾、问题，努力推动质量效益提高和节能环保的发展，推动发展成果更多更公平地惠及全体人民的发展，推动符合经济规律、社会规律和自然规律的发展，推动就业和收入并进的发展。

党的二十大报告指出：全面建设社会主义现代化国家、全面推进中华民族伟大复兴，关键在党。我们党作为世界上最大的马克思主义执政党，要始终赢得人民拥护、巩固长期执政地位，必须时刻保持解决大党独有难题的清醒和坚定。经过十八大以来全面从严治党，我们解决了党内许多突出问题，但党面临的执政考验、改革开放考验、市场经济考验、外部环境考验将长期存在，精神懈怠危险、能力不足危险、脱离群众危险、消极腐败危险将长期存在。全党必须牢记，全面从严治党永远在路上，党的自我革命永远在路上，决不能有松劲歇脚、疲劳厌战的情绪，必须持之以恒推进全面从严治党，深入推进新时代党的建设新的伟大工程，以党的自我革命引领社会革命。

砥砺奋进，时不我待。一个政党的"精神建设"至关重要。焦裕禄精神，本质上是为中国人民谋幸福，为中华民族谋复兴，为人类谋进步，为中国共产党谋强大的精神。它作为我们党精神谱系的重要组成部分，对党的建设具有宝贵而持久的重要意义。

（中共中央党校（国家行政学院）一级教授、博士生导师，中央党校专家工作室领衔专家）

二十大精神进乡村，驻村帮扶暖民心

余　强

2014年3月17日，习近平总书记来到张庄村视察，并在老村委会与张庄村群众举行座谈会。总书记在座谈会期间提出"要进一步把农村党组织建设成为坚强的战斗堡垒，多渠道发挥农村党员先锋模范作用，带领村民一起建设社会主义新农村"，还提出"要切实关心贫困家庭、贫困户，因地制宜发展产业，带领群众增收致富"。自2015年起，证监会定点帮扶张庄村，连续选派了四名优秀年轻干部到张庄村挂职第一书记，助力张庄村的脱贫攻坚和乡村振兴工作。在中央、省、市各级党组织的坚强领导下，在证监会的大力帮扶下，在社会各界的关心支持下，张庄村干部群众发扬焦裕禄同志"敢教日月换新天"的奋斗精神，让一个贫困村变成了新时代社会主义新农村。

中国步入新时代，乡村发展在继续。在巩固脱贫攻坚成果与乡村振兴有效衔接的重要阶段，习近平总书记党的二十大报告中提出，我们已经完成脱贫攻坚、全面建成小康社会的历史任务，实现第一个百年奋斗目标。报告中还提出要全面推进乡村振兴，坚持农业农村优先发展，巩固拓展脱贫攻坚成果，加快建设农业强国，扎实推动乡村产业、人才、文化、生态、组织振兴。

（一）扛牢政治责任，持续建强村党组织

二十大报告中提出，要增强党组织政治功能和组织功能，坚持大抓基层的鲜明导向，把基层党组织建设成为有效实现党的领导的坚强战斗堡垒，激励党员发挥先锋模范作用。驻村以来，我认真学习领会党中央持续选派第一书记驻村帮扶的根本要求，首先抓好基层党组织的建设，履行好村党支部第一书记的职责。一是坚持党建引领。严格落实"三会一课"，组织开展好"5+N"主题党日活动，充分利用红色e家、党员干部远程教育终端和红色教育基地等资源，组织党员干部一起认真学习贯彻党的二十大精神，提升党员干部工作落实能力，强化真干苦干的劲头。坚持开展"党员志愿服务""党员亮身份"等活动，通过党员干部率先垂范，筑牢党干群信任根基。二是促进担当

作为。支部强不强，要看领头羊，第一书记要充分发挥作用，当先锋，做表率。2022年全年，兰考县疫情防控形势复杂多变，经历了四次较严峻的疫情。在此期间，我始终坚持在岗在位，最长时连续驻村超过60天，带领全村干部和志愿者，严格贯彻落实全县疫情防控安排部署，组织全村全民核酸、日常管控、外来人员常态化管控等疫情防控工作，主动担当作为，保障村民健康无虞的同时也及时保证了全村物资供应及正常生活生产。三是培养储备人才。积极与县级组织部门及乡党委政府沟通协调，连续两年引进了两名开封市选调生到张庄村工作，配强了村两委班子。使村内工作提质增效，取得很好效果。四是加强支部共建。充分利用张庄村党建优势，积极推进村村、村企合作共建，推进我村与东证期货、国元期货、华福证券、开封路达高速等公司及昆山市金华村、市北村等合作共建，建立了村企、村村共建机制，实现优势互补、资源共享、合作共赢、共同发展。

（二）守牢返贫底线，持续帮扶困难群众

二十大报告中提出要深入群众、深入基层，采取更多惠民生、暖民心举措，着力解决好人民群众急难愁盼问题，健全基本公共服务体系，提高公共服务水平，增强均衡性和可及性，扎实推进共同富裕。驻村以来，我始终把群众的困难作为最优先要帮扶的问题，把群众的需要作为最优先要完成的工作。一是发现并解决群众困难。驻村以来，遍访脱贫户、老党员干部和部分一般农户家庭，了解群

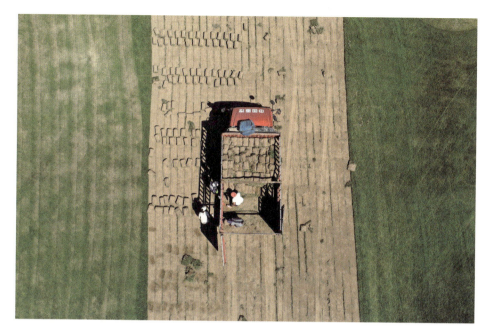

★ 2020年9月3日，在河南省兰考县东坝头镇
张庄村，村民将草皮装车。

新华社记者 冯大鹏 摄

众生活状况，发现群众"急难愁盼"问题，并积极对接资源渠道予以解决。如将我村渐冻症患者纳入监测户，并重点关注进行持续帮扶，组织社会力量为其捐赠了呼吸机、取暖器等必备物品，为突发大病截肢的脱贫户协调资金安装了义肢，使其恢复劳动能力，为多名脱贫户销售滞销农产品、为贫困家庭孩子捐赠小米平板用于远程教育，等等。三是进一步巩固"两不愁三保障"。广泛开展引资助学，多方筹集资金，持续改善张庄小学办学条件，协调资金为张庄小学捐赠教师办公柜及各教室图书角，协调市场机构资金投入近200万，高标准提升张庄小学操场，获得村民的高度赞誉。为加强健康帮扶

工作，提升农村养老育幼、医疗等公共服务水平，争取资金 200 万拟在张庄村建立"张庄村幸福中心"，集老年人日间照料中心、儿童之家、标准化村级卫生室为一体，努力实现"老有所养、老有所乐，幼有所育、幼有所学"。

（三）聚焦产业发展，深入推进强村富民

乡村要发展，产业是关键。挂职以来，一直在思考乡村振兴阶段张庄产业发展按照什么模式，经过一年半来的探索和尝试，张庄村目前产业形成了"两个中心、两个融合、公司 3+2"的整体布局。两个中心是成立了"数字乡村创业中心"和"融媒体中心"，两个融合是线上线下融合和一二三产融合，张庄村以两个中心为支撑，成立了三家村集体全资控股公司，发展一二三产业，以合资入股形式与专业运营管理团队合作成立了两家公司，发展村集体运营管理能力范围之外的新产业、新业态，目前五家公司都运营良好，在今年都实现盈利。具体情况如下：

一是积极探索村集体经济发展新模式。在乡村振兴的大战略下，以我村现有产业为基础，整合资源，合理开发利用张庄村资源禀赋，打造"幸福张庄"品牌，成立了兰考县幸福张庄农产品销售有限公司、兰考县幸福张庄鞋业有限公司、兰考县张庄福牛畜牧养殖有限公司，形成一、二、三产业融合发展的村集体经济"三驾马车"，在助力村集体经济大幅增收的同时，带动村民就近就业及引领村民参与产

业发展。为了补足村干部运营管理现代化公司能力短缺、经验不足的短板，通过引入智力资源，组织张庄村集体经济合作社与付楼村及专业管理运营团队共同成立合资公司，与食品类上市公司合作开展蔬菜贸易及订单种植等业务，目前业务开展良好。通过华福证券和国元期货捐赠资金，在幸福路上租用六间店铺，建成"幸福张庄数字乡村创业中心"和"融媒体中心"，村集体使用"三驾马车"盈余资金和东证期货捐赠产业发展资金，与专业运营管理团队合作，成立了兰考县幸福张庄科技创业发展有限公司，聘用专业人员运营两个中心，并负责对本村有意愿参与的中青年开展"传帮带"，在探索数字经济、虚拟经济的同时做好硬件支撑及后备人才培养和储备。张庄村探索的乡村振兴线上数字经济模式受到了兰考县和东坝头镇及张庄村三级干部的普遍认可和支持，近期正在筹划方案，全村打造为以电商、直播等线上形式为主导，线下基础设施和人、财、物支持的发展模式。

二是积极探索乡村产业发展新业态。2022年"中央一号文件"要求大力推进数字乡村建设。为助力乡村振兴，发掘村域特色资源，张庄村联合数中链、阿里拍卖等多家机构在全国范围内发起数字乡民及村元宇宙相关项目。2022年张庄村上线了全国首批数字乡民卡，2022年3月，张庄村在阿里拍卖平台共计发售数字藏品2022份，每份99元，购买数字藏品的用户能获得村委会授予的"数字乡民"荣誉称号，并领取"荣誉村民"证书，"数字乡民"到张庄村旅行，由村委会安排在村民家免费吃一顿农家饭，还有机会在村域享受普通村民的部分政策红利。通过此种方式，吸引游客朋友们走进张庄、了解张庄、融入张庄，在宣传推广张庄的同时，为村集体创收2.5万。2022年下半年，合作继续加深，双方以张庄村域的农特产品、文旅资源、特色项目等，规划设计成数字藏品的对应权益，推出了"乡民艺术卡""云养卡""农品卡"，搭建了张庄村元宇宙场景，"乡民艺术卡"作为"数字乡民"线下的身份标识及元宇宙的登录账户，用户可进入元宇宙参观、体验，并在指定区域搭建专属场景，审核后可生成并产生收益。通过购买"云养卡"和"农品卡"，可直接购买或延时购买张庄村农副产品。张庄村继续探索乡村元宇宙，争做元宇宙时代乡村领头羊。

（作者系证监会派驻兰考县张庄村驻村第一书记）

弘扬焦裕禄精神，推动洛阳发展

陈启明

焦裕禄精神是党的宝贵财富，是实现中国梦的强大精神力量。焦裕禄精神孕育形成在洛矿，在洛阳有着深厚的思想沃土、强烈的情感认同、众多的典型群体、丰富的教育资源。当前，洛阳正处于爬坡过坎、转型发展、重振辉煌的关键时期，传承弘扬焦裕禄精神，对培养壮大产业工人队伍，调动全市党员干部干事创业的激情、谱写中原更加出彩的洛阳篇章等，具有非常重要的现实意义。

一、焦裕禄精神孕育形成在洛矿

2009 年 3 月 31 日，习近平同志在中信重工参观了焦裕禄生前工作过的地方，提出"一个人的精神不是一朝一夕形成的。焦裕禄在洛矿工作的 9 年，是焦裕禄精神形成的重要时期。焦裕禄精神孕育形成在洛矿，弘扬光大在兰考。"

焦裕禄精神的诞生是时代发展的必然。随着新中国的建立，我们党从一个革命党转而成为执政党，全体共产党人也从革命者转变成为社会主义事业的建设者。这种使命任务的转变，给广大党员干部带来了全新的考验。如何带领群众加快社会主义建设，让群众过上更好的生活，是那个时代最为重要和紧迫的课题。当时，国家第一个五年计划全面铺开，作为全国重点建设的八个重工业城市之一，洛阳担负起了建设社会主义工业国家的重任，包括洛阳矿山机器厂、第一拖拉机制造厂、洛阳滚珠轴承厂、洛阳热电厂等大型企业纷纷上马，一场规模空前的工业建设热潮迅速掀起。在没有任何工业基础、"一穷二白"的情况下，以焦裕禄同志为代表的共产党人不辱使命，凭着一种为国争光、敢于担当、艰苦创业、无私奉献的精神，建立起了一个个"共和国长子"企业。从历史的角度看，焦裕禄精神是共产党人优秀品质和工人阶级创业精神的集中体现。

焦裕禄精神在洛矿有着具体生动的体现。焦裕禄同志在筹建洛矿的初期，一直坚持席棚办公、寝食在厂，视一金工车间为家的艰苦奋斗精神；他强调"吃别人嚼过的馍没味道"，把车间的每一台机床都从头到尾研究透，凡事必亲身躬行的科学求实精神；他誓言"革命者要在困难面前逞英雄"，在没有任何技术基础的条件下，仅仅用了 3 个月时间就研制成功新中国第一台新型 2.5 米提升机，在技术攻关中所体现的科学求实、迎难而上的精神；作为领导干部，他时刻把职工的利益放在第一位，时时处处为他人着想，唯独不考虑自己的亲民爱民精神；在劳累过度、身患肝病的情况下，坚持数年强忍病痛，始终坚守在工作岗位上的无私奉献精神；等等。焦裕禄在洛矿的事迹，一直印刻在洛矿人的心里。每一位与焦裕禄相处过的洛矿人，都能讲出很多感人至深的故事。这些故事就是一个个具体而生动的载体，诠释的正是焦裕禄同志崇高的精神品格。

焦裕禄精神在洛矿的传承与弘扬。中信重工（前洛阳矿山厂）始终把学习宣传焦裕禄精神作为培育企业文化的核心内容，在焦裕禄精神的鼓舞和激励下，涌现出了一大批焦裕禄式的好党员、好干部、好工人。比如，50 年代闻名全国的"刘玉华姑娘组"，70 年代的全国劳动模范孙富熙，80 至 90 年代的曲绍惠"万斤钉小组"，以及被誉为"新时期焦裕禄式的好干部"杨奎烈，大国工匠杨金安等。这些不同时期的模范人物和群体，都代表着一代代洛矿人对焦裕禄精神的传承与弘扬。特别是在倡导创新驱动、产业转型发展的今天，中信重工所开创的"精心、精湛、精质、精品"的大工匠精神，更赋予了焦裕禄精神新的时代内涵，不仅充分体现了新时期中信重工的创业创新精神，也代表了洛阳新时期的工业创业创新精神。

二、焦裕禄精神是党的宝贵财富

（一）焦裕禄精神的传承与弘扬

焦裕禄精神形成于社会主义建设初期，反映了社会主义建设时期工人阶级的精神风貌，体现了共产党人远大理想和脚踏实地的奋斗精神，是社会主义核心价值观与党的先进性、纯洁性的集中体现。因此，焦裕禄精神与井冈山精神、延安精神、雷锋精神、红旗渠精神一样，是党的宝贵财富，受到党和国家领导人的高度重视。

1966 年 2 月 6 日，《人民日报》刊登长篇通讯《县委书记的榜样——焦裕禄》，在全国引发了强烈反响，掀起了学习焦裕禄精神的第一次高潮。焦裕禄是在兰考"三害"灾难非常严重的时候来到兰考的，体现了共产党员在困难面前勇挑重担的精神。以毛泽东为核心的中央领导集体以树立县委书记的好榜样为着力点，弘扬焦裕禄"敢于斗争，敢于胜利，战胜困难，艰苦创业"的精神。

在改革开放的新形势下，焦裕禄精神首先表现为破旧立新、敢做敢为带领人民共同致富。1990 年 6 月，邓小平同志为纪实文学作品《焦裕禄》一书题词，《焦裕禄》电影和电视剧相继上映。1990 年 7 月 9 日，《人民日报》刊登了新华社记者穆青、冯健、周原采写的《人民呼唤焦裕禄》。以邓小平为核心的领导集体以改革为着力点，弘扬传承焦裕禄"敢闯敢干，带领人民共同致富"的精神。

以江泽民为核心的领导集体以践行"三个代表"为着力点，主要弘扬传承焦裕禄"廉洁自律、勇于奋斗，同广大人民群众保持血肉联系，为官一任，造福一方"的精神。江泽民指出，要把现代化事业干成功，就必须学习焦裕禄那种不畏艰难，顽强奋斗的钢铁意志；学习焦裕禄那种坚韧不拔、敢于胜利的英雄气概；学习焦裕禄那种淡泊名利、无私奉献的精神。

党的十六大以来，以胡锦涛为核心的新的中央领导集体，以加强党的先进性建设为契机，以提升党的执政能力为重点，大力弘扬传承焦裕禄精神。1994 年，胡锦涛出席焦裕禄逝世 30 周年纪念大会，提出学习焦裕禄精神，应该"像焦裕禄那样全心全意为人民服务，密切联系群众，一切为了群众，事事相信依靠群众；应该像焦裕禄那样坚持党的实事求是的思想路线，一切从实际出发，讲真话、办实事，大胆开拓，创造性地工作；应该像焦裕禄那样不怕困难、不畏艰险、顽强拼搏、艰苦创业；应该像焦裕禄那样廉洁奉公、勤政为民"。

（二）习近平总书记对焦裕禄精神高度重视

习近平总书记多次就传承弘扬焦裕禄精神作出重要指示。他说，我们这一代人都是深受焦裕禄同志的事迹教育成长起来的，并号召全党努力做"焦裕禄式的好党员好干部"。

关于焦裕禄精神的时代内涵，2014 年 3 月 18 日，在河南省兰考县调研指导党的群众路线教育实践活动时，习近平总书记将其概括为"心中装着全体人民，唯独没有他自己"的公仆情怀，凡事探求就里、"吃别人嚼过的馍没味道"的求实作风，"敢教日月换新天""革命者要在困难面前逞英雄"的奋斗精神，艰苦朴素、廉洁奉公、"任何时候都不搞特殊化"的道德情操。

关于如何学习焦裕禄精神，2015 年 1 月 12 日，在中央党校县委书记研修班学员座谈会上，习近平总书记提出，要做焦裕禄式的县委书记，必须始终做到心中有党、心中有民、心中有责、心中有戒。6 月 30 日，在会见全国优秀县委书记时，习近平总书记又提出，要以焦裕禄同志为榜样，做政治的明白人、发展的开路人、群众的贴心人、班子的带头人。

关于焦裕禄精神的时代价值，2017 年 5 月 3 日，在中国政法大学考察时，习近平总书记说，新中国成立以来，我们党和人民一路筚路蓝缕、艰苦奋斗走来，使国家越来越富强、民族越来越兴盛、人民越来越幸福，其中很重要的一条就是有无数焦裕禄这样的优秀党员、干部为党和人民无私奉献。焦裕禄同志的事迹归结到一点，就是坚定跟党走，他一生都在为党分忧、为党添彩。焦裕禄精神跨越时空，永远不会过时，我们要结合时代特点不断发扬光大。

习近平总书记的一系列重要指示，系统阐述了焦裕禄精神的科学内涵和时代价值，为我们学习弘扬焦裕禄精神提供了重要遵循。在全面推进中国特色社会主义伟大事业的新形势下，依然是我们全党同志努力学习、自觉践行的价值标准。从这个意义上说，焦裕禄精神是永恒的，是随着时代的发展而发展的，过去是、现在是、将来仍然是我们党的宝贵精神财富。

（三）"焦裕禄精神永不过时"

焦裕禄精神形成于社会主义建设初期，反映了社会主义建设时期工人阶级的精神风貌，体现了共产党人远大理想和脚踏实地的奋斗精神，是社会主义核心价值观与党的先进性、纯洁性的集中体现。因此，焦裕禄精神与井冈山精神、延安精神、雷锋精神、红旗渠精神一样，是党的宝贵财富。

尽管随着时代的变迁，焦裕禄精神传承弘扬的主题有所不同，但其内在本质则是永恒的。在党的群众路线教育实践活动中，习近平总书记说，亲民爱民、艰苦奋斗、科学求实、迎难而上、无私奉献的焦裕禄精神，过去是、现在是、将来仍然是我们党的宝贵精神财富，永远不会过时。

焦裕禄精神既是共产党人优秀品质的体现，也是中华民族优秀传统的体现。焦裕禄精神体现了中华民族自强不息、刚健有为的精神品格，体现了修己笃行、知行合一的道德自觉，体现了勇于进取、努力拼搏的人生态度。从这个意义上说，焦裕禄精神是永恒的，是随着时代的发展而发展的。

三、从焦裕禄精神中汲取推动洛阳发展的正能量

与焦裕禄所处的时代相比，洛阳发展的条件和社会环境都发生了很大变化，特别是进入新时代这十年，洛阳加快产业发展不动摇，推进创新转型不松劲，实现了崛起两大千亿级产业集群、跻身"5000

亿俱乐部"等历史性跨越，经济总量连跨三个千亿级台阶，全国城市排名从第51位跃升到第45位。但是我们党的宗旨没有变、人民群众对美好生活的向往没有变。无论是发挥老工业基地优势、建设全国重要的先进制造业基地，还是加快建设中原城市群副中心城市，都迫切需要大力弘扬焦裕禄精神，使焦裕禄精神成为推动洛阳各项事业发展的精神力量。

（一）传承弘扬焦裕禄精神，造就高素质干部队伍

作为领导干部的榜样，焦裕禄身上展现出来的公仆情怀、求实作风、奋斗精神和道德情操，契合了时代需求，是党、国家和民族的宝贵财富，是人民心中一座永远的丰碑。随着改革进入攻坚期，发展进入关键期，社会进入转型期，我们党面临的困难和挑战比过去任何时候更多、更复杂，改革发展稳定面临不少深层次矛盾躲不开、绕不过，要全面建成社会主义现代化强国、实现"两个一百年"奋斗目标和中华民族伟大复兴中国梦，要抵御"四大风险"、战胜"四大考验"，全面推进党的建设新的伟大工程，锻造一支高素质党员干部队伍，都迫切需要大力学习弘扬焦裕禄精神。

焦裕禄精神的本质是对党核心价值观的高度认同和忠实践行，坚定跟党走，努力完成一个共产党人承担的责任和使命。在当代传承和弘扬焦裕禄精神，就要牢固树立看齐意识，向中央的战略部署看齐、向党的路线方针政策看齐、向党的规矩和纪律看齐，自觉把焦裕禄精神与全面深化改革和全面从严治党的伟大实践结合起来，

深学深悟，接续传承，真正内化为力量、外化为行动，让焦裕禄精神在新的时代焕发出新的活力。

（二）传承弘扬焦裕禄精神，加强国有企业党的建设

作为优秀的企业管理干部，不管是担任车间主任还是调度科长，焦裕禄不仅具有科学严谨的工作态度和方法，同时还特别注重发动干部、技术人员和群众的积极性。他说："调度不能光管生产，主要是管人的思想。调度生产得首先调度思想。"因此，他特别注重关心群众，联系群众，做大家的思想工作。孕育形成于国有企业的焦裕禄精神，为国企党建提供了丰富的思想资源。

2016年10月，在全国国有企业党的建设工作会议上，习近平总书记提出，坚持党的领导、加强党的建设，是我国国有企业的光荣传统，是国有企业的"根"和"魂"，是我国国有企业的独特优势。洛阳作为老工业基地，现有国有企业337家，国有经济占经济总量43.3%，国有企业在洛阳经济社会发展中具有举足轻重的地位。国有企业要切实加强党的建设，以焦裕禄精神为载体，推进党史学习教育常态化制度化，带领广大干部职工把党的建设真正落到实处，通过企业党建带动职工队伍思想建设、政治建设，提升创新力、向心力，真正把洛阳的国有企业做大做强做优。

（三）传承弘扬焦裕禄精神，培养壮大产业工人队伍

作为产业工人的一员，焦裕禄集中体现了工人阶级的先进性。从1953年被调派到洛阳矿山机器制造厂，到1962年6月调离，在洛矿的工作经历，使焦裕禄实现了从高小学历到大学水平、从工业外行到专家里手、从普通职工到优秀干部的转变，并形成了焦裕禄勇于担当、刻苦钻研、艰苦奋斗、精益求精的精神品格。这也成为中信重工"工匠精神"的重要渊源。

工人阶级是国家的领导阶级，而产业工人是工人阶级中发挥支撑作用的主体力量，推进产业工人队伍建设改革，是以习近平同志为核心的党中央坚持以人民为中心的发展思想和全心全意依靠工人阶级方针的重要体现，是巩固党的执政基础、实施制造强国战略、全面提高产业工人素质做出的重大决策部署。按照省委党代会要求，洛阳要建设全国重要的现代装备制造业基地，就要突出产业工人思想政治引领，加强理想信念教育、职业精神和职业素养教育，大力弘扬焦裕禄精神、劳模精神、劳动精神、工匠精神，造就一支有理想守信念、懂技术会创新、敢担当讲奉献的产业工人队伍。

（中共洛阳市委党校科研咨询部主任副教授）

敢教日月换新天

——永恒的焦裕禄

昊晶晶

"魂飞万里，盼归来，此水此山此地。百姓谁不爱好官？把泪焦桐成雨。生也沙丘，死也沙丘，父老生死系。暮雪朝霜，毋改英雄意气！"

早在 1990 年，习近平同志饱含深情地写下《念奴娇·追思焦裕禄》，表达了对焦裕禄的崇敬之情。这位"为官一任，造福一方"的党的好干部焦裕禄，用自己的实际行动铸就了亲民爱民、艰苦奋斗、科学求实、迎难而上、无私奉献的焦裕禄精神。载入中华人民共和国史册的这个名字，被人们所铭记，他的事迹和精神感动着亿万党员干部群众。今年是焦裕禄诞辰 100 周年，让我们一起重温焦裕禄的成长经历和心路历程，共同感知他 42 年跳动起伏的脉搏，倾听他那铿锵有力的心脏跳动声。

提起焦裕禄，很多人认为他是河南兰考人，这是因为他在兰考的光辉事迹留给人们的印象太深刻了，而事实上他是地地道道的山东人。山东省淄博市博山区是焦裕禄的故乡，博山拥有悠久的齐鲁历史文化、起步较早的工商业文明以及大无畏的革命精神，博山还是著名的华夏孝乡，焦裕禄精神和品格的形成离不开这片热土的滋养。1922 年 8 月 16 日，焦裕禄出生在博山区北崮山村的一户普通农民家庭，从小深受齐鲁文化和浓郁孝文化的熏陶，"孝"的种子在他的心中生根发芽，对他后来亲民爱民品格的形成产生了深远影响。

《焦氏族谱》的序言里有这样一句话："耕耘之外，以行仁为务"，传达的是"除了务农糊口，填饱肚子，还要做个好人，多为社会做些贡献。"这是对焦家历史传承的总结，是对后世提出的具体要求，也是焦家家风的经典概括。焦裕禄祖上世代务农，在博山优秀传统文化的影响下，一直秉承自强不息、勤俭持家、正直为人的朴素价值观，成长中的焦裕禄耳濡目染，受到了爷爷的厚爱和母亲的言传身教。

对焦裕禄影响最大的是他的母亲李星英。这位坚强勇敢的山东母亲用她那柔弱的双肩撑起了这个多灾多难的家庭，对焦家家风的发展传承发挥了至关重要的作用。焦裕禄和哥哥小时候不管出门还是进门，焦妈妈都会拿一个小笤帚，把他们浑身上下扫得干干净净，并语重心长地说："穷不是我们的错，我们要挺起胸来走路，身上有补丁，这也没什么大不了的，我们要干干净净的出门。"传递的是人穷志不短的理念。焦妈妈还教育孩子们："天上一颗星，地上一个丁，好男儿就要有担当。"她把天上的星星和地上的人对照起来，人每做一件好事，对应的那颗星就会越亮一些，如果不做好事，对应的那颗星就会黯淡无光。可以说，焦妈妈对孩子们的教育是潜移默化的。

焦裕禄的爷爷焦念礼，在村子里是个有威望的老人，他乐善好施，在修井、铺路、和睦邻里等涉及到乡亲们的事情上都是有担当的领头人。他曾吃过不识字的亏，所以再苦再难也要让孙子读书识字，可以说是爷爷开启了焦裕禄读书的大门。

1931 年，8 岁的焦裕禄开始上学了，先是在本村读小学，后来到邻近的南崮山村在博山县第六高小继续读书。焦裕禄天资聪颖、勤奋好学、门门功课常是优秀，尤其是文笔不错。他写的作文经常受到老师的表扬和全班同学的传抄，曾在《阚家泉的风景》这篇作文中这样写到："仁者爱山、智者乐水。我钦佩那些我国建立过功勋的仁人智者，更爱哺育过无数仁人智者的好山好水……"，这篇作文不仅写出了他对家乡的热爱，也抒发了他志做仁人志士的感怀。

焦裕禄不仅文化知识学得好，还多才多艺，吹拉弹唱样样拿得起，上高小时，便加入了学校的雅乐队，学会了二胡、小号等各种乐器，这为他参加革命后从事宣传工作打下了基础。焦裕禄拉过的二胡是一件非常珍贵的物件，是由他的启蒙老师苏成厚送给他的，这把二胡陪伴了他度过了衣食无忧的童年时光。南下后在尉氏县从事土改工作时，焦裕禄还经常搬着凳子到空场上拉二胡，群众循声而来，等围观的人聚的多了，他便趁机给大伙儿宣讲党的政策，讲革命道理。这也是焦裕禄做群众工作的一种方法。

我们还要讲到焦裕禄家乡的一座文化名山——岳阳山，这里留下了祖祖辈辈奋斗的印记，也是少年焦裕禄成长的乐园。山门处民国二十年刻立的石碑，使焦裕禄受到了"植树造林，保护山林"的最初启蒙。

少年焦裕禄家境虽不富裕，但总体来说还算过得去，原本可以过普通的农家生活，但无论在哪个时代，个人的命运都是跟国家民族的命运紧紧相连。

1937年，七七事变爆发，日本帝国主义全面侵华。12月30日，日军侵占了博山城，第二天就制造了枪杀230余人的谦益祥惨案。日军的入侵打破了正常的生活秩序，伴随着整个中华民族的不幸，焦家从还算殷实的农民家庭跌落到了举步维艰的贫困境地。

1938年，为了维持生计，焦裕禄不得不中断学业，"1939—1941年，在家种地、卖油、下煤窑"，替父母挑起了家庭的重担。焦裕禄曾在八陡黑山后桃花峪煤井下煤窑，我们在寻访中了解到，当时矿工下煤窑一个班是24小时，每人领上4两电石，报酬是4斤煎饼，但旷工要带着 3 斤煎饼下井，当作口粮，剩下的 1 斤才是给家里人挣的。

不幸的是，1941 年，焦裕禄的父亲焦方田因无力偿还地主的债务，又面临孩子娶妻成家需要用钱，面对生活的重压，他终日愁苦，在家中油坊上吊自杀。1942 年，焦裕禄因参加过红枪会被日本人以"抗日分子"的罪名，抓进了博山县城里的日本宪兵队。从此便开始了三百多天暗无天日的人间地狱生活。

在博山监狱遭受了半年的牢狱折磨后，12 月初，被押送到胶济铁路张店车站宪兵队，一个多月后，又被押上闷罐车，送往济南日寇最高宪兵队。

据焦裕禄后来回忆："到了济南，火车开到郊外，因不靠车站、车门很高，又五个人捆一根绳，根本下不来车，鬼子便一边打一边推，摔到下面的石子上，有的摔断了腿，有的摔得口鼻流血。"

紧接着，被押送到了济南日寇最高宪兵队，在那里受到了惨无人道的残害。那时正是天寒地冻的时候，经过一天没吃没喝，焦裕禄他们向鬼子团结抗议，鬼子恼火了，便一边骂一边用水管往牢房里灌冷水，很快水就漫过了腰身，焦裕禄他们一边赶忙抢点水喝，一边把棉衣脱下来举过头顶，鬼子在外面拍手大笑，直到半夜水才慢慢退去。

很快，鬼子把从全省各地抓来的青壮劳力，押送到了辽宁抚顺的大山坑煤矿做特殊劳工。焦裕禄和矿友们受尽了敌人的折磨，不到一个月的时间，同去临近村庄的 20 人就有 17 人被折磨致死。焦裕禄就在这样恐怖的环境里挖了几个月煤。

直到 1943 年 4 月，焦裕禄在一位郑姓老乡的帮助下，冒着生命危险逃出了煤窑，在抚顺市西三条通市卫生队隐藏下来，扫了两个月的马路，好不容易攒够了回家的路费，但因为没有劳工证还是坐不了火车。又通过郑姓老乡，辗转到沈阳，坐火车回到家乡。

回到家乡以后，因为没有"良民证"，焦裕禄又先后两次被抓。

1943 年秋天，焦裕禄被迫带着家人走上了逃荒谋生之路。先是来到了江苏省宿迁县城东 15 里的双茶棚村，给一户姓张的人家挑水。半个月后，又到了园上村给胡太荣家做了两年长工。

1945 年，新四军北上解放了宿迁，建立了人民政府，焦裕禄亲眼目睹了老百姓当家做主的喜悦，听说家乡也开始建立人民政权，领导反奸诉苦，这一年秋天，他便迫不及待地赶回了家乡。

回到家乡后，通过民兵队长焦方开的介绍，焦裕禄加入了民兵队伍，从此走上了革命的道路。1946 年 1 月，焦裕禄在北崮山村光荣地加入了中国共产党，立下了为共产主义奋斗的初心。

焦裕禄在自传中写到："这时入党是绝对保守秘密的，也未举行仪式……，只知道共产党对穷人好，自己自从共产党来了才有出路了，入党要好好干工作，在各种工作中起带头作用。"

入党后，焦裕禄很快成为民兵队里的骨干分子。他参加了解放博山县城的战斗。焦裕禄足智多谋、英勇善战，他带领民兵队研制石雷，开展形式多样的地雷战。据焦裕禄的战友陈壬年回忆，焦裕禄当年带领大家开展的地雷战要比电影《地雷战》中的场景还要生动精彩。

1947年2月，焦裕禄随民兵连调鲁中武装部，配合主力参加了由毛主席亲自指挥的莱芜战役，在首战青石关伏击战中，英勇杀敌，表现优异。莱芜战役胜利后，他正式脱产参加了区武装部工作，参与领导民兵连与国民党军顽固势力的边沿斗争。

1947年6月，博山县武装部选派焦裕禄等20余人到华东军政大学学习。由于敌人进攻，军大转移，一行人员到临朐县找到了鲁中区党委招待所，参加了南麻、临朐的战斗。战役结束后，焦裕禄随华东野战军八纵到渤海军区，分配到商河县做土改复查工作。8月，参加鲁中区党委干部集训，经"三查三整"编入鲁中南下干部大队，担任淮河大队一中队二班班长。1947年10月开启南下征程，在辽阔的中原大地上留下了一串闪光的、永不磨灭的印记。

回顾焦裕禄在家乡成长、入党、走上革命道路的不平凡的25年，我们可以感受到焦裕禄精神和品格的形成离不开齐鲁文化和孝文化的熏陶、优良家风的培育、家乡党组织的重点培养以及焦裕禄个人的努力奋斗，家乡的成长经历为焦裕禄人生观、价值观、世界观的形成打下了坚实的基础，可以说在齐鲁大地上，焦裕禄就已经初步成长为了一个理想信念坚定的革命战士。

南下进军途中，淮河大队成立宣传队，焦裕禄以坚定的政治立场和全面的文艺素养成为宣传骨干。他在歌剧《血泪仇》中担任男主角，演出非常成功并引起轰动，当时在场观看的豫皖苏区党委副书记章蕴当场宣布，把淮河大队留在豫东。就这样本来是以大别山深处为目的地的这支队伍，就扎根在了河南。

留在河南，焦裕禄的第一个岗位是尉氏县彭店区土改队长，当时正是土匪恶霸横行的时期，他一边打土匪，一边搞土改、分田地，与当地群众打成一片。正因为这样，焦裕禄成了土匪的眼中钉，晚上土匪出没，为保护乡亲，焦裕禄从不住老百姓家，而是藏身于墓地、寺庙等地方。

随后又先后担任尉氏县委宣传干事、尉氏县大营区区长等职，继续从事剿匪反霸和土改工作。在剿匪反霸斗争中，斗智斗勇，"三纵三擒"大土匪头子黄老三，当地老百姓欢呼道："杀了黄老三，晴了半拉天。"

对于焦裕禄来说，他的一生中有两把非常重要又承载着感情的椅子，一把是承载着他在兰考鞠躬尽瘁，死而后已的那把藤椅，一把是承载着他在彭店依靠群众、剿匪反霸的椅子。74年前，焦裕禄在尉氏彭店工作时，经常坐在一把竹椅上给当时的农会会长马建寅讲党的政策、宣传革命道理。后来马建寅就把这把椅子作为传家宝留存了下来，他的后人搬了几次家都没舍得丢掉。2018年我们的团队去河南寻访时，马建寅的儿子把这把椅子无偿地捐献给了我们纪念馆。这把椅子似乎在为我们讲述着焦裕禄的那份为民情怀，让我们感受着他带领人民群众翻身求解放的峥嵘岁月。

1948 年 11 月，焦裕禄领到了支援淮海战役的任务，他带领一千多民兵支援前线，由于出色完成支前任务，豫皖苏五分区奖给焦裕禄带领的担架队一面"支前模范"锦旗。

焦裕禄还是一名优秀的青年团干部，自 1950 年起，曾三度任职青年团，先后担任尉氏县青工委副书记、青年团尉氏县委副书记、青年团陈留地委宣传部长，青年团郑州地委宣传部长、第二书记。1950 年 6—10 月，焦裕禄在河南省团校进修了半年时间，他的未婚妻徐俊雅作为优秀团干部一同参加了进修。1952 年，焦裕禄担任青年团陈留地委宣传部长时，参加地委工作组，到杞县九区驻村蹲点，当时发现青年团中存在问题，他专门给陈留地委和团省委写了报告，陈留地委对焦裕禄的报告高度重视，并作出四点批示，号召要学习焦裕禄的这种工作方法，发现问题并及时解决问题。焦裕禄还曾语重心长地跟一些年轻的团干部说过："党是头颅，团是手足，一个人只有头颅没有手足怎么能行呢？不趁着年轻的时候为党多做点事，年纪大了恐怕想干也干不成了。"

焦裕禄青年团的任职经历，记载了他不负韶华的青春岁月，直到今天，仍然激励着我们广大青年同志和青年干部不忘初心、牢记使命，在实现民族复兴的赛道上奋勇争先！

接下来，焦裕禄迎来了人生中极其重要的一段成长经历。1953 年，国民经济和社会发展的第一个"五年计划"开始实施，焦裕禄作为一名优秀的青年团干部被选调到新中国工业化进程的最前沿，来到了正在筹建的苏联援建156个重点项目之一的洛阳矿山机器厂。

焦裕禄从担任修路总指挥开始，历任基建科副科长、一金工车间主任、生产调度科科长、厂党委委员等职，一步步成长为一名优秀的工业管理干部。

工厂正在筹建，同时也要为将来运转做好人才储备。1954年8月，焦裕禄被厂党委选派到哈尔滨工业大学学习。焦裕禄当年所学的专业是焊接工艺学，是哈工大的王牌专业。当他顺利完成预科学业，即将转入本科学习时，洛矿作出决定，选派优秀干部加快实习锻炼。焦裕禄愉快地接受了组织的安排，1955年2月，被分配到大连起重机厂实习。

在大连实习时，因为工作表现优异，焦裕禄被称为是最棒的车间主任，他还在年度工作总结里提出了十条工作经验，被厂党委书记推荐刊登在了厂报上。在我们今天看来，这十条并没有过时，对我们当前的工作也具有很好的指导意义。

1956年底，焦裕禄在大连实习结束后，大连起重机器厂看中了他的才干，想把他留下来，并表示愿意用两名工程师与洛矿做交换，洛矿当时正处于攻坚阶段，急需焦裕禄这样懂技术、会管理的干部，于是焦裕禄就又回到了洛矿，并担任了一金工车间主任。

回到洛矿，当时的任务就是制造直径2.5米的双筒卷扬机，这也是"一五"时期国家的重点课题。在制造的过程中，焦裕禄和工友们一起攻克难关，工人身上有多少油，他的身上就有多少油，吃住在车间长达五十多天，实在累了就在长板凳上睡一会儿。

在焦裕禄的带领下，一金工车间只用了 3 个月的时间就研制出了新中国第一台新型直径 2.5 米、重约 108 吨的双筒卷扬机。这台机器的试制成功在新中国工业化进程初期写下了浓重的一页。

包括在外培训的 2 年，焦裕禄在工业战线上度过了 9 年的时间，从"拉牛尾巴的人"到工业战线上的红旗手，他干一行、爱一行、专一行，在共和国工业化史册上留下光辉的印迹。

直到 1962 年春天，河南省委决定从工业战线选调一批年轻干部加强农业建设，焦裕禄再一次被点名，当时正在因病休养的焦裕禄立即表示："我是一个党员，一切听从组织安排，没二话。"党就又把他调回了尉氏县，担任县委书记处书记。

半年后，1962 年的冬天，正是兰考遭受风沙、内涝、盐碱最严重的时候，全年的粮食产量降到了历史的最低水平，就在这样的关口，焦裕禄临危受命，义无反顾地来到了兰考县。

临行前，焦裕禄饱含深情地说："感谢党把我派到最困难的地方，越是困难的地方，越能锻炼人，请领导放心，不改变兰考的面貌我决不离开那里。"

焦裕禄来到兰考的第二天，就深入农村调查访问，他住进了饲养员肖位芬老人的牛棚，与他同吃同住同劳动，并向群众讨教恢复生产、战胜"三害"的经验。

经过调研，他发现改变兰考的关键在于改变县委领导干部的精神状态。在一个大风雪的夜晚，焦裕禄召集县委委员们开会，人到齐后，并没有宣布会议的议程，而是带大家来到了风雪严寒的火车站。当时的火车站几乎被漫天大雪淹没了，许多逃荒的灾民穿着国家救济的棉衣拥挤在候车室里，等待着开往丰收地区的列车。看到这些，焦裕禄的眼睛湿润了，他沉痛地对县委委员们说："党把36万兰考人民交给我们，我们没能带领他们战胜困难，应该感到羞耻和痛心啊！"

经过反复的统一思想，兰考县委干部的精神面貌焕然一新，掀起了除"三害"的热潮。

其实，这时焦裕禄已经患有慢性的肝病了，许多同志劝他在办公室听汇报，他却说"吃别人嚼过的馍没味道"，他要亲自掂一掂"三害"的分量。

每当漫天大风的时候，就是他带头下乡查风口、探流沙的时候，每当雨下的最大的时候，就是他查看洪水流势的时候。焦裕禄靠着一辆自行车，两只铁脚板，经过了三个多月的风里来雨里去，方圆跋涉了五千余里，对全县149个生产大队中的120多个进行了走访和蹲点调研，终于取得了兰考"三害"的第一手资料。

焦裕禄在调查和实践中总结出了"贴膏药"和"扎针"的具体方法。贴膏药就是翻淤压沙，扎针就是植树造林。

在兰考经过半年多的深入细致的调研后，焦裕禄制定出台了第一个文件《关于治沙、治碱和治水三、五年的初步设想》，可以说这个方案来之不易，焦裕禄还特意在文件上作了批示：我建议这个文件，发给党的支部书记以上的干部每人一份，号召他们学习，并出谋献计，为此立功。这个文件今后要在各种会议上讲，如党代会、人代会、劳模会、各种干部会。也是党课团课的辅助教材。

在以焦裕禄为班长的县委领导下，一场植树造林、翻淤压沙、挖河排涝、改变盐碱的除"三害"斗争在全县范围内展开了，兰考当年的粮食产量就明显增收。

焦裕禄"心中装着全体人民，唯独没有他自己。"在妻子徐俊雅的眼中，焦裕禄有"丢东西"的"坏习惯"，每次下乡，不管兜里装了多少钱多少粮票，回来都是一分不剩，有时候甚至连衣服也不见了，后来才知道，他是把这些都给了贫苦群众，因为他"看不得穷苦人的眼泪"，看不得人民吃苦的焦裕禄自己却"吃尽了苦头"。肝病日渐严重，嫌药太贵坚决不肯服用；他用过的一条被子上有 42 个补丁，褥子上有 36 个补丁；就连最后一次回老家的路费，都是从县里借的……

焦裕禄一生清正廉洁、严于律己，对待子女的要求也非常严格。大儿子焦国庆以县委书记儿子的身份，没有买票稀里糊涂看了一场戏，受到了焦裕禄的严厉批评，第二天亲自为儿子补票，并在县委常委会上作了检讨，针对当时领导干部中存在的一些特权行为，专门制定了《干部"十不准"》，规定任何干部在任何时候都不能搞特殊化。纠正的是干部现实工作中的细枝末节，着眼的是党的作风建设根本。

焦裕禄于 1947 年 10 月离开家乡后，由于工作繁忙，仅回来过三次，最后一次回家，是 1964 年 2 月，带着全家人一起回来过春节。他挨家挨户拜访了儿时村里的伙伴、一起吃苦受累的乡亲和并肩作战的战友。比焦裕禄小 10 天的陈壬年回忆说，当时焦裕禄在他家里坐了一个多钟头，给时任村支书的他提了两条建议：一是抓封山造林，靠山吃山，比如，在北边的岳阳山上种桑树，既可以养蚕也可以绿化，在东南边的崮山上可以种桃树，既可以赏花也可以卖果子增加一些收入；二是抓水利，在冬季农闲的时候，组织劳力多挖蓄水池。后来，这些建议都得到了落实，在天旱的时候，对周边的村庄发挥了很好的作用。在家难得的 18 天里，东家门西家炕，做的都是记挂在心头的事，他是在以这样的方式跟乡亲们告别、跟一起战斗的战友们告别、跟自己的老母亲告别。

从博山回到兰考后，焦裕禄的肝病也越来越严重了。他时常用钢笔、茶缸盖、鸡毛掸等硬东西一边顶住肝部，一边顶住藤椅，强忍着病痛坚持工作，时间久了，藤椅的右边被顶出了一个大窟窿。

后来焦裕禄被送到了北京的医院治疗，医生给出的最后诊断是"肝癌后期，皮下扩散"。焦裕禄躺在医院的病床上，心里担心的不是自己的病情，而是念念不忘兰考，他想看一看兰考的麦穗，想看一看兰考的父老乡亲。临终前，他唯一的要求是"活着没有治好沙丘，死后要把我埋在沙丘上，我要看着兰考人民把沙丘治好"。

焦裕禄到了生命的最后关头，还对妻子徐俊雅深情嘱托：……咱家这个担子就全落到你身上了……不要伸手、张口向组织上要钱、要东西。徐俊雅一直恪守着焦裕禄的嘱托，后来她回忆到："这么多年，从没有向领导要过一分钱，没有吃过救济。"有人曾劝徐俊雅说："时代变了。"她说："心不能变。"正是这样的坚守，让焦家的家风历久弥新。

1964年5月14日9时45分，焦裕禄永远地离开了我们，终年42岁。1966年2月7日，《人民日报》头版全文刊登了长篇通讯《县委书记的榜样——焦裕禄》，焦裕禄的光辉事迹传遍大江南北，2月26日，遵照焦书记的遗愿和兰考人民的强烈愿望，他的灵柩用专列从郑州送回了兰考，在兰考举行了追悼大会和迁葬仪式。兰考十万百姓自发组成送葬队伍，大家都在流泪，甚至是失声痛哭，特别是在最后往墓穴里送土的时候，人群里有人喊了一声，说我们不要用铁锨，不要惊动了我们的焦书记，他太累了，让他好好休息。大家自觉地排成一队，用双手捧着土，一把土、一把土地安葬了他们的好书记。

焦裕禄在兰考的475天里，只留下了4张照片，其中我们最熟悉也是最为经典的一张是他在朱庄村亲手栽下的泡桐树旁的留影，这也是唯一一张经过他本人同意而为他拍摄的。现如今，这棵泡桐已长成参天大树，兰考人民亲切地称为"焦桐"。焦桐常青，精神永恒。

我们一起回顾了焦裕禄短暂而辉煌的一生，在革命战争年代里，不论是在家乡参加战斗，还是南下后剿匪反霸搞土改，还是在青年团岗位上，他都坚定不移跟党走，积极为党工作；在新中国工业化进程初期，不论是筹建洛矿，还是哈工大深造学习，还是大连实习锻炼，还是研制卷扬机，他都是身先士卒、兢兢业业；在"三害"肆虐的兰考大地上，他带领干部群众"拼上老命大干一场"，用满腔的热血和实际行动谱写了一曲"敢叫日月换新天"的英雄壮歌。他用人生短短的四十二个春秋，生动诠释了共产党人立党为公、执政为民的崇高风范。我们要按照习近平总书记的号召，特别学习弘扬焦裕禄同志"心中装着全体人民，唯独没有他自己"的公仆情怀，凡事探求就里、"吃别人嚼过的馍没味道"的求实作风，"敢教日月换新天""革命者要在困难面前逞英雄"的奋斗精神，艰苦朴素、廉洁奉公、"任何时候都不搞特殊化"的道德情操。

焦裕禄精神是第一批纳入中国共产党人精神谱系的伟大精神，是我们党宝贵的精神财富，跨越时空，历久弥新，犹如一座永不磨灭的丰碑，矗立在亿万人民心中，永远激励着一代又一代的共产党人奋进新征程，为推动党和人民的事业，为实现中华民族伟大复兴的中国梦而努力奋斗！

（作者系焦裕禄干部教育学院宣传教育陈列部部长）

焦书记离我们越来越近了!

张兴军

　　"此心安处是吾乡。"近千年前,宋代名家苏轼留下的词句,铭刻着士大夫安放心灵的情怀与求索。

　　今日,有这样一群人,"两袖清风来去",把自己的热血与生命同脚下厚土、国家命运紧密交融,把心忧天下、心系人民奉为宗旨信条,肩大任,行大德,存大爱。有这样一些故事,"此水此山此地",筚路蓝缕,砥砺深耕,奋楫笃行,前仆后继,蕴含无穷能量,昭示伟大复兴。

　　从本期起,我们记录这些人、这些事,透过他们与时代的互动、共鸣,启迪同侪,焕彩神州。是为"吾心吾乡"。

　　在兰考的一年零三个多月,全县 149 个生产队,他跑遍了其中

★ 焦裕禄患慢性肝病以后，仍然忘我地坚持工作。他以惊人的毅力，同病魔作斗争，在他的卧室里、藤椅边、床上，放着墨盒盖、玻璃杯等一类小东西，每当肝痛得厉害的时候，他就拿这些硬东西顶着疼的地方，顽强地坚持工作和学习。

新华社发

的120多个。路边大风吹不走的坟头，启发他想到深翻淤泥把沙丘变良田的方法；牛棚里和老农深夜长谈，让他了解到多种泡桐既防风治沙，还能发展经济……

不断被打捞、挖掘的细节，呈现了焦裕禄吃苦耐劳惯常形象之外的另一面：他曾在大城市工作、学习，多才多艺，乐于求教、善于创新……

多年来，新华社记者用手中的笔和镜头，忠实记录着兰考大地的蝶变与新生，也见证了焦裕禄精神洗礼下，兰考干部们的奋斗和成长。与此同时，在讲述焦裕禄故事，弘扬焦裕禄精神的过程中，新华社记者也在代代接力，薪火相传。

7月4日，河南兰考，新华社河南分社干部教育基地在河南焦裕禄干部学院挂牌设立。

半个多世纪前，同样是在这片土地，新华社老社长穆青等带领河南分社记者采写推出新闻名篇《县委书记的榜样——焦裕禄》，把焦裕禄写进了干部群众的心里，也把"勿忘人民"写进了新华精神，教育影响着一代代新华社记者。

挂牌仪式上，焦裕禄的二女儿、焦裕禄干部学院名誉院长焦守云动情地说："新华社的报道把我父亲这个典型推向了全国，影响了全国几代人……"

言简意丰，语短情长。

作为新华社接力焦裕禄报道的首位80后记者，在近20年的职业生涯中，我有幸多次参与新时期的焦裕禄报道，因此格外懂得焦家后人这短短几句话的分量。

几代新华社记者传承焦裕禄报道，弘扬焦裕禄精神——这是跨越时间的业务传承，更是历久弥新的精神交响。

震撼　穿越时空的精神交响

在兰考焦裕禄精神展览馆，众多参观者在一块展板面前驻足停留，凝神细看。

这是一份放大的手稿作品，上面布满了各式各样的修改痕迹，小到标点符号的调整，大到整个段落的增删。由于年代久远，蓝色的钢笔字迹已经有些褪色。

讲解人员的声音在耳边响起："1966 年 2 月 7 日，新华社播发记者穆青、冯健、周原采写的长篇通讯《县委书记的榜样——焦裕禄》。同日，《人民日报》头版头条全文刊登，中央人民广播电台全文口播，焦裕禄的事迹传遍全国……"

展板上的作品，正是穆青当年修改的手稿清样复印件。

因为采写出中国新闻史上的传世名篇《县委书记的榜样——焦裕禄》，半个多世纪以来，穆青和焦裕禄的名字紧紧地联系在了一起。一个记者和他笔下的报道对象，两者彼此映照，在中国乃至世界新闻史上留下一段佳话。

时光回流至 1965 年 12 月。

时任新华社副社长的穆青，带领国内部记者冯健前往西安出差，中途路过郑州，并在河南分社召开一线记者座谈会。会后，分社记者周原按要求到豫东灾区寻找采访线索。十多天后，穆青一行从西安返回郑州，周原将兰考县委书记焦裕禄带领全县人民除风沙、盐碱、内涝"三害"、积劳成疾后因病逝世的事迹作了汇报。穆青听后非常感动。

此时距离焦裕禄逝世已经过去一年多。《人民日报》早前发表过由新华社河南分社记者张应先、鲁保国等人采写的相关报道，《河南日报》也配发社论转载。尽管如此，穆青仍然决定带队深入兰考采访，再写焦裕禄。

12月17日，穆青一行来到兰考县委大院。

时任兰考县委通讯干事的刘俊生回忆说，当他介绍到焦裕禄去世后，几十位兰考农民自发赶到郑州烈士陵园焦裕禄墓旁哭坟时，穆青站了起来，低着头来回踱步，不时掏出手帕擦泪。

在《穆青自述》里，穆青详细回忆了当年采访时的心境："一看到焦裕禄那些遗物，补的袜子呀、坐过的藤椅等遗物，内心受到了极大的震撼。再说县长张钦礼、通讯干事刘俊生、跟随焦裕禄工作的卓兴隆、李忠修等，一说起焦裕禄都痛哭流涕，不是一般的感染呀！我当时真是泪流不止……特别是有人讲到焦裕禄走近梁进财家那低矮的茅屋，看望病中的老人，老人问：'你是谁？'焦裕禄说：'我是你的儿子。'这不是一般的感情呀！我几乎哭出了声来。这一下撞击到了我和焦裕禄心中的契合点。我也找到了定位：'一个共产党的县委书记的榜样！'"

采访结束，先由周原完成了一万多字的初稿。穆青一行回到北京后，稿子由冯健修改，接着穆青再改。《穆青传》披露过穆青回忆修改稿子时的情景："满脑子都是他（焦裕禄），耳朵里回响的是他的声音，眼睛里看到的是他的形象，如醉如痴一样。"

历时数月，七易其稿后，《县委书记的榜样——焦裕禄》最终完成并向全国播发。这篇通讯"犹如一颗精神原子弹"，在神州大地华夏儿女的心头炸响。

刘俊生回忆说，当中央人民广播电台播音员齐越哭着播报通讯时，整个兰考都哭起来了。正走路的，就停下来了，说广播正播咱焦书记的文章呢；正劳动的，听到这广播就站在那里一动不动了；正吃着饭的，这馍无论如何也咽不下去，含在嘴里就哭开了。

焦裕禄在兰考一年多的短暂工作铸就了精神上的永恒。这篇通讯则将焦裕禄精神如火炬高高擎起，引发的冲击波穿越时空，绵延至今。

温暖　不绝如缕的琴声悠扬

当年的手稿历经沧桑，英雄的事迹常写常新。

2009 年 5 月 14 日，是焦裕禄逝世 45 周年纪念日。新华社河南分社提前组织策划报道，我提前一周赶往兰考，晚上查资料做功课，白天扎扎实实密集采访。

有关兰考、焦裕禄、焦裕禄精神的更多细节和事实，一点点浮现出来：

——年事已高的刘俊生介绍，焦裕禄在兰考期间不爱拍照，仅有的一些照片或是下乡时被工作人员抓拍的，或是在工作间隙留下的，包括那张双手叉腰与泡桐苗的合影。如今，照片中的"小麻秆"已成参天大树，当地人亲切地称之为"焦桐"。

——为了治理风沙，焦裕禄带领全县人民广栽生长迅速的泡桐树。多年后，这里的木材加工产业越做越大，随处可见的泡桐成了兰考人民的"绿色银行"。

……

采访焦裕禄的二女儿焦守云时，当我得知她的儿子也是 80 后，就问，平时是如何向孩子介绍这位没有见过面的外公的？由此"意外"获知：生活中的焦裕禄不但是一位慈祥、有爱心的父亲，而且喜欢文体活动，拉得一手好二胡。

焦裕禄去世时，焦守云才 11 岁。尽管年龄小，但对当年的点点滴滴记忆尤为深刻。

焦守云说，生活中的焦裕禄是个爱好广泛、很有情趣的人，"父亲其实能歌善舞、多才多艺。按照母亲的评价，我们兄妹这么多人，就综合素质而言，还没人能超过父亲。"

焦守云介绍，焦裕禄生前特别爱唱歌，舞也跳得好。因为个子高，1.76 米，跳起舞来，舞姿很好看，就连一起工作的外国专家都由衷赞叹。此外，焦裕禄爱打篮球，二胡拉得也特别好，"母亲就是循着二胡声追到他跟前的"。

1922 年 8 月 16 日，焦裕禄出生在山东省博山北崮山村。在历经少年时期的贫苦、日伪统治的险恶后，他加入了革命队伍。赴任兰考之前，作为一名地方干部，31岁的焦裕禄从郑州被选调洛阳矿山机器厂工作了9年，期间还曾作为业务骨干被抽调至哈尔滨工业大学深造。

求学哈尔滨工业大学的半年时间，他不怕底子薄，经常争分夺秒地看书，勤奋好学、刻苦钻研的学习态度，给大家留下了深刻印象。他还如饥似渴地汲取机电专业知识，为后来参与研制出全国第一台大型卷扬机奠定了重要基础。这项技术填补了我国矿山机械生产史的一项空白。焦裕禄经常说"吃别人嚼过的馍没有味道"，他喜欢搞创新。

焦裕禄逝世50周年之际，我和同事又辗转多地，采访了焦裕禄的诸多工友和同事。

曾和焦裕禄共用一张办公桌的洛阳厂同事郭玉慧回忆，工作之余，焦裕禄有时会找人下棋，一边下一边嘴里还咿咿呀呀地哼着小曲，"我不太会下棋，每次都一样的走法。他看了就笑，一边教我一边说，'干啥都得动脑筋，你看你每次都这样下，人家都知道你的路数了。你得换个战术啊。'"

1958年春，机器厂一金工车间接到重要任务——制造一台大型卷扬机。面对少设备、缺技术等诸多难题，时任车间主任的焦裕禄带领工友以厂为家，一干就是50多天，最终成功研制出全国首台新型2.5米双筒卷扬机。

不少工友和同事认为，焦裕禄曾做过苦工，也参加过战争，后来工作中体现出来的能吃苦、能战斗的精神，和年轻时的历练有很大关系；另一方面，焦裕禄在困难面前不退缩不躲避，除了拼命苦干，还勤于学习、善于学习。

当年曾和焦裕禄一起加班、睡在车间走廊的赵广宜回忆说："那时候的机器零部件说明书大多是俄语。不懂俄语，连图纸、工艺文件都看不明白。当时我是技术员，焦主任就利用值班时间跟我学俄语，练得舌头都麻了。"

这些不断被打捞、挖掘的细节，呈现了焦裕禄吃苦耐劳惯常形象之外的另一面。

一位读者曾留言："了解让人更亲近，即使素昧平生，即使隔着时间的洪流。感动之余，我也加入'刷屏'大军，希望更多的朋友看到不一样的焦裕禄，一个有呼吸、有温度的普通人。"

念念不忘，必有回响。

循着老社长穆青的足迹，一代又一代的新华社记者坚持在焦裕禄精神的报道中守正创新，让昔日的老典型不断焕发新的光彩。

永恒 精神旗帜高高飘扬

骄阳当空。河南焦裕禄干部学院对面，一棵参天大树笔直挺立，华盖遮荫。

这是一棵普通的泡桐树，栉风沐雨，至今默默生长了60余年；这又是一棵种在兰考人心上的树，栽树人——时任县委书记焦裕禄逝世后，"焦桐"已成为焦裕禄精神的象征。

我们在每次采访时，都要反复探究：焦裕禄在兰考一共仅工作了 475 天，何以能带领全县人民很快找到根治"三害"的办法？半个多世纪以来，为何兰考人一直难忘当年的"焦书记"？为何焦裕禄精神能穿越时空，打动一代又一代人……

回溯时间的河流，重温焦裕禄事迹，那些散落众人口碑里的记忆依然感动、震撼，发人深思。

1962 年冬天，大雪纷飞。饱受风沙、盐碱、内涝"三害"困扰的兰考县，粮食产量下降到历年来最低水平。小小的县城火车站里，挤满了外出逃荒的灾民……

"我知道兰考是个灾区，人民群众正过着艰苦的生活。地委派我来，我愿意承担这个工作，但是要完成治理灾害任务的不是我一个人，得靠大家，靠全体干部振作起来，带领全县 36 万人，争取在尽快短的时间内把面貌改变了……"

50 多年后，时任兰考县政府办公室主任的樊哲民仍然记得焦裕禄在县委会上的这段发言，"他的讲话很短，但很有分量。特别是他提出救灾是暂时的，以治灾代替救灾，要釜底抽薪，不要扬汤止沸。这是我第一次听到这种治理思路。"

在焦裕禄精神展览馆，透明的展柜里，静静地摆放着焦裕禄生前用过的物品。从生锈的锄头、带着窟窿的布鞋，到被顶出大洞的藤椅，还有打了 42 个补丁的被子……参观的队伍缓缓走过，焦裕禄的声音在耳畔响起："拼上老命，大干一场，决心改变兰考面貌。"

在兰考的一年零三个多月，焦裕禄多数时候都在农户家里或生产一线蹲点调查。全县 149 个生产队，他跑遍了其中的 120 多个。路边大风吹不走的坟头，启发他想到深翻淤泥把沙丘变良田的方法；牛棚里和老农深夜长谈，让他了解到多种泡桐既防风治沙，还能发展经济……

兰考葡萄架村原村支书孙世忠曾回忆："在焦书记眼里，群众的灾情等不得，群众的冷暖之事拖不得。为了关心群众，他恨不得把一分钟的时间掰成两半使。"

然而，就在焦裕禄奔走兰考大地的时候，积劳成疾，他的肝病越来越严重了。1964 年 5 月 14 日，在被送医后不久，焦裕禄病逝。生命的时钟在 42 岁这一年定格。

焦裕禄纪念园里，松柏苍翠，柳丝低垂，两米多高的汉白玉纪念碑庄严肃穆。

管理处工作人员介绍，每年从全国各地甚至国外来焦园参观的人次超过百万。每到新麦收获时，就有农民从家里带来新蒸的白面馒头，摆在焦裕禄墓前。

我和同事们总向人们追问同一个问题：焦裕禄最打动你的是什么？大家的回答几乎不约而同，那就是他与人民群众的血肉之情。

曾任兰考县委副书记的鲁献启在退休后发起成立河南省焦裕禄精神研究会，编纂了《今天我们怎样学习焦裕禄？》等学习读本，迄今已有上千万人次阅读。

"从焦裕禄去世后人民的深切哀悼，到20世纪90年代人民呼唤焦裕禄，再到21世纪的今天深情缅怀焦裕禄精神，这并非偶然。"他说，"焦裕禄是一座丰碑，焦裕禄精神像一面旗帜，代表着我们党一贯同群众血肉相连的好传统，代表着一切为了人民、一切依靠人民的好作风。半个多世纪过去了，这座丰碑依然屹立不倒，这面旗帜依然高高飘扬，无论过去、现在还是将来，永不过时。"

交响 跨越世纪接力传承

焦裕禄曾这样表达过决心与信心："兰考人民多奇志，敢教日月换新天。"

经过半个多世纪的接续奋斗，从"兰考之问""兰考之干"到"兰考之变"，今日兰考已呈现出一派泡桐成林、绿树如海的美好与繁盛。

目前，兰考已逐步构建起"3+5"产业体系，即现代家居、新能源和节能环保、绿色食品三大主导产业，以及以民族乐器、智能制造等为代表的五大特色产业。昔日的穷沙窝，正在悄然蝶变为林木覆盖率超32%的绿化模范、GDP超400亿元的经济大县、80多万人口的幸福家园。

兰考县委书记陈维忠表示，焦书记树立了一个很高的标杆，也留下了一座精神宝藏。兰考创造了奇迹却并不是神迹，它是焦书记带大伙儿走过的路，也实证了共产党人始终不变的初心！

"作为一名基层干部，我见证和参与了兰考的发展变化。随着年龄增长，越来越感觉到，焦书记不是离我们越来越远，而是离我们越来越近了。"开完工作会刚回到办公室，温振迫不及待地开启了话题。

12年前，我在兰考胡寨村采访调研时认识了温振。1986年出生的温振，受焦裕禄精神的感召，大学毕业后主动申请来到村里；12年后，昔日稚嫩青涩的大学生"村官"，经过多个基层部门的摔打历练，已经成长为一家县级事业单位的负责人。

温振的故事是一个缩影。多年来，新华社记者用手中的笔和镜头，忠实记录着兰考大地的蝶变与新生。

《县委书记的榜样——焦裕禄》《人民呼唤焦裕禄》《焦裕禄精神常青》《致敬，"焦桐"！》《穿越时空的呼唤——焦裕禄精神启示录》《"精神高地"走出"经济洼地"——写在河南兰考脱贫之际》《焦裕禄精神，一座永不磨灭的丰碑！》等系列报道，也见证了焦裕禄精神洗礼下，兰考干部们的奋斗和成长。

"长期以来，新华社一直关注关心兰考发展，推出了许多有深度、有影响的新闻宣传报道，为兰考写下不朽的新闻经典，有力提升了兰考的知名度、美誉度，更有力推动了焦裕禄精神在全国的宣传弘扬。"陈维忠说。

在讲述焦裕禄故事，弘扬焦裕禄精神的过程中，新华社记者也在代代接力，薪火相传。

在新华社河南分社办公大楼16层，有一面简洁朴素的文化墙，最高处的红色展板上，工工整整地写着新华精神："对党忠诚，勿忘人民，实事求是，开拓创新"。

今年4月，沿着老社长穆青的足迹，从兰考到辉县，河南分社采编党支部开展主题教育活动。这是一次红色之行，也是一趟初心之旅。

交流会上，一位青年记者说，焦裕禄为党员干部树立了榜样，采写焦裕禄报道的老一辈新华社记者穆青等同志给新闻工作者树立了标杆。作为新时期的新华社记者，要秉持新华精神，沿着老一辈新闻人的足迹，深入践行"四力"要求，继续做好新时代英雄人物、典型人物、先进人物的宣传报道工作。

两个多月后，新华社河南分社干部教育基地在河南焦裕禄干部学院挂牌设立。

河南分社社长唐卫彬表示，这里既是党性和思想的教育基地，也是新闻业务和实践的教学基地，我们要从光荣传统中体悟精神品格，从不朽名篇中汲取奋进力量。暮雪朝霜，毋改英雄意气！

（作者系《瞭望》新闻周刊记者）

焦书记：只因为我见了你一眼

　　他们与焦裕禄的交集，可能只有"一面""一眼"，但从焦裕禄身上汲取的正能量，一直支撑他们前行。一句话、一面缘、一段影像转瞬即逝，却换来一生的改变。万千人海中，只因见过你一眼；一面之缘，留一生回忆，谱写一世深情。

"是我们工作没有做好，让大家吃苦了"

　　"是我们工作没有做好，让大家吃苦了。"这是雷中江记忆中焦裕禄第一次对他讲的话。记忆并没有随着时间的冲刷而变淡，50多年后依旧清晰。"焦书记那种像心疼自家兄弟一样的语气，我到现在都记得清清楚楚。"

　　今年76岁的雷中江在焦裕禄任兰考县委书记时，曾是坝头雷辛庄大队会计。第一次与焦裕禄相见的场面，他记忆犹新。

"当时吃不饱，我拿着土布扒火车去安徽换粮食，在火车站碰见了焦书记。"雷中江头微微扬起，半眯着眼睛，回忆起当时的场景，仿佛回到了 50 年前的那个下午。

雷中江和村民们躲在东闸口等火车，远远看到三个人走过来。"走在前面的那个人跟我说他姓焦，是县委的，问我们要去干啥。"雷中江说，"我不敢抬头，低着头说要去换吃的。焦书记听了好一会没动静，过了一会儿才说，'是我们工作没做好啊！让大家吃苦了，你们去吧，路上注意安全。'我没有看到他的表情，但听声音很沉重，感觉像是要哭了。"

第一次见面，虽然只有简单的对话，但让雷中江觉得"心里暖烘烘的"。"后来他给我们开过一次会，还到我们大队劳动过。他那个吃苦耐劳的精神，那种实干精神，那种对群众的感情都是实实在在的。"雷中江在后来担任大队会计、支书的几十年里，一直把焦裕禄作为自己的标杆和榜样。

"大队会计的主要工作是填购粮证，统计救济补助，救济名单都是经过我手走的，如果我造个假名单，就能拿到钱花，但当时不但没想过这茬儿，而且总是想办法把救济款分得公平，用对地方，这都是受焦书记的影响。"雷中江说。

如今，雷中江经常接到给党员干部讲焦裕禄精神的邀请，"我从来没推辞过，这对我来说是种幸福。我希望焦裕禄的精神能永远传递下去，影响更多人。"雷中江说。

"不能单靠嘴来指挥大家，要用实际行动来带动"

1953 年，焦裕禄曾调任洛阳矿山机器厂参加筹建工作，担任修筑洛阳火车站通往厂区临时公路的总指挥，张兴霖和工友们在焦裕禄的带领开始从无到有的工业建设。

"有一天正在修路，忽然下起大雨，焦主任衣服上的水还没有拧干，就有人报告公路上一段排水沟没挖通，雨要把公路冲垮了，可是民工们怕淋雨，叫谁谁也不动。"张兴霖回忆说，"'不能单靠嘴来指挥大家，要用实际行动来带动，'焦主任说着抄起一把铁锨，就冲出了工棚。看到他冒雨挖沟，民工们也坐不住了，大伙一起干，没多久就挖通了。"

张兴霖还记得，有一次刚在涧河上建起的浮桥就被大雨冲散了，虽然后来打捞上来了冲散的桥板，但浮桥却彻底毁了。看到大家垂头丧气，焦裕禄就绘声绘色地讲起电影《胜利重逢》中的故事，鼓励大家要乐观，有信心。

厂房建成后，张兴霖接替焦裕禄，开始负责厂里的团委工作。"团委的工作很细琐，接触的人多，办的事麻烦，有的时候会觉得不耐烦。一开始我还会去找焦主任抱怨，后来看到他忙生产已经累得不像样了，性格却依然开朗，还耐心地帮我出谋划策，让我十分振奋。后来我在工作中慢慢地向他学习，全身心投入。"张兴霖说。

"兰考就是我的家，走得再远，你能不关心你家里的事？"

焦裕禄生命中最后的 53 天，是在医院中度过的，当时的内科主任段芳龄清晰地记得焦裕禄对抗病魔的样子。"疾病晚期很多人是忍耐不住的，特别是癌的疼痛。癌细胞转移到肝被膜，压迫神经了，焦裕禄当时十分痛苦。但就是那么疼，他经常拒绝打止疼针，说把药让给更需要的患者。"段芳龄说。

焦裕禄的看护人员回忆，尽管病痛难熬，只要见到医生、护士进门，焦裕禄总会尽量起身迎一下。"病到最严重的时候，他还念念不忘兰考，经常跟我们讲怎么治沙治碱，怎么栽桐树。"焦裕禄的管床大夫杨碧卿回忆。

"兰考就是我的家，走得再远，你能不关心你家里的事？"这句话杨碧卿至今难忘。

焦裕禄去世后，段芳龄曾十分自责，"我感觉我们的能力有限，这样的好同志，我们却无法替他改变现状。后来学习焦裕禄精神的时候，大家都含泪表态要努力学习，争取早日攻克肿瘤。"段芳龄说。

50 年后的今天，当年焦裕禄就医的医院已成为郑州大学附属第一医院，在医疗技术不断提升的同时，医院心系群众，成立了农村患者服务中心，解决农民患者入院治疗难的问题，还将医疗服务延伸到家，建立回访中心，跟踪出院病人身体恢复情况，以病人为中心，践行着焦裕禄精神。

（新华社郑州 2014 年 5 月 13 日发）

坚守共产党人的精神家园

——重访兰考追忆焦裕禄

每年 5 月 14 日，河南省兰考县焦裕禄墓园都汇聚着来自四面八方的人们。大家怀着一个共同心愿：再看看党和人民的好干部焦裕禄。

这一天是焦裕禄逝世纪念日。

在迎接中国共产党成立 90 周年之际，焦裕禄这个响亮的名字，穿越近半个世纪的时空，引发着人们强烈的内心共鸣。

没有他，就没有兰考的今天——兰考人心中永远的"老焦"

头发向后梳着，更显出面庞的清瘦；脸上挂着微笑，目光深邃；褐色旧毛衣的下摆插在裤腰里，外衣披在肩上；双手叉腰，双腿微曲。

这张焦裕禄的著名照片后来被塑成铜像，矗立在今日兰考县城的十字街头。

在豫东小城兰考，焦裕禄已成为一个标志。塑像、纪念馆、被称为"焦桐"的由他当年亲手植下的泡桐树等等，都成为当地的重要地标。

今年74岁的雷中江老人，是兰考县坝头乡敬老院的管理人员。焦裕禄任兰考县委书记期间，雷中江是坝头雷辛庄大队会计。那时还年轻的他，也和全县人民一样，在焦裕禄的带领下，勇斗兰考"三害"。

站在敬老院里的一处简朴的焦裕禄事迹展览室外，老人回忆起当年在兰考火车站偶遇焦裕禄时的情形："他穿得很朴素，也没官架子，不说也没人认得他，那样子比老百姓还老百姓。"

老人情不自禁地做着焦裕禄当年对大家讲话时的手势，不时用黑粗的手擦着眼角，有些哽咽："想起那个场面，很难忘。像我们这些人，提起他就要掉泪啊！"

"为啥掉泪，他那个吃苦耐劳的劲头，那种实干精神，那种对群众的感情都是实实在在的。"

每次到兰考县城，老人都会"抱着一颗怀念之心"拜谒焦裕禄陵墓。

47年来，人们对焦裕禄的怀念一直没有停止。像雷中江一样，所有亲历者谈到焦裕禄的故事，仍会哽咽流泪。

焦裕禄纪念园里，松柏苍翠、柳丝低垂，2米多高的汉白玉纪念碑庄严肃穆。据管理处工作人员介绍，每年从全国各地甚至国外来焦园参观的有近40万人次，这两年更是突破了百万人次。每到新麦收获时，就有农民从家里带来新蒸的白面馒头，摆在焦裕禄墓前；而当地一些上了年纪的人提起焦裕禄，依然亲切地称之为"老焦"。

兰考县葡萄架乡农民王洪伟说："群众无论是过上了好日子，还是有了困难，都会想起老焦。在兰考人心目中，老焦没有死。"

而在年轻一代人眼中，焦裕禄堪称传奇人物。在不止一次地听母亲李三妮回忆她10来岁那年亲眼见过"穿得破破烂烂"的焦书记的情景后，韩村20岁的农民李彦鹏说："焦裕禄是我的偶像。没有他，就没有兰考的今天。"

作为新中国60多年历史上"最著名的县委书记"，焦裕禄在兰考只工作了一年零四个月就病逝在工作岗位上，却给当地人民留下了无尽的思念。他将共产党人的本色诠释得淋漓尽致。

"他留下了一座'绿色银行'"——焦裕禄的遗愿正在变为现实

提起焦裕禄，不能不说兰考当年的贫穷：由于历史上黄河多次决口改道，兰考生态环境恶劣，形成风沙、盐碱、内涝等"三害"。新中国成立后的很长一段时间，当地粮食亩产也仅有百斤左右。

20世纪60年代初，焦裕禄任兰考县委书记期间，带领全县人民大量栽种泡桐以改造生态，最终探索出了一条平原沙区"农桐间作"的治理模式。即按照一定密度，将泡桐树栽在农田里。这样不但风沙被治住了，小麦亩产也大幅提高，形成了林茂粮丰的格局。

阳春四月，记者循着焦裕禄当年的足迹走村串户，只见到处都是成片的树林，一个个村庄掩映其中，绿油油的麦地里长着一排排泡桐树，粉紫的泡桐花开得正盛，成为当地一道独特的景观。

当年的"焦桐"已经变成"焦林"，不但是遮风挡沙的"保护伞"，还成为兰考人民的"绿色银行"：20世纪70年代末开始，当地群众利用泡桐开展木材加工，生产乐器和高档家具，逐渐形成产业化。

采访中，记者听说这样一件事：因为一部有关焦裕禄的长篇电视剧拍摄需要，导演提出要在当地找一处大点的沙荒地，再现兰考当年"三害"肆虐的情景。这让当地人很是为难："上哪儿去找呀？兰考现在真是没有大片大片的沙荒地了。"

兰考现任县委书记魏治功说："焦裕禄当年带领大家栽泡桐、治风沙，也许没想到会给兰考人民留下一座'绿色银行'。但从一棵树到一种精神再到一个产业，其间的变迁看似偶然，却是兰考人民坚持生态和经济并重、坚持科学发展的必然。"

作为焦裕禄之后的第13任兰考县委书记，魏治功在两年前上任的第一天，即带领全县四大班子领导及各单位负责人拜谒焦园。他说："焦裕禄是一个很高很高的标杆，我们要见贤思齐。"

"当年焦裕禄的心愿是治理'三害'，他是治穷，我们现在的目标是致富。"魏治功表示，如何让这个一没资源、二没工业基础的农业大县实现经济发展百姓富裕，是摆在兰考人面前最急迫的任务。

焦裕禄生前曾想写一篇"兰考人民多奇志，敢教日月换新天"的文章。魏治功认为，经过兰考人民 47 年的艰苦奋斗，焦裕禄同志的遗愿已经在很大程度上得到实现。但从横向比、同先进地区比，兰考经济发展与人民生活水平都还不高。

"现在兰考面临的还是加快经济发展问题。我们的想法是要一年一个明显变化，三年一个巨大变化，五年一个根本性变化，一定要使焦裕禄同志的遗愿全面实现。"魏治功说。

"只要为民办事，百姓都拥护"——没有一种执政资源，比赢得民意更珍贵持久

焦裕禄用他生命最后的 475 天给兰考人民，尤其是兰考的干部留下了一笔最珍贵的精神财富。记者在采访中，曾向不同年龄段的人问过同一个问题：焦裕禄最打动你们的是什么？大家的回答几乎不约而同，那就是他与人民群众的血肉之情。

正是受到这样的精神感召，温振从河南农业大学毕业后毅然回到了老家兰考，做了一名"村官"。3 年来，当地百姓对他的称呼从开始时的"领导"变为了现在的"振儿"。

温振体会最深的是："你只要真正为百姓做一点点小事，他们就会记你好长好长时间。"而焦裕禄的精神境界正是这位年轻人最为推崇和向往的。

从采访中记者接触到的许多基层干部身上，可以时时感受到一

种共产党人精神的传承。

48 岁的杨保森是土生土长的兰考人，焦裕禄去世时他才 1 岁多。杨保森说："40 多年来，焦裕禄精神在兰考几代人心中是根深蒂固的。"

2003 年，兰考县选派科级干部到落后的村庄任职，已是兰考县发改委副主任的杨保森第一个报名，并选择了全县最乱的闫楼乡大李东村。此前，该村 10 年换了 9 任村支书。

"这个村乱到啥程度？入村第七天，我自己带的煤气灶、油，都被偷走了。家人甚至担心我的安全问题，好多朋友也都劝我不要蹚趟浑水。"

杨保森没有退缩。他说："焦裕禄作为一个外地人，能把当时最落后的兰考的工作做好。我作为本地人，只要一心为民，就一定能干好。"

杨保森入村后，按照焦裕禄的工作方法，深入群众了解村情民意。他白天下地一起干活、聊天，晚上到老干部、老党员家里座谈。经过深入调研，杨保森决定从修路打开突破口。

"当时大李东的路两边是坑，一下雨，既泥泞又积水，附近有个村的驴拉车去磨面，不小心滑到旁边的坑里，驴给淹死了。"

为了修路，杨保森三天两头往县里跑，一遍遍传递群众的期盼，项目终于批了下来，却又遭遇找不到建筑队的尴尬。"因为名声太差，大家都不愿意和这个村打交道。"杨保森又费尽口舌，找了好几个建筑队，终于把两条 6 公里多的路修好。

路修通了，群众思发展之心也更加迫切。杨保森带领班子及时动员，建起了 20 多家板材加工厂、七八家上规模的养殖场。如今，群众收入由当初的 800 元增加到 3000 多元，甩掉了全县最差村的帽子。

杨保森在这个村当了 3 年支书。走的时候，群众要为他立碑，杨保森拒绝了。他说，金杯银杯不如老百姓的口碑。

2009 年，杨保森调往葡萄架乡任党委书记，这是全县 16 个乡镇中最落后。杨保森到任后，还是走村串巷，鼓励党员干部继承和发扬焦裕禄时代的干劲和风格，两年来全乡又变模样。杨保森认为，像焦裕禄那样，只要用心做事，难事都不难，只要为民办事，百姓都拥护。

没有一种根基，比扎根于人民更坚实；没有一种力量，比从群众中汲取更强大；没有一种执政资源，比赢得民意更珍贵持久。

（新华社郑州 2011 年 5 月 9 日电　新华社记者刘雅鸣、李亚楠、张兴军）

心中装着百姓　一切为了人民

——焦裕禄精神述评

　　1966年2月，长篇通讯《县委书记的榜样——焦裕禄》播发，焦裕禄的名字传遍千家万户，成为全国家喻户晓的共产党人的光辉典范和全体党员干部崇敬的榜样。

　　在兰考工作的475天，焦裕禄带领兰考人民除"三害"、种泡桐，用生命树起一座共产党人的巍峨丰碑，铸造出熠熠生辉、穿越时空的伟大精神——亲民爱民、艰苦奋斗、科学求实、迎难而上、无私奉献的焦裕禄精神。

　　2014年3月17日，在河南省兰考县调研指导党的群众路线教育实践活动的习近平总书记，再次来到焦裕禄同志纪念馆，参观焦裕禄生平事迹。他指出，焦裕禄精神同井冈山精神、延安精神、雷锋精神等革命传统和伟大精神一样，过去是、现在是、将来仍然是我们党的宝贵精神财富，我们要永远向他学习。

"拼上老命，大干一场，决心改变兰考面貌"

走进兰考县焦裕禄同志纪念馆，首先见到的是焦裕禄震撼人心的奋斗誓言和临终遗言——

"拼上老命，大干一场，决心改变兰考面貌。"

"活着没治好沙丘，死了也要看着把沙丘治好。"

1962 年冬，兰考县正遭受严重的风沙、内涝、盐碱"三害"。焦裕禄临危受命，带领干部群众追洪水、查风口、探流沙，总结出了整治"三害"的具体策略，探索出了大规模栽种泡桐的办法。

他亲自带队调查，因为"蹲下去才能看到蚂蚁"。3 个月的时间里，焦裕禄带领全县干部跑了 120 多个大队，行程 5000 余里，掌握了整治"三害"的第一手资料。

焦裕禄长期患有肝病，剧痛难忍时，他用钢笔、茶缸盖、鸡毛掸子顶着肝部，日子久了，他坐的藤椅被顶出了一个大窟窿。

焦裕禄始终艰苦朴素，他生前用过的棉被上有 42 个补丁，褥子上有 36 个补丁。一次，当他听到自己的孩子"看白戏"时，立即拿钱让孩子到戏院补票。

……

"路漫漫其修远矣，两袖清风来去。为官一任，造福一方，遂了平生意。绿我涓滴，会它千顷澄碧。"50 多年前，焦裕禄带领兰考人民与"三害"抗争、广植泡桐，在兰考贫瘠的土地上播撒下了"千顷澄碧"的希望。

50 余年间，一代代共产党人在兰考大地接力奋斗。2017 年 3 月，兰考成为河南省首个脱贫摘帽的贫困县；焦裕禄当年带领大家栽下的泡桐树，如今制作成一件件美妙的乐器、一件件精美的家具，成为兰考人民致富奔小康的重要产业。

"心中装着全体人民，唯独没有他自己"

国防大学马克思主义研究所研究员颜晓峰认为，焦裕禄精神丰富深邃，其核心是"心中装着全体人民、唯独没有他自己"的公仆情怀。

当年，兰考群众听说来了一位新的县委书记时，焦裕禄已经下乡三天了。为了拉近和群众的距离，他提出了"三同"工作法——和群众同吃、同住、同劳动。

大雪封门夜，他不顾风雪访贫问苦。面对老乡"你是谁"的疑问，一句"我是您的儿子"，让老乡热泪盈眶。

在兰考，焦裕禄只留下了 4 张照片，其中 3 张是别人给他偷拍的。他常说："镜头要多对准群众，多给他们拍些照片，多有意义，拍我有啥用？"

他把让兰考人民生活得更好看得比自己生命还要重。临终前，焦裕禄依然惦记着张庄的沙丘封住了没有，赵家楼的庄稼淹了没有，秦寨的盐碱地上麦子长得怎么样，老韩陵地里的泡桐栽了多少……

斯人已逝，"焦桐"有情。

79岁的兰考农民魏善民有一个保持了50年的习惯，每天一大早，他都要驮着扫帚、簸箕，到离家一公里外的一棵树下扫叶、浇水、施肥。

这是1963年，焦裕禄亲手种下的一株小树苗，如今已长成5米多粗、26米多高的参天大树。附近的泡桐树更新了三四代，它仍傲然挺立。这棵树，当地百姓亲切地称呼它为"焦桐"。

到最穷的人家吃派饭了解百姓实情，让女儿去又苦又累的酱菜园干活……每个在"焦桐"下休憩的人，都能讲出一段焦裕禄的故事。

"正是由于焦裕禄把人民放在心中最高的位置，将心比心、以心换心，人民也把他放在心中最崇敬的位置。"颜晓峰说。

"百姓谁不爱好官"——人民呼唤焦裕禄

"百姓谁不爱好官？把泪焦桐成雨。生也沙丘，死也沙丘，父老生死系。暮雪朝霜，毋改英雄意气！……"1990年7月，有感于焦裕禄精神，时任福州市委书记的习近平填写了《念奴娇·追思焦裕禄》一词。

习近平总书记在兰考县调研指导党的群众路线教育实践活动时，强调指出：要特别学习弘扬焦裕禄同志"心中装着全体人民、唯独没有他自己"的公仆情怀，凡事探求就里、"吃别人嚼过的馍没味道"的求实作风，"敢教日月换新天"、"革命者要在困难面前逞英雄"

★ 图为 2021 年 6 月 18 日在河南省
兰考县黄河湾风景区拍摄的黄河。

新华社发　李金雷摄

的奋斗精神，艰苦朴素、廉洁奉公、"任何时候都不搞特殊化"的道德情操。

跟随焦裕禄工作过一年零四个月的原兰考县委办公室通讯干事刘俊生，生前深有感触地说："人民呼唤焦裕禄，是在呼唤我们党一贯同群众血肉相连的好传统，呼唤一切为了人民、一切依靠人民的好作风，呼唤我们党的崇高理想。"

令人欣慰的是，焦裕禄精神流淌在一代代共产党人的血液中：扎根乡镇50年的"乡镇党委书记的榜样"吴金印，"一腔热血洒高原"的改革先锋孔繁森，心系群众、无私奉献的"全国优秀县委书记"廖俊波……

已经在焦裕禄同志纪念馆从事讲解工作28年的董亚娜经常被问到一个问题：日复一日讲解着同样的内容，是否会感到厌倦？

董亚娜说，越讲焦裕禄精神，就越能感受到焦裕禄精神的伟大。"焦裕禄书记是一本永远读不完的书，常读常新。"

历史长河奔流不息，焦裕禄精神历久弥新、价值永恒。在实现中华民族伟大复兴的新征程中，学习弘扬焦裕禄精神，将激励全党干部群众进一步牢记初心使命，矢志奋斗前行，汇聚起全面建设社会主义现代化国家、实现中华民族伟大复兴中国梦的磅礴力量。

（新华社郑州2011年8月18日电　新华社记者翟濯）

焦裕禄当年救活的那个孩子:
"我要成为你"

新春伊始,兰考县焦裕禄纪念园干部张继焦回了趟特殊的"家"。春节期间,曾经帮扶过的好几户贫困户都给他打了电话拜年,他一直琢磨着年后抽个时间,去老乡们家里坐坐。

赵楼村,是张继焦曾经帮扶过的村子,也是他称为另一个"家"的地方。提起张继焦,赵楼村的百姓总说"他不愧是焦裕禄当年曾经救下的孩子"。张继焦,这个普通却又引人遐想的名字,到底承载了怎样一段鲜为人知的故事?

"那段往事,是永不磨灭的记忆"

1962 年出生的张继焦，今年已经 59 岁了。生命历程过半的他，思绪却常常定格在 1963 年的那个春天。

当年，张继焦还不满周岁，他的名字也不是"张继焦"，而是父母逃荒徐州时曾为他取下的"张徐州"。"那年春天，我突然得了重病，村里缺医少药，家里更没钱给我看病。"张继焦说。

那时，灾荒严重的兰考流传着这样一句顺口溜：穷娃穷病，干草包腔；箩筐一背，村外一横。眼看"小徐州"越病越重，张传德抹了把泪，也准备把儿子用干草包好，放到筐里，扔到村外。

张传德出门前，"小徐州"的母亲舍不得自己的亲生骨肉，她握住张传德的手，痛哭着哀求说："孩子还有气，等你下了工，再把孩子扔掉中不中？"

张传德颤声说："家里连饭都吃不上，下了工孩子就能活过来了？"说罢，绝望的他拎起筐子就要出门。

这一幕，刚好被下乡察看灾情的焦裕禄看到。焦裕禄赶忙上前，当他用手探到"小徐州"还能呼出微弱的气息时，惊喜地说："不能扔，这孩子还有气！他是革命的后代，只要有一口气，也得想办法抢救。"

焦裕禄当即给县医院写了一封信，看到张传德夫妇还有迟疑，又拉着他们去大队，亲自给县医院打电话交代了一番。"我父母都是文盲，而眼前写信的人，身上穿的衣服还打着好几个补丁，他们压根没想到，站在眼前的竟然是县委书记焦裕禄。"张继焦说。

"直到后来通过村里人介绍，父亲才知道写那封信的人原来是焦书记。父亲当即揣上信，用独轮车推着我和母亲就上路了。后来在我住院的一个月内，焦书记又三次探望我的病情。临出院那天，他高兴地把我抱起来，像救活了自己的孩子一样。"

张继焦说，当时焦裕禄每月的工资只有 100 元左右，条件并不宽裕，但他还是拿出自己的工资，垫付了医药钱。

"从记事起，父母就反复讲述焦书记救治我的经过，告诫我要知恩图报。那段往事，像被烙在我生命中一样，是永不磨灭的记忆。"张继焦说。

"父亲是一面旗帜，永远不能被抹黑"

焦裕禄纪念馆内，有这样一幅颇为感人的照片。

照片里，张传德在焦裕禄的追悼会上，用双手举着自己的儿子泣不成声。照片说明写道："焦书记，这就是您救活的孩子啊！"

为了铭记焦裕禄的恩情，也为了继承和发扬焦裕禄精神，张传德将儿子的名字改为了"张继焦"。"从我懂事起，父母就常教育我'不要忘了焦书记，他是你的再生父母，要像焦书记一样做人。'"

焦裕禄逝世后，张传德夫妇每年都要带张继焦给焦裕禄上坟扫墓，并看望他的遗孀徐俊雅。"徐妈妈对我非常疼爱，焦家的三个姐姐和三个哥哥也跟我很亲近。一来二往，我就成了焦书记家的常客。"

上小学时，经常受到徐俊雅照顾的张继焦，在一次拜访中情不自禁喊了徐俊雅一句"妈"。而徐俊雅也高兴地认下了这个儿子，"我有 6 个孩子，你就叫'老七'吧。"

张继焦说，徐妈妈和焦书记一样，对子女的要求一直很严格。她常对子女说的一句话是："你们工作做得好，别人会记住你们是焦裕禄的孩子；你们工作做不好，别人骂的是你们的父亲。你们的父亲是一面旗帜，这面旗帜永远不能被抹黑！"徐俊雅自己同样生活节俭，2005 年去世时，她身上穿的衬衣甚至还打着补丁。

在张继焦的印象里，徐妈妈不仅严格，更是善良。徐俊雅退休后，每月的退休金只有 1200 元，但只要得知哪里受灾，她总会把钱给张继焦，让他代为捐款。

"她从不留自己的名字，我问她为啥，她说'你爸去世后，全国各地都来支援兰考，他们中有谁留过名？你就写一位共产党员就行了。'"张继焦回忆道。

"'继焦'的队伍一直在延伸"

如今的张继焦，是焦裕禄纪念园的一名工作人员，无论春夏秋冬，他总会将一枚焦裕禄像章戴在胸前。"我是焦裕禄救活的孩子，我总觉得焦书记在时刻看着我。"

作为焦家的第七个"孩子"，张继焦也一直身体力行传承着焦裕禄精神。在焦裕禄纪念园，他不厌其烦地用自己的亲身经历，为一批又一批参观者动情讲述焦裕禄当年的故事。很多外地单位请他做报告，他从不收一分钱的报酬。

2015 年，组织派张继焦到当地许河乡赵楼村驻村扶贫。两年多时间里，他带领赵楼村百姓修路修桥、发展山药等特色种植产业，还自掏腰包帮助贫困家庭走出生活困境。提起张继焦，赵楼村的百姓总说"他不愧是焦裕禄当年曾经救下的孩子！"。许多贫困户家门口，至今还张贴着张继焦当年在驻村工作队时的信息公示牌，他们会经常和他打电话，问他"啥时候回家"。

"让更多的人学习焦裕禄精神，是我最大的心愿。同时，我也想通过自己的眼睛，让焦书记看到：继承和弘扬焦裕禄精神的党员干部，各个时期各个地方都有很多很多，'继焦'的队伍一直在延伸。"张继焦说。

"保持劳动人民的本色，发扬艰苦奋斗的精神，我立志成为像焦裕禄一样的人民公仆。"焦裕禄纪念园里，一群青年党员正面向焦裕禄的墓碑，庄严宣誓。

"如同焦桐一样，做一名焦裕禄精神的忠实捍卫者，让我感到幸福。"张继焦说，"我和焦裕禄的故事已经延续了五十多年了，我知道，这段故事会永远延续下去。"

（新华社郑州 2011 年 3 月 4 日电　新华社记者翟濯、杨琳、杨金鑫、郝源）

钟华论：伟大的精神之源，奋进的磅礴力量

——论伟大建党精神

"一百年前，中国共产党的先驱们创建了中国共产党，形成了坚持真理、坚守理想，践行初心、担当使命，不怕牺牲、英勇斗争，对党忠诚、不负人民的伟大建党精神，这是中国共产党的精神之源。"

2021年7月1日，北京天安门广场。在庆祝中国共产党成立100周年大会上，习近平总书记鲜明提出伟大建党精神，在9500多万名党员、14亿多中国人民心中激荡起继往开来、砥砺奋进的磅礴力量。

32 个字，浓缩百年奋斗，揭示历史真谛。这是一个伟大马克思主义政党的精神史诗，这是新时代中国共产党人以史为鉴、开创未来的豪迈宣言。

（一）

中国共产党迎来百年华诞，世界的目光再次聚焦中国。中国共产党与世界政党领导人峰会在"云端"举行之际，160 多个国家的 500 多个政党和政治组织的领导人、逾万名政党和各界代表与会。盛况的背后，是许多人心头普遍萦绕的问题：中国共产党为什么能？

树高千丈必有根，江流万里总有源。读懂中国共产党，必须读懂中国共产党的精神；读懂中国共产党的精神，必须读懂中国共产党的精神之源。

习近平总书记对伟大建党精神进行的提炼总结和深刻阐发，阐释了中国共产党的精神源头和起点，揭示了伟大建党精神的历史意义和时代价值，集中体现了对党的历史、党的传统、党的精神的深刻论述。

伟大建党精神的提出，既有深刻的历史基础，又有鲜明的时代特征，标志着我们党对自身历史的认识和总结达到了一个新高度，对自身性质和宗旨的理解和把握达到了一个新高度，对自身精神谱系的领悟和阐释达到了一个新高度。这是一次重大理论创新，是习近平新时代中国特色社会主义思想的丰富和完善，对推动党和人民事业蓬勃发展具有重大而深远的意义。

恩格斯指出，一个知道自己的目的，也知道怎样达到这个目的的政党，一个真正想达到这个目的并且具有达到这个目的所必不可缺的顽强精神的政党——这样的政党将是不可战胜的。

胜负之征，精神先见。伟大建党精神，高度概括了中国共产党百年奋斗的历史逻辑、理论逻辑和实践逻辑，为人们深刻理解"中国共产党为什么能"提供了一把"金钥匙"，蕴含着百年大党依然风华正茂的精神密码。

（二）

星星之火，可以燎原。

在中共一大纪念馆，高 3 米、宽 7 米的巨幅油画《星火》吸引不少参观者驻足。画面上，各地共产党早期组织的 50 余名成员昂首挺胸，意气风发向前行进。理想信念之火一经点燃，就永远不会熄灭……

"人生最高之理想，在求达于真理。"翻开党史，党的先驱们书写了一个个坚持真理、坚守理想的感人故事。为了心中的主义和信仰，他们矢志不渝、前赴后继，生死考验不能改其志，功名利禄不能动其心，千难万险不能阻其行。"石可破也，而不可夺坚；丹可磨也，而不可夺赤。"中国共产党人的理想信念坚如磐石，中国共产党人的拼搏奋斗百折不挠。

思想上的觉醒是真正的觉醒，精神上的升华是真正的升华。近代以来，在反复比较中，在艰辛探索中，在实践检验中，中国的先进分子越来越真切地意识到，"诸路皆走不通了"，只有马克思主义才能救中国。正是基于对马克思主义科学性和真理性的深刻认识，中国共产党人认定"马克思的学说真是拯救中国的导星"，坚信"我们信仰的主义，乃是宇宙的真理"。从诞生之日起，我们党就把马克思主义鲜明地写在自己的旗帜上，在长期实践中不断推进马克思主义中国化时代化大众化，带领人民走出一条迈向中华民族伟大复兴的人间正道。

马克思认为，精神的实质始终就是真理本身。信仰的"味道"，源于真理的力量。对中国共产党人来说，坚持真理，就是坚持马克思主义这个真理；坚守理想，就是坚守共产主义远大理想和中国特色社会主义共同理想。

心中有信仰，脚下有力量。百年艰辛奋斗，百年沧桑巨变充分证明：中国共产党为什么能，中国特色社会主义为什么好，归根到底是因为马克思主义行。对马克思主义的信仰、对社会主义和共产主义的信念，永远是共产党人的政治灵魂，是共产党人经受住任何考验的精神支柱。

（三）

在中国共产党历史展览馆西侧广场上，名为《旗帜》《信仰》《伟业》《攻坚》《追梦》的五组雕塑庄严矗立，生动讲述着我们党百年来为人民谋幸福、为民族谋复兴的奋斗历程，将一个个践行初心、担当使命的伟岸形象定格在天地之间、铭刻在人们心中。

正如习近平总书记指出的，一百年来，中国共产党团结带领中国人民进行的一切奋斗、一切牺牲、一切创造，归结起来就是一个主题：实现中华民族伟大复兴。在国运飘摇、民族危亡之际，革命先驱们挺身而出，立志为苦难深重的中华民族开辟一条光明的路。中国共产党一经诞生，就把为中国人民谋幸福、为中华民族谋复兴确立为自己的初心使命。

初心因践行而永恒，使命因担当而伟大。从李大钊"新造民族之生命，挽回民族之青春"的宏愿，到方志敏"我渴望着光明；我开始为光明奋斗"的誓言；从王进喜"拼命也要拿下大油田"的奋斗，到焦裕禄"心中装着全体人民，唯独没有他自己"的情怀；从孔繁森"一个共产党员爱的最高境界是爱人民"的剖白，到黄文秀"投身到人民群众最需要的地方去"的抉择……一代代共产党人以赤子之心守初心、以奋斗之志赴使命，带领人民创造了一个又一个彪炳史册的人间奇迹。

初心和使命是激励中国共产党人不断前进的根本动力。在百年风雨历程中，正是因为坚守初心、勇担使命，中国共产党人总能坚定"长风破浪会有时"的信心，保持"千磨万击还坚劲"的定力，激发"勇气先登势无敌"的胆魄，开掘"拨开云雾见月明"的智慧，在"踏平坎坷成大道"的征途上勇往直前……

在"七一勋章"颁授仪式上，张桂梅步入人民大会堂时，她那双布满膏药、托起许多大山女孩梦想的手，令人泪目。像张桂梅一样，无数共产党员用奋斗的手写下赤诚心声："有人问我，为什么做这些？其中有我对这片土地的感恩和感情，更多的，则是一名共产党员的初心和使命。"

（四）

"因为1921，所以2021。"建党百年之际，《觉醒年代》《1921》《革命者》《红船》等一批影视作品热映。重温一个个可歌可泣的历史瞬间，感悟今天一切的来之不易，人们更加缅怀那些"最早醒来却又最先离去"的先烈们——

"李大钊，1927年牺牲""陈延年，1927年牺牲""李汉俊，1927年牺牲""陈乔年，1928年牺牲""蔡和森，1931年牺牲""邓中夏，1933年牺牲"……

"未惜头颅新故国，甘将热血沃中华。"党的百年历史，就是一部不怕牺牲、英勇斗争的历史。青史之中，有血泪斑斑，有苦难辉煌，更有铁骨铮铮。

那是赵世炎"志士不辞牺牲"的坚定信念，是瞿秋白临刑前"此地甚好"的慷慨从容，是何叔衡"为苏维埃流尽最后一滴血"的无畏壮举，是石光银"砸锅卖铁也要把沙子治住"的顽强拼搏，是黄大发"水过不去、拿命来铺"的忘我奉献……

要奋斗就会有牺牲。世界上没有哪个党像中国共产党这样，遭遇过如此多的艰难险阻，经历过如此多的生死考验，付出过如此多的惨烈牺牲。据不完全统计，近代以来，为中国革命和建设事业献出宝贵生命的烈士约有 2000 万。他们大多数是共产党员，大多数没有留下姓名。

在斗争中诞生、在斗争中发展、在斗争中壮大，我们党在奋斗征程中锤炼了不可战胜的强大精神力量，锻造了不惧风险、不畏强敌，敢于战胜一切困难而不被任何困难所压倒的浩然风骨，团结带领中国人民创造出一个光明灿烂的新世界。

"为有牺牲多壮志，敢教日月换新天。"百年斗争史，激荡着中国共产党人改天换地、气壮山河的英雄豪情。

（五）

"我志愿加入中国共产党，拥护党的纲领，遵守党的章程……随时准备为党和人民牺牲一切，永不叛党。"面向鲜红的党旗，举

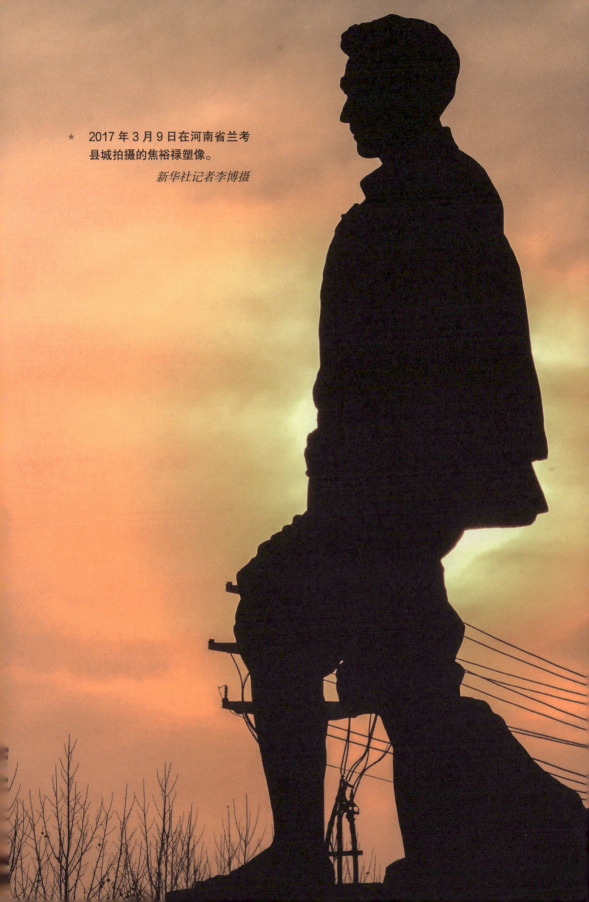

★ 2017年3月9日在河南省兰考县城拍摄的焦裕禄塑像。

新华社记者李博摄

起右拳庄严宣誓——对共产党员来说，80个字的入党誓词，字字千钧，"对党忠诚、不负人民"的精神和要求贯穿其中，召唤着每一个党员"实践其所信，励行其所知"。

"天下至德，莫大于忠。"对党忠诚，是共产党人首要的政治品质。一百年来，我们党历经艰险磨难，没有被困难压垮，也没有被敌人打倒，靠的就是千千万万党员的忠诚。百年党史，有"忠诚印寸心，浩然充两间"的坚毅，有"壮士头颅为党落，好汉身躯为群裂"的壮烈，有腹中满是草根而宁死不屈的气节，有竹签钉入十指而永不叛党的坚贞，有深藏功名、淡泊名利的境界……一代代优秀共产党人用鲜血和生命、拼搏与奉献诠释了对党的绝对忠诚。

对党忠诚，源自坚定信仰；不负人民，发自为民初心。我们党的百年历史，就是一部与人民心心相印、与人民同甘共苦、与人民团结奋斗的历史。从"为人民服务"到"以人民为中心"，中国共产党人始终把人民放在心中最高位置，为了人民幸福，勇往直前以赴之，艰苦奋斗以求之，殚精竭虑以成之，真正做到了"我将无我，不负人民"。

"民亦劳止，汔可小康。"千年夙愿、百年梦想，只有在中国共产党领导下，人民实现了当家作主，历史性地解决了绝对贫困问题，中华大地上全面建成了小康社会，老百姓过上了越来越好的日子。"这盛世，如您所愿"——这是人民创造的盛世，更是属于人民的盛世。

"繁霜尽是心头血，洒向千峰秋叶丹。"党性和人民性从来都是一致的、统一的，对党忠诚的本质要求是不负人民，不负人民是对党最大的忠诚。对党绝对忠诚，对人民无限热爱——中国共产党人的忠诚之心、赤子之心早已融入精神血脉，成为始终不竭的力量源泉。

（六）

邓小平同志说："共产党人干事业，一靠真理的力量，二靠人格的力量。"伟大建党精神全面而生动地体现了共产党人真理的力量、人格的力量，是对中国共产党的先驱们在建党实践中所体现出来的理想信念、责任担当、价值追求、精神风貌、政治品格的概括和凝练，具有鲜明的政治性、革命性、实践性和人民性。

伟大建党精神思想精辟、内涵丰富、意境深远，其四个方面既相对独立、各有侧重，又紧密联系、相互融合，是相互贯通、相互促进的有机整体，充分体现了百年党史的主题和主线、主流和本质，充分体现了"不忘初心、牢记使命"这一马克思主义政党的本质要求。

"坚持真理、坚守理想"，从思想层面揭示我们党思想先进、信仰坚定的独特优势；"践行初心、担当使命"，从实践层面揭示我们党一以贯之的历史担当和源源不竭的前进动力；"不怕牺牲、英勇斗争"，从精神层面揭示我们党意志坚强、不可战胜的强大力量；"对党忠诚、不负人民"，从价值层面揭示我们党立党为公、心系人民的高尚品格。

（七）

　　凡树有根，方能生发；凡水有源，方能奔涌。伟大建党精神在中国共产党先驱们寻求真理的不懈探索中生根发芽，在马克思主义与中国具体实际和中华优秀传统文化相结合的历史进程中茁壮成长，在中国共产党领导中国人民进行革命、建设、改革的伟大实践中丰富发展，构筑起中国共产党人永恒的精神家园。

　　历史从哪里开始，精神就从哪里产生。伟大建党精神，谱写了百年壮丽精神史诗的伟大开篇，是中国共产党生生不息的精神之源。

　　这是立党兴党强党的精神原点、思想基点。伟大建党精神，回答了"为了谁、依靠谁、我是谁""从哪里来、往哪里去""什么是马克思主义政党、如何建设马克思主义政党"等基本问题，积淀着我们党与生俱来的红色基因，揭示了中国共产党何以"伟大、光荣、正确"的根本原因。伟大建党精神犹如一块基石，支撑起党的事业发展进步的巍巍大厦；又好似一颗火种，点燃了艰苦卓绝征途上一个个熊熊燃烧的精神火炬。

　　这是中国共产党人精神谱系的源和本、根与魂。一百年来，中国共产党从伟大建党精神这一源头出发，在长期奋斗中形成一系列伟大精神，构建起中国共产党人的精神谱系，展现了薪火相传、波澜壮阔的精神力量。

　　"坚持真理、坚守理想"在井冈山精神、遵义会议精神、特区精神的形成中，激励着中国共产党人解放思想、实事求是，敢于闯出一条新路；"践行初心、担当使命"在延安精神、西柏坡精神、"两弹一星"精神中得到生动诠释，充分展现了中国共产党人的历史担当和奋斗精神；"不怕牺牲、英勇斗争"构成了长征精神、抗美援朝精神的核心要义，鼓舞着党和人民排除万难去争取胜利；"对党忠诚、不负人民"辉映着抗洪精神、抗震救灾精神、伟大抗疫精神、脱贫攻坚精神，把以人为本、人民至上等崇高理念刻印在大地深处……

一系列伟大精神在不同时期体现出各自特点、不同含义，但本质内容和精神实质却一脉相承、相通相融，追根溯源，都可以在伟大建党精神中，找到其精神渊源和底色底蕴。如同长江、黄河从"世界屋脊"青藏高原起源，穿越重山、东流入海，伟大建党精神在历史长河中奔腾不息，贯穿百年而又历久弥新，成为中国共产党人精神谱系的"源头活水"。

（八）

精神是一个民族赖以生存发展的灵魂，唯有精神上达到一定的高度，这个民族才能在历史的发展中达到一定的高度。

在国家蒙辱、人民蒙难、文明蒙尘的旧中国，无论是"华人与狗不得入内"的歧视，还是"伤心最怕读新闻"的慨叹，都折射出

399

★ 2017年8月9日，游客从兰考焦裕禄干部学院门口的"焦桐"下走过。这棵泡桐是焦裕禄当年亲手种下，被人们称为"焦桐"。

新华社发

中国人任人欺凌、毫无尊严的屈辱境况，那时的中华民族在精神上处于极度的不自主、不独立和不自信之中。一个"无声的中国"，时间是停滞的，遍地是"沉默的灵魂"。

"所以我们的解放运动第一声，就是'精神解放'！"从建党时起，中国共产党就自觉地把思想变革与社会革命紧密结合起来，由此开启了对中华民族精神的历史性重塑。毛泽东同志曾说："自从中国人学会了马克思列宁主义以后，中国人在精神上就由被动转入主动。"中国共产党应运而生，中国人民谋求民族独立、人民解放和国家富强、人民幸福的斗争就有了主心骨，中国人民的精神世界开始了翻天覆地的变化。就像《国际歌》中所唱的："从来就没有什么救世主，也不靠神仙皇帝！要创造人类的幸福，全靠我们自己！"

"全靠我们自己"——一百年来，我们党把握规律、洞察大势，带领人民书写了中华民族几千年历史上最恢宏的史诗，把中国发展进步的命运牢牢掌握在自己手中，赢得了历史主动；我们党以远大理想感召人、以共同信仰凝聚人、以崇高精神塑造人，使中国人民一扫精神上的迷茫、颓败，走出了被动的泥沼，以自立、自强、自信的精神状态投身民族复兴伟大事业，赢得了精神主动。

中国共产党的诞生，是中国人民和中华民族伟大觉醒的必然结果；建党实践孕育的伟大建党精神，又成为中华民族精神发展的新起点，不仅挺起了民族精神的脊梁，也为民族精神的传承、重塑与升华注入强大"原动力"。由伟大建党精神发端，一代代共产党人在长期奋斗中构建起中国共产党人的精神谱系，为民族精神注入了新的元素，开辟了新的境界，极大地丰富了中华民族精神谱系，使之不断焕发蓬勃生机和活力。

人民有信仰，民族有希望，国家有力量。在民族复兴的征程上，伟大建党精神犹如一个醒目的路标，深刻启示我们：当高楼大厦遍地林立时，中华民族精神的大厦同样应巍然矗立。

（九）

"把历史变为我们自己的，我们遂从历史进入永恒"。回望过往的奋斗路，眺望前方的奋进路，伟大建党精神已经深深融入中国共产党和中华民族的血脉与灵魂，成为我们以史为鉴、开创未来的根本精神力量。

历史川流不息，精神代代相传。如何把伟大建党精神继承下去、发扬光大，让这一"精神之源"成为奋进全面建设社会主义现代化国家新征程的"动力之源"？新时代中国共产党人需要在实践中不断作出新的回答。

心有所信，方能行远。弘扬伟大建党精神，就应筑牢信仰之基、补足精神之钙、把稳思想之舵，坚持以习近平新时代中国特色社会主义思想为指导，坚持和发展中国特色社会主义，让精神之火、真理之光照亮新征程，让马克思主义在21世纪的中国展现出更加强大的生命力。

越是伟大的事业，越是充满挑战，越需要知重负重。弘扬伟大建党精神，就应激发斗争精神、增强斗争本领，进行具有许多新的历史特点的伟大斗争。前进道路上，必须深刻认识我国社会主要矛盾变化带来的新特征新要求，深刻认识错综复杂的国际环境带来的新矛盾新挑战，保持"越是艰险越向前"的英雄气概，奋发"不破楼兰终不还"的昂扬斗志，敢于斗争，善于斗争，逢山开道、遇水架桥，勇于战胜一切风险挑战。

江山就是人民、人民就是江山，打江山、守江山，守的是人民的心。弘扬伟大建党精神，就应坚持以人民为中心，着力解决发展不平衡不充分问题和人民群众急难愁盼问题，做好人民群众的"贴心人""知心人""暖心人"，把对党和人民的忠诚和热爱牢记在心目中、落实在行动上，以造福人民的新业绩不负人民新期待。

"胜人者有力，自胜者强。"中国共产党历经千锤百炼而朝气蓬勃，一个很重要的原因就是我们始终坚持党要管党、全面从严治党。弘扬伟大建党精神，就应勇于自我革命，坚决清除一切损害党的先进性和纯洁性的因素，清除一切侵蚀党的健康肌体的病毒，明大德、守公德、严私德，确保党不变质、不变色、不变味，在新时代坚持和发展中国特色社会主义的历史进程中始终成为坚强领导核心。

（十）

"七一"前后，各地举行的建党百年主题灯光秀刷屏了。光与影的变幻，今与昔的对比，让人无限感慨。从星星之火到万家灯火，从一叶红船到巍巍巨轮，何等神奇的巨变，何等伟大的奇迹！

"中华民族迎来了从站起来、富起来到强起来的伟大飞跃，实现中华民族伟大复兴进入了不可逆转的历史进程！"在庆祝中国共产党成立100周年大会上，习近平总书记铿锵有力的庄严宣告，发出了新时代中国共产党人和广大中华儿女推进伟大事业、实现伟大梦想的时代强音。

以信仰之光照亮奋斗之路，以复兴之志凝聚磅礴之力，一个百年大党的初心和使命，从未绽放出如此耀眼的光芒；一个伟大民族的光荣与梦想，从未如此接近光辉的彼岸。

让伟大建党精神，激励我们向着伟大复兴目标奋勇前进吧！